PETER FIEBAG

GEHEIMNISSE DER
NATURVÖLKER

Gewidmet

Peter Fiebag

GEHEIMNISSE DER NATURVÖLKER

Götterzeichen · Totenkulte · Sternenmythen

Kosmische Rituale
auf Sulawesi und in den Anden

Mit 44 Fotos
und 12 Abbildungen

LANGEN MÜLLER

Bildnachweis

Fotos:

Claudia und Peter Fiebag: Vorsatz, Nachsatz, 1, 2, 3, 4, 5, 6, 8, 9, 10, 11, 12, 13, 15, 16, 18, 20, 21, 23, 24, 25, 26, 30, 31, 35, 36, 37, 38, 39, 40, 41, 43, 44; Otto Schlaginhausen/Archiv Fiebag: 7; NASA: 14, 32, 33; Horst Dunkel: 17, 19; Frank Hurley/Archiv Fiebag: 22; Hugo Bernatzik/ Archiv Fiebag: 27/42; Algund Eenboom: 28, 29; Wolfgang Siebenhaar: 34; Dr. Frobenius/Archiv Fiebag: 37

Abbildungen im Text:

Peter Fiebag

Vor- und Nachsatz:
Kosmische Kulte auf Sulawesi: Geisterhaft blicken die Ahnenfiguren der Toraja, die »tau-tau«, von den Balkonen der Felsgräber. Sie enthalten einen Teil der Seelenenergie des Verstorbenen, bis dieser die entfernten Sternenregionen der Götter und himmlischen Ahnen erreicht hat.

Gedruckt auf chlorfrei gebleichtem Papier

© 1999 Langen Müller
in der F. A. Herbig Verlagsbuchhandlung GmbH, München
Alle Rechte vorbehalten
Satz und Lithos: Schaber Datentechnik, Wels
Gesetzt aus der 10,5/12,5 Punkt Stempel Garamond
Druck: Jos. C. Huber KG, Dießen
Binden: R. Oldenbourg, München
Printed in Germany
ISBN 3-7844-2726-X

Inhalt

Vorwort: »Projekt Phönix«

*»Ich glaube, daß das menschliche Gehirn
nicht in irgendeiner fundamentalen Weise
begrenzt ist und es jeder Intelligenz, die
wir im Universum antreffen können, nach-
zueifern vermag; und ich hoffe, daß die Entdeckung von außerirdischem Leben mich
bald in dieser Annahme bestätigen wird.«*

Prof. Frank Drake (1998)

Die Hinweise auf eine außerirdische Biologie mehren sich.
Mitte Juli 1998 trafen sich im *Ames Research Center* der
NASA hundert Wissenschaftler unterschiedlichster For-
schungsrichtungen, um darüber zu debattieren, wie in den
kommenden Jahren die Suche nach außerirdischem Leben
forciert und optimiert werden könne. Frühes Leben auf dem
Mars wird genauso für möglich erachtet wie Organismen in
den Meeren des Jupitermondes Europa und auf anderen, extrem lebensfeindlichen Eis- und Schwefelmonden. Die Ent-
deckungsquote von Planeten fremder Sonnensysteme steigt
rasant an. »All das zusammen ergibt eine aufregende These«,
meint NASA-Chef Daniel Goldin. »Leben ist möglicherweise nichts Ausgefallenes. Wahrscheinlich sind wir nicht
allein.«
Nur zwei Monate nach dieser Konferenz begann eine ver-

stärkte Suche nach Zeichen *außerirdischer Intelligenzen* mit zwei der größten Radioteleskope der Welt, dem Teleskop von Arecibo (Puerto Rico) und dem Jodrell-Bank-Teleskop in England. Zwei Wochen pro Jahr erforschen sie einige hundert sonnenähnliche Sterne in einem Radius von 200 Lichtjahren. Die Verbindung beider Teleskope stellt das derzeit empfindlichste System auf der Suche nach intelligenten Bewohnern anderer Planeten dar. Radiowellen gelten für die meisten Astronomen auf Grund ihrer leichten Erfaßbarkeit und ihrer guten Ausbreitungseigenschaften im All noch immer als aussichtsreichste Möglichkeit, Signale von anderen, extraterrestrischen Lebewesen zu erhalten.

»Projekt Phönix« haben die Wissenschaftler ihr Suchprogramm genannt. Der Phönix, das war der sagenhafte Vogel der ägyptischen Antike, der verbrannte und aus seiner eigenen Asche wieder emporflog. Dieses Sinnbild des ewigen Kreislaufs des Lebens paßt aber trefflich auch auf einen zweiten Aspekt der Suche nach außerirdischen Intelligenzen (abgekürzt: SETI); es ist die Suche nach Spuren fremder Lebewesen direkt auf unserer Erde und in unserem Sonnensystem, die vor langer Zeit unsere Welt besuchten, landeten und – wie der Phönix – wieder zurück zu ihrer Sternenheimat flogen. Diese Forschungsrichtung nennt sich PaläoSETI.

Die Debatte über außerirdisches Leben, die in den letzten Jahren immer weitere Kreise der öffentlichen wie der wissenschaftlichen Gesellschaft erfaßt hat, reicht von der Entdeckung mikrobisch kleinster Wesen – wie auf dem Mars und in Meteoriten vermutet – bis hin zu Intelligenzen auf anderen Planeten. Dabei zeichnet sich ab, daß mikrobiotisches Leben leichter und schneller gefunden werden kann als intelligentes. Beide Entdeckungen werden von tiefer Tragweite für uns selbst sein, wobei das Aufspüren von fremden Sternenzivilisationen unsagbare Konsequenzen für unser eigenes Leben, unsere Sichtweise von der Natur des Lebens, des Denkens, der Intelligenz und des gesamten Universums haben wird.

»Die wirkliche Bedeutung der Suche nach Leben – intelligent oder mikrobisch – ist die Suche nach sich selbst und was dies für uns hier auf der Erde bedeutet«, glaubt Professor Bruce Jakovsky von der *University of Colorado*, Boulder (USA). »Die tatsächliche Suche nach Leben impliziert, daß wir als Gesellschaft den Anspruch erheben, mehr zu sein als nur etwas Vorübergehendes, mehr zu sein als einfach nur Geschöpfe, die von Tag zu Tag überleben. Das heißt, daß wir verstehen wollen, wie wir in die Welt hineinpassen, und verstehen wollen, was es heißt, menschlich zu sein.«

Wir, die Menschen dieses Planeten, suchen unseren Platz im Universum. Aber wir stehen erst am Anfang unserer Erforschung des grenzenlosen Kosmos. Seit etwas über 5000 Jahren haben wir Menschen gelernt, unsere eigene Geschichte schriftlich aufzubewahren. Das sind umgerechnet etwa 250 Generationen. Es ist eine erstaunliche Tatsache, daß sich von den allerfrühesten Schriften bis heute immer wieder der Gedanke manifestiert, daß wir nicht allein im Universum sind. Der griechische Philosoph Metrodorus verfaßte vor knapp 2500 Jahren die folgenden Zeilen: »Die Erde als einzig bewohnte Welt im unendlichen Weltraum zu betrachten, ist so absurd wie die Behauptung, in einem ganzen Hirsefeld wüchse nur ein einziges Korn.« Und noch ein zweiter großer Gedanke durchzieht die Menschheitsgeschichte bis auf den heutigen Tag: Wir hatten Besuche von fremden Wesen – von den einen »Sternengötter«, von den anderen »E.T.« genannt –, die aus dem All kamen.

Es ist unmöglich, vorherzusagen, was sich auf unserer Erde und bei unseren Nachbarplaneten in den nächsten hundert, tausend oder gar Millionen Jahren ereignen wird. Aber wir haben die Möglichkeit, in unserer Geschichte zu forschen und nachzuschauen, ob wir wirklich schon Kontakt mit Intelligenzen aus den Tiefen des Weltraumes hatten. Eine solche Suche ist eine abenteuerliche und spannende Reise durch Länder und Zeiten zugleich. Für manche mag dies furchterregende Perspektiven haben. Aber ich glaube, furchterregender wäre es, wenn wir eines Tages feststellen würden, daß wir allein in den ungeheuren Weiten des Universums sind. Unser Ziel muß es sein, nach Wegen zu suchen, um dies herauszufinden. Deshalb handelt dieses Buch von dieser spannenden Suche bei fernen Völkern, ihrem unglaublichen Gedächtnis an längst versunkene Zeiten und Ereignisse, von ihren kosmischen Ritualen und von den phantastischen Möglichkeiten, eines der größten Geheimnisse der Menschheit zu enträtseln.

I

Die Sternenmythen der Toraja

»Das ganze Weltall ist
ein kosmisches Buch,
eine Handschrift,
eine riesenhafte Papyrusrolle,
welche von Göttern geschaffen worden ist.
Strebt an,
jenes vor euch entrollte Buch zu lesen
und jene Offenbarung der Götter zu verstehen.«

Hermes Trismegistos
In: »Das Ägyptische Totenbuch«

Unsere durch Internet, Computer und Gentechnik geprägte
Welt scheint vergeßlich geworden zu sein für die Wurzeln,
aus denen sie einst hervorgegangen ist. Die mythischen
Zeiten liegen für uns unendlich weit zurück. Doch noch
leben ganze Völker in ihren ureigenen, uralten religiösen
und kultischen Vorstellungen. Und so hat jeder von uns die
Möglichkeit, eine Reise in diese für uns entschwundene
Zeit und Welt anzutreten. Am Ziel angekommen, wartet eine
phantastische Botschaft: Die Menschen hatten Besuch von
den Sternen. Sie sind skeptisch? Dann kommen Sie mit
nach Sulawesi, ins Land der Toraja.

Kinder der Sterne

»Dies war die Kunst unserer Ahnen,
dies war die Kunst unserer Vorväter.
Die ersten unserer Ahnen, sie kamen herab aus dem All,
unsere Vorväter aus der Zeit jenseits der Erinnerung,
die kamen herab von den Sternen.«

Diese uralten Verse, vorgetragen von einem animistischen Priester, zeichnete der niederländische Missionar und Forscher Dr. Henk van der Veen[1] um 1960 während eines archaischen *Marok*-Festes der Toraja von Celebes auf. Der Zeitzünder einer prähistorischen Bombe hatte zu ticken begonnen. Denn was Jahrhundert um Jahrhundert in einem kleinen Volk, das abgeschlossen im Inneren einer Insel lebte, von Generation zu Generation mündlich weitergegeben wurde, fand nun seinen Weg in die Welt moderner Technik, in der sich Menschen anschickten, selbst ins All aufzubrechen, zurück zu den Sternen, von denen die Vorfahren der Toraja einst kamen.

Celebes heißt heute Sulawesi und gehört zu Indonesien, dem größten Archipel der Welt, das eine Kette von Inseln umschließt, die sich über mehr als 5000 Kilometer längs des Äquators erstrecken. Fünftausend Kilometer, das entspricht einer Entfernung von Spanien bis zum Iran. Völkerwanderungen zwischen den Inseln über mehrere Jahrtausende und die vielfältigen geologischen Einflüsse haben eine bunte Palette an Kulturen und Lebensweisen hervorgebracht, wie sie sonst nirgends auf der Erde zu finden sind.
Die Menschen Indonesiens leben in einem Kontrast der Wel-

ten. Zwischen Banken und Elendsvierteln sehen Kinder Kung-Fu-Filme aus Hongkong oder Krimis aus den USA und hören die neuesten Ergebnisse der deutschen Bundesliga. Gleich nebenan zelebriert ein Schamane ein heiliges Ritual, und ein paar Inseln weiter wird am 13. August 1995 ein bislang unbekannter steinzeitlicher Kannibalenstamm entdeckt, »der nackt auf Bäumen lebt«.[2] Ungefähr 350 eigenständige ethnische Gruppen existieren heute in Indonesien, jede mit eigener Sprache, eigener Kultur und eigener Religion.[3]

Nördlich von Bali, östlich von Borneo und westlich Neuguineas liegt die Insel Sulawesi. Inseln stellt man sich gewöhnlich kreis- oder eiförmig vor. Diese hier scheint jedoch allen Gesetzen einer solchen Gestalt zu widersprechen. Krakenförmig breitet sie ihre Fangarme hinaus in den Pazifik, wie eine Spinne in einem unsichtbaren Netz scheint sie zu lauern oder auf den Kämmen der Wellen als anmutige, geöffnete Orchidee zu schweben. So zerklüftet sind ihre Küsten, daß Sulawesi lange Zeit von den portugiesischen »Entdeckern« als eine ganze Inselgruppe gesehen wurde.

Durch die tropische Bergwelt der Äquatorinsel führt uns eine kurvenreich gewundene Straße entlang steiler Abhänge hinein in das zentralsulawesische Hochland. Tana-Toraja, das ethnologisch attraktive und landschaftlich anmutige Land der Toraja ist unser Ziel (indonesisch *Toradscha* gesprochen, sonst wie die deutsche Lesart).

Über Sulawesi hinweg wogten im Laufe der Jahrtausende mehrere Einwanderungswellen. Doch in den abgelegenen Tälern bewahrten sich die Völker ihre uralte Lebensweise. Das Bergland schützte seine Bewohner vor den kriegerischen Königreichen der Küste und den Kolonialherren aus Portugal und den Niederlanden. So stieß erst um 1890 der holländische Abenteurer van Rijin[4] in das Toraja-Hochland vor und brachte Kunde von diesem Volk mit, das noch die Tro-

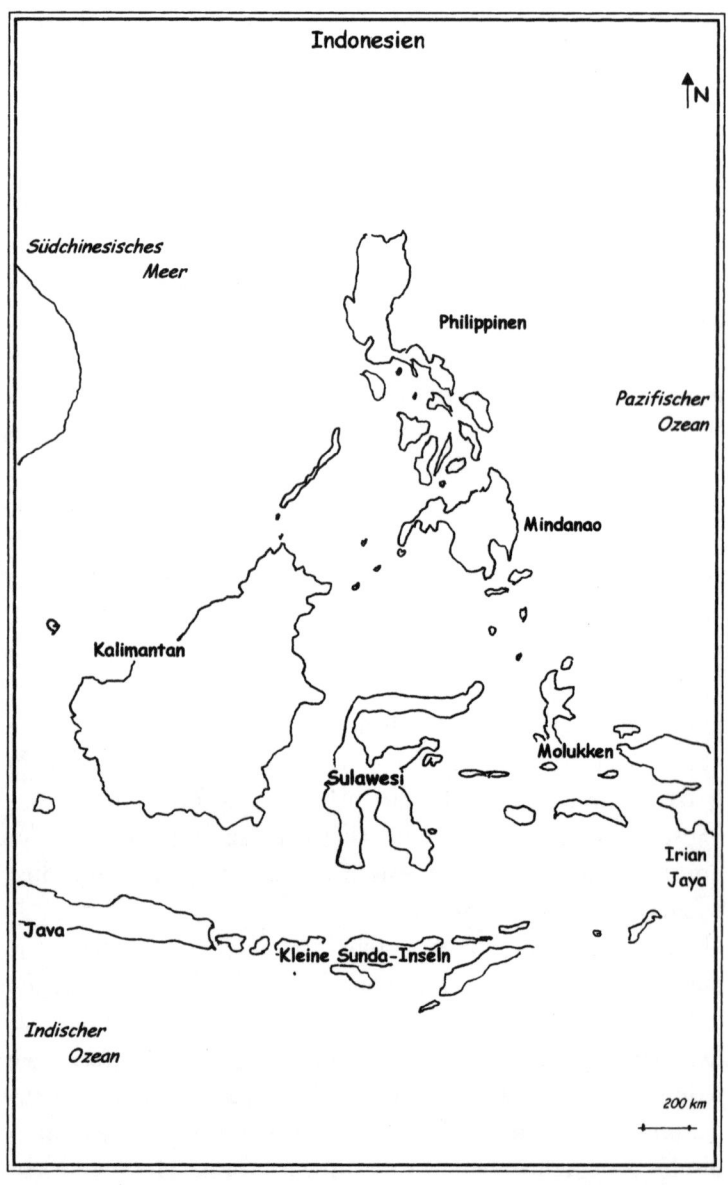

Abb. 1: Indonesien (Ausschnitt) mit der Äquatorinsel Sulawesi.

phäen-Kopfjagd und die Sklaverei kannte. Die Epoche des Hochimperialismus ließ die kolonialen Mutterländer selbst nach den entferntesten Gebieten der Erde greifen. – Bevor es der Rivale bekam, drängten die Niederländer hinein nach Tana-Toraja. Von 1905 an, fast zwei Jahre lang, konnten die Toraja unter König *Palodang XII.* von Sangalla Widerstand leisten. Dann siegte die überlegene Militärtechnik Europas. Ab 1913 folgten Missionare den Soldaten und der Administration und begannen ihr Bekehrungswerk. Es gelang jedoch nur unvollständig, wenngleich heute rund 80 Prozent dem christlichen Glauben angehören (1950 waren es erst 10 Prozent gewesen). Denn die sozialen und religiösen Traditionen dieses Volkes haben sich in ihren Grundzügen bis heute wenig geändert. Zu verdanken ist dies – so eigenartig dies klingen mag – auch dem seit wenigen Jahren einsetzenden Tourismus. Während die islamisch geprägte indonesische Regierung in Jakarta den Polytheismus – die Vielgötterei – und die alten heidnischen Religionen verboten hat, wurde für die Toraja (wie auch für die Balinesen) eine Ausnahme gemacht. Durch den Erhalt der alten Bräuche lockt sie Touristen und deren Geld ins Land.

Als ich bei Einbruch der Nacht Tana-Toraja erreichte, regneten sintfluthafte Sturzbäche über das Land herab. Es war Regenzeit auf Sulawesi. Doch wenn sich am nächsten Morgen die weiß-silbernen Nebel lichten, erscheint darunter eine paradiesische Landschaft: goldglitzernde Bambushaine fächeln leicht im Wind, terrassierte Reisfelder – smaragdgrün – werden von kleinen Kanälen bewässert, rot leuchten Blumen vor einem azurblauen Himmel. Zusammen mit einer kleinen Forschungsgruppe war ich hierher gekommen, um einer archaischen Zeremonie beizuwohnen, einem Ritual, das einen Raumflug zu den Plejaden beinhaltete.

Im Himmelsschiff zu den Plejaden

Der Pfad, den wir nehmen müssen, schlängelt sich entlang der Reisfelder auf schmalen Dämmen. In der Regenzeit bedeutet dies, einen Weg auf sich zu nehmen, der durch Morast und Schlamm führt. Die Füße werden durch den rutschigen Boden weggerissen wie auf einem eingeseiften Brett, vor allem, wenn der Weg bergan führt. Auf glitschigen Bambusröhren überqueren wir Bäche und schlittern mehr, als daß wir gehen. Verwundert nur können wir mit ansehen, wie leicht und barfüßig die uns begleitenden Toraja in prächtiger Festkleidung die Wege meistern. Auf ihren Schultern tragen sie kopfüberhängende borstige Schweine, aufgeschnürt auf biegsame Bambusgestelle: in Todesängsten aufschreiende Opfertiere für das kommende Fest.

Nach einem langen Fußmarsch hören wir endlich aus der Ferne uralte Gesänge. Eigenartige Häuser, deren gigantische Satteldächer wie Himmelsschiffe vor den Baumkronen schwimmen, tauchen am Wegesrand auf. Immer mehr Menschen begleiten uns nun hinauf, sitzen oder stehen unter ihren Behausungen, die dunklen Urgetümen gleichen. Schließlich stehen wir inmitten Hunderter Menschen auf dem *rante*, dem Festplatz des Dorfes.

Wir sind zu einem Totenritual gekommen. In kleinen Prozessionen ziehen, hierarchisch geordnet, die ankommenden Gäste durch ein kultisches Tor, das von zwei gelbgewandeten jungen Frauen symbolisch bewacht wird. Während immer mehr Opfertiere herangeführt werden, tanzen braungebrannte Männer in landestypischen Sarong-Röcken zu tradierten Gesängen den *Ma'badon*, ein Totenritual, das so alt ist wie die Toraja selbst und Teil der großen *Rambu-Solo*-Erzählung ist.

In dieser Überlieferung wird der religiöse Kern der alten, »Aluk Todolo« genannten Glaubensvorstellung sichtbar. Ein Teil der Toraja übt noch immer diese Religion der Vorväter aus, sie glauben an eine komplizierte Schöpfungsgeschichte, in der verschiedene Götter eine zentrale Rolle spielen. Die Toraja kennen einen allgegenwärtigen, allmächtigen Schöpfergott, *Puang Matua*; sie kennen gute und böse Geister, und die gesamte Natur, Steine, Pflanzen, Tiere und Menschen besitzen eine Seelenenergie, die besonders konzentriert im Menschen, im Büffel und in der Reispflanze auftritt. Nach dem Ableben tritt die Hauptseele ihre Reise nach *puya* an, einem geheimnisvollen Land im Westen, außerhalb der Erde gelegen.

Sich selbst betrachten die Toraja aber als Kinder der Sterne, der Plejaden. So überliefert es ihre Mythologie. Denn von den Sternen kamen einst ihre Götter und ihre Vorfahren.

»Seine Geburt glich der des Mondes«, so rühmen die Tänzer den Verstorbenen, »sein Kommen wie jenes der Plejaden war. Ein Loch war damals im Himmel gegraben…«

Bevor die Hauptseele des Toten sich auf ihre Reise zu den Sternen begeben kann, hinweg über Hunderte von Bergen und durch Tausende von Tälern und schließlich sogar durch den Sternenhimmel, sind umfangreiche Zeremonien erforderlich.[5,6] Junge Männer stehen in einem großen Kreis, berühren sich leicht mit den kleinen Fingern, die Gesichter zur Mitte hin gewendet schließen sie und weiten den Zirkel, während sie langsam im Uhrzeigersinn das Zentrum umkreisen. Geisterhaft und hypnotisch klingen die Lieder, während sich die Tänzer mit geschlossenen Augen in einen Trancezustand hineintanzen. So versuchen sie zu den vergangenen und zukünftigen Generationen Kontakt aufzunehmen, und schließlich werden sie mit ausladenden Armbewegungen die »Oberfläche der unsichtbaren Gewässer im Raum« glätten, damit der Verstorbene sie überqueren und zu den Sternen reisen kann.[7]

Die Ahnen sollen auch in jener anderen Welt keine Entbehrungen erleiden. Aus diesem Grunde bringen die Lebenden ihnen gewaltige, blutige Opfer dar. – Das Totenfest hat mittlerweile einen seiner Höhepunkte erreicht. Mit einem schwertartigen Messer wird zahlreichen Büffeln mit einem gezielten Hieb die Hauptschlagader am Hals durchgeschnitten. Blut spritzt heraus, und langsam verblutend sinkt das sympathisch ruhige Tier auf den braunroten, blut- und schlammverschmierten Opferplatz. Jungen eilen herbei und treiben dicke, zugespitzte Bambusröhren in die Wunde, um das Blut mit der hohlen Hand in das Rohr zu schöpfen. Mit Äxten und Messern zerlegen Männer geschickt das Tier und verteilen die Stücke an die Festgäste entsprechend ihres Ranges.

Was für uns grausam aussehen mag, das Hinschlachten vieler Büffel, Schweine und Hühner auf dem *rante*, ist für die Toraja ein völlig logisches, ja humanes Anliegen. Die Wasserbüffel und Schweine sind Prestigeobjekte, ein Wertmesser für die gesellschaftliche Stellung, die der Tote bislang einnahm und zukünftig wieder erhalten soll. Das ist die Garantie dafür, daß es dem Verstorbenen in *puya* gut ergeht. Denn wird alles genau nach den Vorschriften des *adat* (einer göttlichen Überlieferung, die zum Gewohnheitsrecht geworden ist) ausgeführt, werden die Seelen der Tiere ihn auf seinem langen Weg begleiten und ihm wird Einlaß im fernen Sternenreich gewährt. Anderenfalls würde die Seele auf Erden umherirren und die Lebenden stören und belästigen.

An die hundert kostbarster Wasserbüffel, vor allem die wertvollen weiß gefleckten, die auf Erden gepflegt und verwöhnt werden, können königlichen Familienmitgliedern in den Tod folgen. Der Wasserbüffel nämlich hat neben dem Menschen die stärkste Seelenkraft, da er zusammen mit ihm zur Erde kam, und deshalb soll er nun den Verstorbenen als treuer

Freund begleiten. Diese Massenschlachtungen sind jedoch für die Nachkommen eine große finanzielle Belastung und haben schon ganze Familien in den Ruin getrieben. Jede Gabe für den Verstorbenen wird penibel notiert, denn eines Tages werden die Erben die »Geschenke« zurückgeben, wenn nämlich der Spender selbst gestorben ist. Nehmen und Geben hält so die Familie und Freunde zusammen – hinweg über alle Generationen.

Die Regierung, zuvor die Kolonialverwaltung und die Kirchen, versuchen schon seit längerem wegen der hohen Kosten die großen Feiern einzuschränken, doch wollen die Toraja nicht von ihren Begräbnisfeierlichkeiten im Interesse der Seele des Vaters, der Mutter, der Schwester oder des Bruders ablassen. Denn, so widersprüchlich dies für uns klingen mag, das gesamte Leben der Toraja ist auf den Tod hin ausgerichtet. Nur wenn die Riten exakt ausgeführt, nur wenn der Seele genügend Opfergaben für das Weiterleben in der Sternenwelt mitgegeben werden, wird es dem Verstorbenen auch künftig an nichts mangeln.

Gleichmäßig schwellt der Gesang an und ab. Der Witwer sowie Verwandte der Verstorbenen begrüßen uns freundlich, nachdem auch wir der Toten eine Opfergabe haben zukommen lassen. In einer Hütte neben dem Totenhaus, in dem der geschmückte Sarg aufgebahrt steht, werden uns Plätze angeboten. Dann wird Kaffee, Tee, Reis und Gebäck gebracht. Das rituelle Essen gehört bei den Toraja untrennbar zu jedem Opferfest. Art, Farbe und Anzahl der Mahlzeiten sind genau festgelegt. So sind die Opfer keine Verschwendung, sondern gehen letztlich an alle Spender zurück.

»Die verstorbene Großmutter der Familie gehörte der oberen Adelsschicht, der *dirapai'* an«, erzählt ein Bekannter aus Rantepao, der heimlichen Hauptstadt dieses Bezirkes. »Die Opfer müssen also entsprechend groß sein, und entsprechend lange mußte sie auf ihre Beerdigung warten: sieben Jahre.«

»Sieben Jahre?«, fragen wir völlig verblüfft. »Bei diesem Klima?« Akribisch genau berichten uns die Bewohner des Totendorfes, wie der Leichnam der Frau, deren Name sie während der kultischen Feier nie aussprechen, langsam präpariert, entwässert und mumifiziert wurde. Doch so lange wie diese Totenfeier nicht begonnen hatte, so ist es ihr Glaube, gilt sie nicht als verstorben, sondern ist lediglich krank und wird täglich mit Nahrung versorgt. Und all das ist eingebunden in eine uralte Religion.

Währenddessen wird auf dem Platz vor uns in Liedform aus dem Leben der Verstorbenen erzählt: von der Vorrangstellung ihrer Person, von ihrer wunderbaren Geburt, bei der man den Mutterkuchen und die Nabelschnur anschließend vergrub, von ihrer Jugend, ihrer Ehe, ihrer Krankheit, den Dankesfesten, die sie gefeiert hat und ohne die sie nun nicht zu ihren Ahnen kommen könnte.

Und wieder versichern die Toraja in ihrem Gesang, daß das Land der Ahnen nicht auf dieser Erde liegt, daß es nicht mit der Unterwelt identisch ist, sondern daß die Verblichene nun zum Himmel aufsteige, um ein Teil einer kosmischen Sternenkonstellation zu werden.[8] Dort wird sie bei den Göttern wohnen und selbst Göttlichkeit erhalten. Dies stellen sich die Toraja übrigens keineswegs spirituell vor, denn der Begriff »Geister« wird nicht ein einziges Mal in den Totengesängen benutzt. Ihre Vorstellung von der Reise durch das All ist im Gegenteil sehr plastisch und läßt eher an ein modernes Raumfahrtabenteuer denken:

»Die Sterne stehen nun zwischen ihr und uns…
Sie erhebt sich im Süden wie eine Palme…
Sie wird jetzt zum Firmament aufsteigen.

Sie nimmt den Weg zu den himmlischen Sternenbereichen.
Sie wird dort oben eine gottähnliche Gestalt...«[9]

Später wird *tuak*, ein gegorener Palmwein, getrunken. Nach sieben Tagen Gesamtdauer wird das Fest schließlich beendet und die Tote in den himmelwärts ragenden, steilen Karstwänden in einem Felsengrab nahe den Sternen ihre letzte Ruhestätte finden.

Die seltsamen Häuser der Toraja

Soviel wir heute wissen, gehören die Toraja der proto-malayischen oder paläo-mongoliden Gruppe an, die vor etwa 3500 bis 4000 Jahren von Indochina oder Kambodscha herüber nach Sulawesi kam. Sie selbst berichten von der legendären Insel »Pongko« als ihrer ursprünglichen Heimat, die nördlich Sulawesis lag. Neueste DNA-Studien von Geoffrey Chamber und Rosalind Murray-McIntosh[10] von der Virginia University, Neuseeland, zeigen, daß die Einwanderungen zu den Philippinen, nach Polynesien, nach Neuseeland und in den indonesischen Raum durch »Kolonisten« möglicherweise auch direkt aus dem chinesischen Kernland erfolgten. »Pongko«, die mystische Heimatinsel der Toraja, war demnach vermutlich ein Eiland, das diese Bevölkerungsgruppe als »Sprungbrett« für ihre Wanderung benutzte. Doch dort, so sagen sie, waren ihre Ururahnen einst in grauer Vorzeit aus dem Weltall herabgekommen und gelandet. Jahrhunderte später waren dann ihre Vorfahren von einer Schiffsflotte mit fremden Kriegern bedroht worden. Als sie sich dem Kampf stellen wollten, gerieten die Boote der Toraja in einen Sturm und wurden weit abgetrieben. Schließlich strandeten sie auf Sulawesi. Aus der Küstenregion wurden sie später durch nachdrängende Völker in das Innere der Insel abgedrängt. Teile des Mythos kann man heute durch prähistorische Funde bestätigen.[11] Sie folgten dem Sa'dan-Fluß bis ins gebirgige Gebiet Süd-Sulawesis bzw. in westlichere Regionen. Von dort aus dehnten sie langsam ihr Territorium aus und bezeichneten es als das Land, das »rund wie der Mond ist und die Form der Sonne hat«.

In den einzelnen Gebieten entwickelten sich im Laufe der Zeit Dialekte, und die Rituale nahmen leicht unterschiedliche Ausprägungen an. Dennoch blieb ein Kernbestand für alle Toraja verbindlich. Voll alter Symbolik sind deshalb nicht nur die Tänze, die Opferungen, die Gesänge geblieben, ja selbst die Häuser der Toraja, die *rumah adat*, sind es.[12]

Würdig und in Größe blicken sie dem Besucher des Landes entgegen. Auf mächtigen Säulen erheben sich hölzerne Wohnhäuser auf der einen und nur geringfügig kleinere Reisspeicher auf der anderen Seite, zusammengepflockt ohne Nägel, die von einem charakteristischen, vorkragenden Dach aus überlappenden Bambusrohren überwölbt werden. Sorgfältig und kunstvoll sind die Außenflächen des rechteckigen Mittelbaues mit farbigen Motiven in Rot und Weiß bemalt, den Farben des Blutes und der Knochen des Menschen. Gelbe Muster sind die Farbe der Götter, Schwarz die des Todes.

Tongkonan nennen die Einheimischen das Hauptgebäude ihres Ortes und assoziieren mit ihm weltliche und religiöse Überzeugungen sowie zahlreiche mythologische Erzählungen. In ihm wohnt die Familie des Dorfvorstehers, dessen Genealogie (Ahnenreihe) oft bis zu den göttlichen Vorvätern zurückreicht und an die Autorität der adligen Familien erinnern soll, die allein das Recht zur Errichtung dieses Hauses haben.

Der *tongkonan*, das Stammhaus, ist immer das erste Gebäude, das errichtet wird, und symbolisiert so die Abzweigstellen der

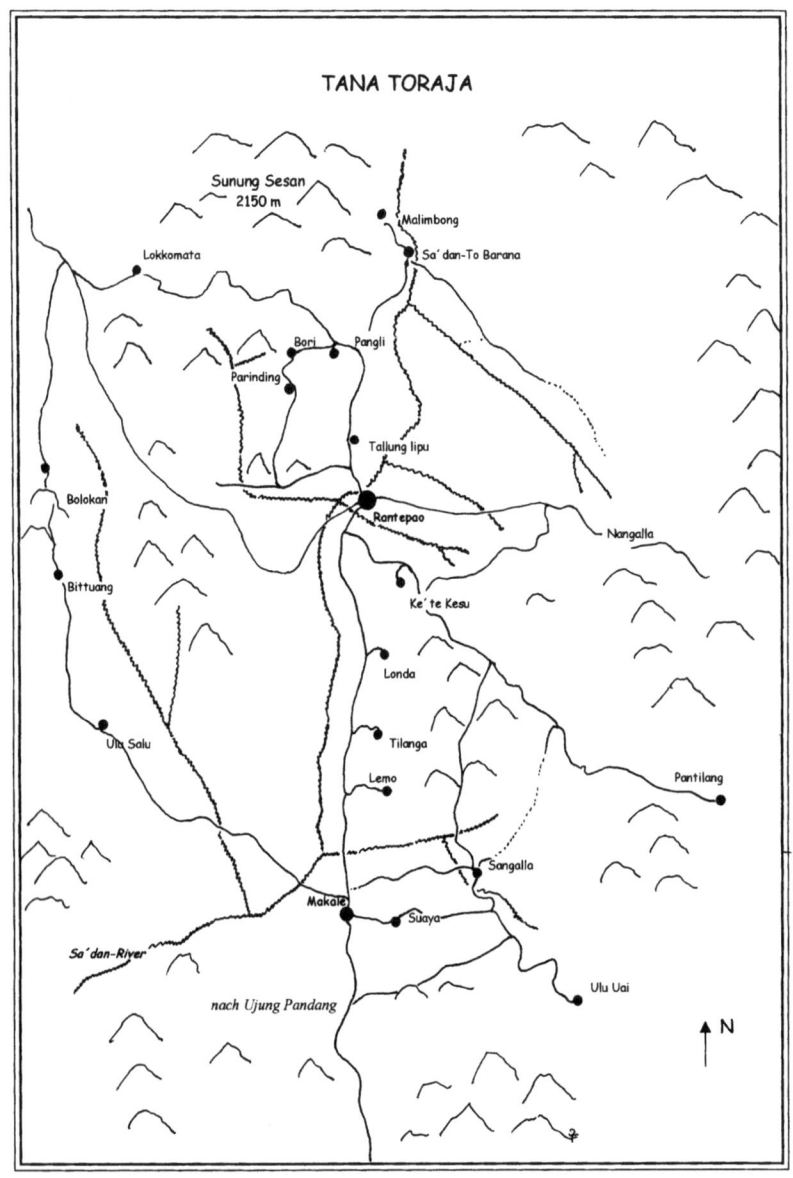

Abb. 2: Tana Toraja, das Land der Sa'dan-Toraja.

verästelten Stammbäume des Gründers, von dem noch heute jeder Toraja seine Herkunft ableiten kann. Die Wohnstatt ist mit ihrer Front exakt nach Norden hin ausgerichtet, auf die Sphäre des Lebens, das Reich der Götter, aus dem die Ahnen der Toraja stammen. Am *tongkonan* orientieren sich alle anderen Gebäude des Ortes. Die mächtige Holzsäule ist mit zahlreichen Büffelhörnern vergangener Totenfeiern geschmückt, die Hörner im Dachraum stammen bereits von Opferzeremonien zur Errichtung des Hauses oder den Verdienstfesten und präsentiert seinen Besitzer als hervorragende Persönlichkeit. Geschnitzte und gemalte Ornamente schmücken sogar die Querbalken. Sie werden noch heute nach uralten *adat*-Vorschriften, göttlichen Gesetzen, ausgeführt. Selbst die Anordnung der alternierenden rauten-, viereck- und hakenförmigen Gravuren ist exakt festgelegt und hat sakrale Bedeutung. In ihnen finden wir die ältesten religiösen Zeichen, die *passuro' todolo*, eines Volkes, das seine Götter nie bildlich wiedergegeben hat.

Die Ethnologen haben auf Grund des optischen Eindruckes geschlossen, die Toraja hätten mit ihren Häusern den Schiffstyp imitiert, mit dem sie einst die Insel erreichten. In den vergangenen zwei Jahrzehnten ist jedoch an dieser frühen Interpretation durch den holländischen Missionar und Ethnologen A. C. Kruyt[13] aus den 20er Jahren erheblich gezweifelt worden. Neuere Studien haben ergeben, daß diese Deutung keineswegs ausreicht. Alte Bildquellen konnten eine Ähnlichkeit mit den früher verwendeten Schiffstypen nicht bestätigen. Da es auch Parallelen zum Hausbau auf Borneo, Halmahera, Mikronesien und Neuguinea gibt, ist man von dieser lange favorisierten Theorie abgerückt; ja selbst die These, die chinesische *Dong-Song*-Kultur (ca. 500 v. Chr.) hätte Pate bei der Dachkonstruktion gestanden, wird heute von den meisten Wissenschaftlern verneint, weil man die frühesten Formen auf ein Alter von über 3500 Jahren schätzt.

Abb. 3: Der Tongkonan, das Stammhaus der Toraja (Vorderansicht, nach Nooy-Palm).

Die bedeutende Toraja-Forscherin Dr. Nooy-Palm[14] schreibt dazu: Die Toraja »sind sehr bereitwillig und nachsichtig bei Spekulationen über ihre Kosmologie«. Und der Völkerkundler Nigel Barley[15], Kustos im British Museum, London, bemerkt dazu sehr sarkastisch: »Kein Wunder, daß die ersten Reisenden den Bewohnern hatten einreden wollen, ihre Häuser seien den Schiffen irgendeiner ursprünglichen Wanderung nachgebildet – mittlerweile glauben die Toraja selber daran; die Ethnologen mußten es schließlich wissen.«

In den Mythen und der Konsekrationshymne der Sa'dan-Toraja, dem *passomba tedong*, wird dies gänzlich anders erzählt. Hier wird das Haus kosmologisch interpretiert und nicht als Schiff besungen. Das Dach des Hauses wird mit einem Vogel, mit dem Fliegen assoziiert. Es steht symbolisch für den Weltraum.[16] Aus dem Büffelkopf über dem Eingangsbereich heraus wächst ein *katik*, ein langhalsiger Himmelsvogel aus der Toraja-Mythologie, der diese symbolische Aussage verstärkt. Das Sonnenrad ist ein weiteres Symbol des Alls, ebenso wie der Hahn im Giebelbereich, dessen Kopf mit der Sternengruppe der Plejaden und dessen Körper mit Orion und Sirius in Beziehung steht.[17] Der *tongkonan* wird noch heute mit seiner Front in Richtung Norden gebaut. Der Norden versinnbildlicht bei den Toraja die obere Welt, die Sphäre des Lebens, das Reich der Götter. Sie sagen: »Der Norden ist das Haupt des Firmaments, des Alls.«[18]

Der Sprachwissenschaftler und gebürtige Toraja Armin Achsin[19] formuliert es so: »Das *tongkonan*-Haus symbolisiert das Universum. Das Dach repräsentiert den Himmel und wird gedanklich mit dem All in Verbindung gebracht.
Die zentrale Säule... verbindet Erde und Firmament.«

Stargate: Das Tor der Götter

Und das ist die Geschichte dieser seltsamsten Häuser, die ich je gesehen habe. Vor sehr langer, langer Zeit, so singen die Toraja in ihren Mythen, senkte sich der Himmel zur Erde herab. Und so entstanden drei Himmelssöhne. Einer stieg zurück in den Himmel auf, ein anderer wandte sich in Richtung Unterwelt, der dritte, *Gauntikembong*, blieb auf der Erde und heiratete eine *dewata*, ein göttliches Geistwesen. Sie bekamen acht Kinder, die wichtige Aufgaben übernehmen mußten. Von einem dieser Kinder wurde *Puang Matua* gezeugt, der der mächtigste der Götter werden sollte. So war es Gott *Puang Matua*, der den ersten Menschen schuf.

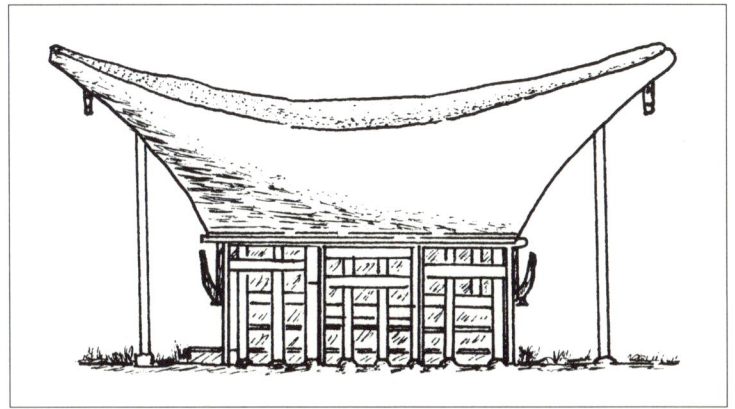

Abb. 4: Wohnhaus der Toraja. Typisch für ihre Baukunst sind die Giebel-aufkragungen. Symbolisch verweist das Haus auf die Raumschiffe der Sternengötter. (Zeichnung nach Nooy-Palm)

Vor etwa 50 Generationen[20], das wären schätzungsweise 1200 bis 1500 Jahre, kam dann der göttliche *Tamborolangi* von den Sternen zur Erde und heiratete eine Frau namens *Sandabilik*. *Tamborolangi* pendelte mehrmals zwischen Erde und Himmel. Eines Tages aber wurde er wütend und zerstörte die himmlische »Stiege«. Da er jedoch noch einmal die Erde besuchen wollte, kam er mit seinem himmlischen Haus von den Sternen zur Erde geflogen. Auf den Bergen von Ullin, in Tana-Toraja, unweit von Rantepao, landete er. So also wurden die Häuser der Toraja Nachbauten eines Sternenschiffes, das *Tamborolangi* einst von den Plejaden zur Erde gebracht hatte.

Dieser »Prototyp« wird in den *merok*-Festgesängen, die zur Erneuerung des Hauses rezitiert werden, als ein »Bauwerk aus Eisen« beschrieben, das im Kosmos konstruiert wurde.[21] Es wird das »Sich-herabschwingende-Haus« genannt. Der vordere Giebel wird als *ba'ba deata*, das »Tor der Götter«, bezeichnet, ein anderer Teil der Fassade als *lalan deata*, als »der Weg der Götter«. Im *merok*-Gesang (26,38) wird sogar genau beschrieben, wie die göttlichen Ahnen nach ihrer Landung sich zuerst in einem Areal unterhalb des fliegenden Hauses, nahe eines Bambuszaunes an der westlichen Seite, versammelten.

Was waren das für Götter, die mit einem Sternenschiff aus Metall in Tana-Toraja landeten, die eine »Gangway« öffneten und wie Astronauten nach einem Raumflug nach unten schritten? Götter, die den Urbewohnern Gesetze und Techniken mitbrachten und nach einiger Zeit wieder zurück zu einem Stern in Richtung der Plejaden flogen? Noch heute bezeichnen die Toraja ihre Religion als *manurun di langi*, das bedeutet: »Das, was herabkam vom Himmel.« Waren diese Besucher Götter oder vorgeschichtliche Raumfahrer aus dem Kosmos? Außerirdische Wesen?

Die Toraja selbst sind bis heute fest davon überzeugt, daß auch sie Kinder der Sterne seien. Während des *merok*-Festes singen sie von ihren Vorfahren, von den ersten Menschen, die vom Himmel auf ihrer mythischen Inselheimat *pongko'* landeten, und von denjenigen, die in der »Mittleren Periode« im Gebiet von Tana-Toraja herabkamen.

Während des selten zelebrierten *bua*-Festes, das den Wohlstand der Menschen in ihrer Gemeinschaft und mit den Tieren und Pflanzen sicherstellen soll, wird auf dem Festplatz ein hoher Turm, ein *gorang*, erbaut. Er symbolisiert das Zentrum des Kosmos. Frauen hüllen sich in festliche gelbe Kleidung; die Farbe Gelb stellt die »Überwelt« dar. Ihre Prozession verläuft um den *gorang* herum. So symbolisieren sie ihre Reise durch den Kosmos. Dabei werden Sänften gehoben und gesenkt, um den Eindruck des Fliegens zu erzeugen.[22]

Und wieder erzählen die Toraja von *Tamborolangi* und seinem

Sternenschiff. Sie erzählen von seiner Frau und seinen drei Söhnen. Jeder gründete ein Königreich. Ihre Nachfolger haben bis in unsere Zeit hinein – über 50 Generationen hinweg – über das Toraja-Land geherrscht. Erst mit dem Tode des Königs von Sangalla, *Palodang XII.*, im Jahre 1968, wurde diese Herrschaft offiziell beendet. Inoffiziell jedoch existiert das königliche Geschlecht, das seine Abstammung und Legitimation und Autorität auf Wesen von den Sternen zurückführt, noch heute. Die Prinzen werden von den Toraja ebenso verehrt wie ihre Vorfahren. Denn in ihren Adern fließt noch immer ein Teil des weißen Blutes (analog zum »blaublütigen« Adel Europas) ihrer himmlischen Väter, die Namen trugen wie *Manurun diLangi'*, »Er-kam-herab-aus-dem-Weltraum«.[23]

Es ist von einer großartigen Faszination, wenn man durch Tana-Toraja fährt und die Dörfer betritt. Weil die Götter und Ahnen aus dem Firmament herabgeflogen kamen und auf einem Berg mit ihrem »*tongkonan* aus Metall« landeten, bauten die Toraja früher ihre Orte auf den Berggipfeln. Zwanzig, vierzig, sechzig himmelan sich reckende Häuser, wie Raumschiffe gebaut, stehen dort, als könnten sie jeden Moment wieder starten. Jene Toraja, die noch über die fundamentalen Kenntnisse ihres uralten Glaubens verfügen, wissen natürlich, daß dies Nachbauten sind. Aber sie wissen auch: Eines Tages werden die Originale erneut aus dem Himmelszelt herabsinken, landen und sie mit in ihre kosmische Heimat nehmen.

Eine solche Haltung, die tief verwurzelt in der Religion, den sozialen und politischen Strukturen einer Gesellschaft ist, kennt die neuzeitliche Forschung aus vergleichbaren Kulturentwicklungen. Es sind die Cargo-Kulte des 19. und 20. Jahrhunderts, über die ich zusammen mit meinem Bruder, Dr. Johannes Fiebag, auch schon in früheren Arbeiten berichtet habe.[24,25,26] Es lohnt sich jedoch, aus dem reichen Fundus dieser sozio-religiösen Erscheinung einige markante Fälle herauszugreifen.

Götter-Kulte

Sogenannte Naturvölker, die noch auf einer vorwissenschaftlichen, vortechnischen Entwicklungsstufe leben, vermögen Ereignisse, die über ihren Kultur- und Verstehenshorizont weit hinausgehen, nur über irrationale Erklärungsmuster in ihr Weltbild zu integrieren. Insbesondere die Geschenke, die »Waren« (engl. Cargo) werden zu einer treibenden Kraft dieser Kulte. Europäer oder Amerikaner, die so überraschend und »übernatürlich« in ihre Welt einbrachen, hatten ihnen nicht selten Gastgeschenke oder Tauschobjekte von höchstem Wert für ihren Stamm mitgebracht: Äxte aus Eisen, Messer aus Edelstahl, schimmernde Glasperlen oder unbekannte Nahrung. Für die kontaktierten »Naturvölker« war dies alles unverständlich, waren die Handlungen und Gerätschaften der Fremden (Flugzeuglandungen, Fotografien, Grammophon, Funksprechgeräte, Taschenlampen und Blitzlicht) Magie. In ihrem Verständnis konnte es sich nur um Wesen aus einer anderen Welt, um Götter oder Geister handeln.[27]

Cargo-Kult-Geschichten werfen ein erstaunliches Schlaglicht auch auf die Historie der Toraja. Das erste Ereignis, über das ich berichten möchte, wird von dem australischen Forscher Capitain Frank Hurley[28] in seinem Buch »Perlen und Wilde« beschrieben. Hurley war nach dem Ersten Weltkrieg in das damals noch größte unerforschte Gebiet der Erde – sieht man einmal von dem Südpol ab – aufgebrochen, in die Wildnis der Sumpf- und Bergwelt von Papua Neuguinea, Sulawesis Nachbarinsel, zu »Menschen, die noch der Steinzeit angehören,

Menschenfresser, Kopfjäger«. In seiner Begleitung befand sich der australische Wissenschaftler Allan McCulloch, drei Abenteurer und einige einheimische Dolmetscher und Träger. Das Schiff »Eureka« diente ihnen als Basislager, ein Wasserflugzeug (die »Seemöwe«) sowie ein Funkgerät, Ton-Aufzeichnungsapparaturen, Fotoausrüstung usw. vervollständigten das Equipment der Forscher.

Frank Hurley berichtet sehr detailliert, wie der Stamm der *Kaimari* auf die Landung ihres Wasserflugzeuges reagierte.

»Wir glitten unter mancherlei Stößen tiefer und tiefer, bis wir über das Ufer vor dem Dorf kamen... Scharen von Eingeborenen paddelten vor Entsetzen hurtig aus dem Wege. Die ›Eureka‹ war ein paar Stunden zuvor eingetroffen, und die Kunde von unserem Kommen war schon ins Dorf gedrungen...

Als wir langsam auf das Schiff zuglitten, stießen vierzig große Einbäume, vollbemannt mit Kriegern, vom Ufer ab und begannen aufgeregt die ›Seemöwe‹ zu umkreisen; dabei schlugen sie mit ihren Paddeln an die Seiten der Boote, bis es wie Donnergrollen klang. Es war ein wilder, barbarischer Gruß, mit dem wir bei der Rückkehr zu längst verflossenen, dunklen Zeiten begrüßt wurden... Zu unserer Bestürzung stellten Lang und ich fest, daß man uns offenbar als übernatürliche Wesen ansah und daß das Flugzeug zu einem Gegenstand der Verehrung und Furcht wurde...

Kurz nach unserer Ankunft machten die Häuptlinge von Kau, Api und Kaumai ihren förmlichen Besuch... Sie kamen im Auftrag der Dorfbevölkerung, um ein Schwein als Friedensopfer dem ›Boot-gehören-zwei-Göttern‹ darzubieten, wie mein Dolmetscher es übersetzte.

Da uns daran gelegen war, solange als möglich unser Ansehen zu erhalten, wurde das geweihte Schwein mit geziemender Würde und Geschenken angenommen, und mit großer Feierlichkeit wurde das Opfer bei Sonnenuntergang gebracht und andächtig auf dem altargleichen Bug des Wasserflugzeuges niedergelegt ...

In der Nacht sandte ich Dogai und Dagodo in der Jolle hinaus, um das Schwein an Bord zu bringen. Am Morgen kamen die Abgesandten des Dorfes, um nach dem Schwein zu sehen, und als sie merkten, daß es verschwunden war, herrschte großer Jubel bei ihnen.«

Dem gelandeten Flugzeug wurde während des folgenden Aufenthaltes täglich durch einen »besonderen Ausschuß von Kaimari ein Opfer dargebracht, um den ›Teufel, der vom Himmel herniederflog‹, zu versöhnen«. Jeden Morgen stellte sich erneut »große Freude unter den Dorfbewohnern ein, die in dem Verschwinden ein Zeichen sahen, daß der böse Geist ihr Opfer gegessen hatte und zufriedengestellt war«.

Ähnliches ereignet sich auch in anderen Dörfern. In Hanauabada notiert Hurley über den Start des Wasserflugzeuges:

»Die Maschine bewegte sich mit dem Winde los, drehte dann herum und jagte mitten in den Wind hinein. Lang öffnete die Drosselklappe, und der Motor brummte seinen lustigen Kampfruf in den Himmel empor. Die ›Seemöve‹ sauste stolz dahin, und die See in fröhlichem Triumph zerteilend, wie ein zierlicher Vogel, der über die Wellenkämme dahinhüpft, ehe er davonfliegt, erhob sie sich in die Lüfte. Kein Wort fiel von den Lippen der Zuschauer. Sie schienen wie gebannt von der übernatürlichen Erscheinung, bis, wie ein Wirbelsturm, der alles auf seiner Bahn niederreißt, die Maschine unmittelbar auf sie zusteuerte.

Da gab es ein Ausreißen! Schreckensrufe durchschnitten die Luft, und das Gebrumm der ›Seemöve‹ tönte über der Stadt, wo alles in größter Aufregung war. Die eingeborenen Diener flohen aus den Häusern ... Alle standen auf den Straßen und reckten die Hälse nach dem Himmel. Der wildeste Taumel herrschte; Beifallsjubel stieg empor, Rufe der Freude und Begeisterung. Man erzählte mir, daß viele der einfältigeren Schwarzen völlig die Besinnung verloren; sie rissen ihre *Lava Lavas* von den Hüften und winkten damit wie toll zum Himmel hoch, unbekümmert um ihre ursprüngliche Nacktheit…

Capitain Lang umflog die Stadt und glitt dann, mit dem Probeflug zufrieden, mit der gefälligen Anmut einer Seemöve aufs Wasser nieder. Nie sind Flieger von einer begeisterteren, freudigeren Menge begrüßt worden als Lang und Hill, als sie siegjubelnd zum Ankerplatz sausten und hielten…

Lang wurde als ein Gott oder ein Teufel angesehen, und das Wasserflugzeug wurde ein Gegenstand der Furcht und Verehrung.«

Sich gleichende Berichte gibt es viele. Mick Leahy[29], ein Abenteurer, der um 1930 in Papua Gold suchte, erzählt in einem Interview: »Ich glaube, sie dachten wirklich, wir seien Übermenschen… Wir versuchten zu erklären, daß wir kein Land stehlen, sondern es vorbereiten wollten, damit der große Vogel landete… Sie machten es gerne, denn sie sangen und tanzten herum… Hunderte sangen da pausenlos.«

»Mit Gesten erzählte man ihnen ein paar Tage zuvor, daß der ›Barlus‹ kommen würde«, merkt sein Bruder an. »Sie wußten nicht, was das war. Ein ›Barlus‹ sei ein Vogel, der aus der Luft käme und Lärm machte… Er würde landen und so vieles käme aus seinem Bauch.«

In der Zwischenzeit warteten die Eingeborenen auf die guten Dinge, die aus dem Himmel kommen sollten. Als der Flieger dann in Sichtweite kam, waren alle schrecklich entsetzt. Eine noch lebende Zeitzeugin weiß, wie das damals war:

»Als wir den Lärm hörten, fielen wir zu Boden. Aus Angst und Ratlosigkeit beschmierten wir uns mit Urin und Kot.«

Ein anderer erzählt: »Ich kann mich genau erinnern an das erste Flugzeug: Ich dachte, es sei ein riesiger Vogel. Alle versteckten sich. Einige sind in den Fluß gesprungen. Andere haben sich im Gebüsch versteckt.«

Und ein weiterer alter Papua berichtet: »Alle drängten sich aneinander und schrien vor Entsetzen: ›Das ist unser Ende!‹ Master Mick beruhigte sie: ›Macht euch keine Sorgen, er bringt doch nur Waren!‹ Aber alle waren – verständlicherweise – sprachlos und wußten nicht, was weiter geschehen sollte.«

Dies passierte auch bei Frank Hurley. Noch tagelang nach seiner Ankunft ruhte jegliche Arbeit. In seinen Aufzeichnungen vermerkt er: »Alle Bewohner des Ortes versammelten sich, um über das ›Boot, das wie ein Vogel flog‹ zu reden. Nach zwei Tagen besaß jeder eingeborene Knabe eine Nachbildung des Wasserflugzeuges, die er sich mit erstaunlichem Geschick aus leichtem Wollbaumholz gebaut hatte… und ich muß sagen, daß bei der Herstellung solchen Spielzeugs die Eingeborenen weit mehr Findigkeit an den Tag legten als die Weißen. Die Flugmaschinen, die das junge Volk als Spielzeug baute, waren ungemein sauber und bis ins Kleinste genau ausgeführt. Die Propeller wurden in der Weise nachgebildet, daß man eine Palmblattfaser geschickt zurechtbog, so daß sie sich im Wind drehte.«

Die Analogie im Verhalten zu den Riten und Vorstellungen der Toraja ist verblüffend. Hurley beschreibt erstens, wie die einheimische Bevölkerung Nachbildungen des für sie unbegreiflichen Flugzeuges aus Holz anfertigen, bis in Details hinein kopieren und sogar die Propeller nachbilden. Nichts anderes sagen die Toraja über ihre Häuser aus Holz und Bambus aus: Ihre *tongkonan* sind Abbilder der »fliegenden, aus Eisen bestehenden Wohnungen der Götter, die von den Sternen kamen«.

Zweitens wird der Pilot des Wasserflugzeuges der Hurley-Expedition von den steinzeitlichen Eingeborenen zum Gott stilisiert. Eben das scheinen auch die Toraja mit ihren »fliegenden Besuchern« getan zu haben.

Drittens bringen die Kaimari jeden Tag dem teuflischen oder himmlischen »Wesen« ein Schwein als Opfer dar und gehen davon aus, daß das Flugzeug die Gabe verspeist habe. Ganz ähnliche Opferbräuche haben sich bei den Toraja erhalten. Bereits beim Hausbau werden ein Büffel oder Schweine an bestimmten Altarstätten neben dem Gebäude geopfert. Sie sehen, wie es die niederländische Wissenschaftlerin Haddy Nooy-Palm formuliert, bis heute ihre konkav gewölbten Gebäude als »anthropomorph« an, sie sehen also in ihnen das Wohnhaus und gleichzeitig noch immer eigenständige – lebende – Wesen.

Viertens: Nach dem Weggang der Weißen konzipierten sich im 19. und 20. Jahrhundert bei den besuchten Stämmen neue religiöse Bewegungen, die oftmals in ihre alten Weltbilder integriert wurden. Sinn war es, das Gesehene zu verarbeiten und erneut von den Göttern »Cargo« zu erhalten. Deshalb opferten sie weiterhin an den Orten, an denen zum Beispiel der »wundersame große Vogel« gelandet war, Tiere und pflanzliche Nahrung, um so reichlich Geschenke zurückzuerhalten. Friedrich Steinbauer[30] hat allein für Melanesien an die 180 dieser Kulte gezählt. – Die Toraja opfern noch heute ihren Göttern, ihren Ahnen in *puya* oder anläßlich der Entstehung eines Gebäudes Schweine, Büffel, Reis, Palmwein usw., um reichlich Gaben dafür im Gegenzug zu erhalten. Über eine Tote sagen sie beispielsweise: »Sie wird dort in der Höhe verehrt werden..., so daß sie uns ihren Gefallen schenken wird..., auf daß wir lange leben.«[31] – Die Parallelen sind wirklich verblüffend.

Totentanz und Geisterstimmen

Das, was Frank Hurley widerfuhr, erlebten viele Wissenschaftler, Abenteurer, Soldaten, Missionare und Seefahrer. Schon Christoph Kolumbus oder James Cook gerieten in Situationen, in denen sie als Götter verehrt, manchmal auch als Besucher aus der Geisterwelt angesehen wurden. Hierzu liegen uns interessante Forschungsergebnisse der letzten Jahre ebenfalls aus Papua Neuguinea vor. Ethnologen haben zusammen mit einem Filmteam Aussagen zweier Abenteurer, den Brüdern Leahy, Interviews noch lebender Ureinwohner, die den ersten Kontakt mit den Weißen als Kinder selbst miterlebt haben, gegenübergestellt.[32] Erstaunlich ist, wie genau sich dabei die schriftlosen Einheimischen selbst nach so langer Zeit an die Ereignisse von damals erinnern konnten, wie genau sie Szenen nachspielten, Namen nannten und Plätze bezeichneten, an denen sich wichtige Geschehnisse ereignet hatten.

Ein Zeitzeuge berichtet: »Wir hörten Seltsames über das Kommen des Blitzes. Wir dachten, die Weißen wären Blitze des Himmels. Das sagten die Leute hier.« Und ein anderer ergänzt: »Sie seien wahrscheinlich unsere Ahnen, die aus dem Reich der Toten kamen. Wir wußten nichts über die Außenwelt. Wir dachten, wir seien die einzigen. Wir dachten, unsere Toten würden dorthin gehen. Dort würden sie dann weiß werden. Und als die weißen Geister kamen sie nun zurück. So erklärten wir uns die Ankunft vom weißen Mann. Lange Zeit zuvor gestorben, kamen unsere Toten nun zurück.«

Einer der beiden australischen Abenteurer, Mick Leahy, weiß sich an folgende Episode zu erinnern: »Mehrmals, als wir in ein Dorf kamen, geschah es, daß eine Frau plötzlich den Arm eines unserer Jungen ergriff, weil er ihrem Sohn sehr ähnlich sah, der im Krieg getötet wurde. Scheinbar glaubte sie felsenfest, ihr Sohn wäre zurück oder vom Reich der Toten wieder auferstanden. Zuerst hielten sie uns für Geister, die ihre Toten bringen. Wir konnten nichts erklären, und es war schwer, das Dorf wieder zu verlassen.«

Dieselbe Vorstellung entwickelten die Menschen von dem Stamm der »Hagener«. Ein alter Mann weiß zu berichten, wie seine Stammesgenossen reagierten, als sie zum ersten Mal eine Tonaufnahme hörten. Filmmaterial hat diese Episode siebzig Jahre lang konserviert: Die weißen Besucher bringen ein Grammophon mit auf den Platz; um sie herum sitzen und stehen die ahnungslosen »Hagener«; sie ziehen das Grammophon auf und lassen zur Verblüffung der Eingeborenen einen amerikanischen Schlager der 20er Jahre erklingen. Staunen und Schrecken ist in die dunklen Gesichter der Kinder, Frauen und Männer eingeschrieben: »Als wir die Stimmen hörten, dachten wir, diese Schachtel wäre mit Geistern gefüllt. Wir dachten, unsere Ahnen wären darin. Sie sagten, wir sollten tanzen, und das taten wir auch. Wir dachten, die Toten würden mit uns tanzen.«

Ein anderer alter Mann aus dem Stamme der »Hagener« ergänzt: »Und als die ersten weißen Männer ins Land kamen, hatten sie eine Schale und eine Schaufel mit. Sie taten Salz in die Schale, die sie in Wasser spülten. Wir dachten: ›Früher, wenn unsere Ahnen starben, verbrannten wir ihre Körper, sammelten ihre Knochen, die wir dann ins Wasser warfen.‹ So dachten wir, als wir die Schalen sahen, unsere Ahnen seien zurückgekommen, um ihre Knochen zu holen. Wir verstanden damals nichts.«

Auch die Toraja haben augenscheinlich ähnliches vor Jahrtausenden erlebt. Auch sie verstanden vieles nicht. Eine hochentwickelte Kultur muß damals mit ihnen in Kontakt getreten sein. Wesen, die auf Grund ihres hohen technischen

Niveaus nicht von der Erde stammen konnten, die aus der Richtung der Plejaden mit Raumschiffen bei ihnen landeten und die sie für Götter hielten, die sie aber auch gleichzeitig mit ihren Ahnen in Verbindung brachten. Sie meinten, ihre Vorväter seien mit diesen Himmelsfahrzeugen gelandet, und bis heute glauben sie, daß ihre Verstorbenen zu den Sternen zurückkehren. Wenn wir analog die Denkensweise der Papua betrachten, wissen wir in etwa, warum auch die Toraja, die auf einer ähnlichen Entwicklungsstufe gestanden haben, zu ihren Annahmen gelangten. Diese unbegreiflichen Wesen, denen sie da gegenübergestanden hatten, mögen ebenso unbegreifliche Handlungen vollzogen haben. Vielleicht haben sie wissenschaftliche Untersuchungen an Menschen und Tieren vorgenommen, so, wie wir dies tun würden, wenn wir auf einem fremden Planeten landen würden. Vielleicht nahmen sie sogar ausgewählte »Exemplare« mit zu ihrer Heimatwelt oder brachten sie später zurück. Kein Wunder wäre es, daß die Toraja nach einem solchen Kontakt hofften, sie alle flögen dermaleinst zu den Sternen, um dort unsterblich zu werden, wo ihre Vorfahren schon seit urlanger Zeit lebten.

Dr. Lawrence Blair[33], Professor für Psychoanthropologie an der Universität von Südkalifornien, beschreibt in diesem Zusammenhang eindrucksvoll, wie die Toraja ihren letzten König zu Grabe trugen:

»Der königliche Leichnam wurde... in einem Sarkophag, der einem geschmückten, kleinen Raumschiff ähnlich sah, auf eine Trage gelegt. Auf einer kleineren Trage lag sein Tau-Tau (ein symbolisches Abbild des Toten, Anm. d. Autors) und auf einer dritten, schwarz umflorten, wurden die Witwen hereingetragen... Die beiden Tragen gingen wild auf und ab. Dies diente dem schnelleren Abstreifen der Astralleibschichten, um der Seele die Rückkehr zu den Sternen zu erleichtern.«

Die Toraja singen dazu folgendes Lied: »Er wurde von den Göttern geschaffen. Als sie zur Erde herabstiegen, zeugten sie ihn. Sein Leben war erfüllt von großartigen Leistungen und klugen Überlegungen. Seine Seele hat nun die Reise nach Westen angetreten... und erreicht das Firmament. Der Große Bär nimmt den Toten in seine Arme, die Plejaden umarmen ihn, die Sterne pressen ihn an sich.«[34]

Nach dem religiösen Verständnis der Toraja besitzt jeder Mensch drei Seelen: die »Hauptseele«, die die Reise zu den Sternen antritt, die unwichtigere »Nebenseele«, die sich in den Kreislauf der Natur integriert, und die dritte Seele, die sich zum Grab begibt und in der *tau-tau*-Figur manifestiert. Die komplizierten beschriebenen Totenrituale sollen gewährleisten, daß die Seelen auch tatsächlich ihrer jeweiligen Funktion gerecht werden können. Nur ein exakt ausgeführtes Begräbnis wird dem Toten die Reise zu den Plejaden ermöglichen.

Bei einem Totenfest, an dem wir unweit von Parinding teilnahmen, war der Sarg des verstorbenen Mannes mit kosmischen Symbolen überdeckt. »Er sitzt jetzt bei seinen Ahnen. Seine Ahnen sind jetzt froh. Jetzt entschwindet er westwärts, hinunter, dort, wo die Sonne untergeht«, so sangen die Trauernden in ihrer eintönig auf- und abschwellenden Totenklage. Für den Transport des Sarges wurde ein Miniaturhaus, nachgebildet dem *tongkonan*, verwendet, das über dem Sarg fest verzurrt wurde. Unter lautstarken Beweinungen und lärmenden Rufen, bei denen der Sarg hin und her gerüttelt wurde, setzte sich der Trauerzug schließlich in Bewegung. Die Träger mit ihrer schwer lastenden Empore liefen nun durch einen Bambushain, damit die Seele nicht mehr den Weg zurück zum Dorf fände. Eine Schwierigkeit für die Männer war, sie durften mit dem Katafalk keinesfalls den Boden berühren; immer mußte er über der Erde schweben. Wäre auch nur ein Träger ausgeglitten, der Sarkophag ins Rutschen gekommen, so wären die monatelangen Feierlichkeiten mit all den kostspieligen Opfern völlig umsonst gewesen. Das gesamte Fest hätte noch einmal abgehalten werden müssen, weil der Sarg nach dem Glauben der Toraja nun nicht mehr den Erdboden berühren darf.

Während einfachere Leute ihre Toten oft in den kleinen Hausnachbauten auf einem Friedhof abstellen und dort Sarg und Leichnam verrotten lassen, Arme sogar ihre Verstorbenen häufig einfach nur in eine Schlucht werfen, wird als die sicherste Art der Reise zu den Sternen ein Grab in den hohen Felsen angesehen. Je höher gestellt der Verstorbene auf Erden war, desto höher hinauf in die Steilklippen der Kalkfelsen wird auch sein Grab geschlagen. Über gewagte Bambusrohrkonstruktionen wird unter Gesängen der Sarg nach oben gehievt, bis die *liang*, die Kammer, erreicht ist, in der oftmals schon die Vorfahren des Toten ruhen und wohin auch seine Nachkommen eines Tages ihm folgen werden. Hier kann er auf die Raumschiffe von den Plejaden warten, und, so schreibt der Ethnologe Nigel Blair[35]: »Von dort aus kann er seine lange Reise durch den Weltraum antreten, hin zu den Sternen, von denen er einst gekommen ist.«

Bei den Toraja existiert außerdem eine weitere interessante Begräbnisform. Es ist die Bestattung in hölzernen Särgen, welche die Bezeichnung »erong« tragen. Mittels Holzbalken und Seilen werden sie in etlichen Metern Höhe in den Karstklippen angepflockt. Solche bis zu 800 Jahre alten »Hängenden Gräber« befinden sich beispielsweise noch in Suaya. Heute bietet sich unterhalb der Felswand ein eher makabres Bild: Schädel, Knochen, Sargteile liegen wie in einem Mikado-Spiel wild durcheinander, Einzelknochen schaukeln zwischen hängenden Sargteilen. Doch die Toten glaubten, daß sie in ihren schwebenden Särgen leichter zu ihrer Reise zu den Sternen abgeholt werden könnten. Denn auch *Puang Tamborolangi* hatte ja ein solches »*Banua diToke*«, ein »hängendes Haus«, das zwischen Himmel und Erde pendelte und einmal auf Kandora, einem Berg zirka fünf Kilometer südlich von Ma'kale landete.[36]

Früher, bevor die indonesische Regierung begann, Kulturgüter der Toraja zu schützen, entzündeten die Toraja zum Schluß der Begräbniszeremonie die eigens für die Feierlichkeiten errichtete Totenstadt, die wie eine ganze Raumschiffflotte wirkte. Durch den Feuerkranz der Flammen sollte der Verstorbene seine Sternenfahrt antreten. Wie besser hätten die Toraja ein startendes Raumschiff darstellen können?

Wir haben mit den Überlieferungen der Toraja eine hervorragende Bestätigung für die Annahmen der PaläoSETI-Hypothese. Sie erfüllt in der Tat alle Voraussetzungen, die in der konventionellen Wissenschaft an eine Theorie gestellt werden. Empirisch überprüfbar liegen uns Zeugenaussagen aus unterschiedlichen Perspektiven (Innen- und Außensicht) über das Verhalten und die Folgewirkungen beim Zusammentreffen von technisch weit entwickelten und technisch kaum entwickelten Kulturen vor. Die Vorhersage ist: Sollte in ferner Vergangenheit eine hochentwickelte außerirdische Zivilisation die Erde besucht haben und sollte es zu Kontakten mit den damaligen Eingeborenen gekommen sein, müßten sich im religiösen, kulturellen und/oder soziologischen Bereich ähnliche Verhaltensweisen aufdecken lassen. Und genau dies ergibt eine Überprüfung alter Kulturen. Im Falle der Toraja haben wir das Glück, daß Menschen noch heute in diesem zum Kult erhobenen Umfeld leben.

Obschon der Zugriff des modernen 20. und beginnenden

21. Jahrhunderts auf die Toraja eingesetzt hat – vor allem in den letzten zehn Jahren durch die Informationstechnik, die politischen Strukturen Indonesiens und den Tourismus –, ist die Basisaussage in den Köpfen der Menschen und in ihren Handlungen noch vorhanden. Aber die Zeit ist knapp geworden für Untersuchungen vor Ort.

Relativ einfach wären Forschungen in Richtung PaläoSETI zu Beginn der 70er Jahre gewesen, kurz nachdem Erich von Dänikens aufsehenerregender Bestseller »Erinnerungen an die Zukunft« erschien, oder schon seit den frühen 60ern, als Autoren und Wissenschaftler wie die Franzosen Jacques Bergier und Louis Pauwels (»Aufbruch ins dritte Jahrtausend«), Robert Charroux (»Verratene Geheimnisse«), der Italiener Dr. Peter Kolosimo (»Sie kamen von anderen Sternen«), der Brite Walter R. Drake (»Spacemen in Antiquity«) oder die Amerikanerin Virginia Brasington (»Flying saucers in the Bible«) für Furore und stürmische Diskussionen gesorgt hatten.[37] Doch damals wollte die offizielle »scientific community«, Wissenschaftler an den Universitäten und in den Instituten, nichts mit solchen »Spinnereien« zu tun haben. Sie verschenkten damit fast die letzten Möglichkeiten, wissenschaftlich – und nicht naiv, emotional, selbstherrlich und selbstgefällig – zu prüfen, ob sich objektiv diese Thesen be- oder widerlegen ließen. Ein Umdenkprozeß hat auf diesem Gebiet erst sehr langsam eingesetzt, auch getragen durch die spektakulären Erfolge der Raumfahrtwissenschaften und Astronomie. Und doch hat sich ein recht respektables Instrumentarium zur Untersuchung eben jener spektakulären Behauptungen der PaläoSETI entwickelt. Schauen wir uns also im nächsten Kapitel einmal gemeinsam das »Rüstzeug« dieser Forschungen an.

II

Mythen und Menschen

*»Alte Überlieferungen gelten nicht mehr viel
in dieser Welt.
Aber Vergangenheit ist eine große Sache!«*

Peter Bamm (1898–1975)

Die Abenteurer der letzten Jahrhunderte ahnten, daß sie
nur in See zu stechen brauchten, um Neues zu entdecken.
Wer heute Unbekanntes erforschen will, braucht es ihnen
nur nachzutun. Denn noch immer ist unsere Welt eine Welt
der Fragen und der Geheimnisse – trotz der Flut an Informationen, die uns täglich überschwemmt. »Unbekannte
Kontinente« liegen zum Beispiel noch in den Mythen der
Völker verborgen. Sie sind die Seele und das Gedächtnis
untergegangener oder noch lebender Völker. Begeben wir
uns deshalb zusammen hinaus in das große Meer der Erinnerung zu einer Entdeckungsreise der ungewöhnlichen Art.

»Realitätstunnel«

Jeder von uns lebt in seinem eigenen »Realitätstunnel«.[1] Wir wissen: die Erde ist rund, sie ist einer von neun Planeten des Sonnensystems, das Sonnensystem ist Bestandteil der Milchstraße, unsere Galaxie wiederum Teil des Universums. Wir wissen: das Universum dehnt sich aus, es entstand vor Jahrmilliarden, es besteht aus Atomen, aus Strahlung und so fort. Aber wissen wir das alles wirklich? Auch der Mensch des Mittelalters meinte zu wissen, er lebe auf einer Scheibe, er fiele von dieser Ebene direkt in die Hölle, wenn er die Grenze überschreite, er glaubte, die Sterne seien Löcher im Himmelszelt, durch die der Glanz des Paradieses falle, und die Erde sei vor wenigen Jahrtausenden von Gott in sieben Tagen erschaffen worden. Galaxien kannte er nicht, Atome sagten ihm nichts, noch nicht einmal Viren. Und doch existierten sie und *seine* Welt existierte nicht. Er war ein Gefangener seiner selbstgebastelten Realität.

Aber seien wir nicht zu hochnäsig. Auch wir leben in unserem eigenen »Realitätstunnel«. Gab es den Urknall wirklich? Gibt es nur ein Universum oder Multiversen? Vom Atom als kleinster Einheit haben wir uns längst verabschiedet und lächeln wohlwollend über den Nobelpreisträger Prof. Bothe, der mathematisch belegt hatte, daß man die Atombombe nicht bauen könnte, und über seine Kollegen, die ein Jahrhundert zuvor errechnet hatten, daß der Mensch nicht schneller als 100 Kilometer pro Stunde fahren könne, weil sonst unweigerlich die Luft aus dem Gefährt gepreßt und er eines qualvollen Erstickungstodes sterben müsse. Wer würde nicht schmunzeln über die Diskussion im 18. Jahrhundert, ob der Mensch in die göttliche Naturordnung eingreife, wenn er die Häuser mit Blitzableitern versehen würde: Sollte man den kopfrunden erlauben, den Benjamin Wilson entworfen hatte, weil er passiv sei, oder den des Benjamin Franklin, der spitzköpfig war?[2] Da war Abbé Nollet schon fortschrittlicher; der findige Geistliche erdachte einen elektrischen Weihwedel, um rings um sich einen Gnadenstrom zu bewirken.[3] Wir lächeln auch über jene hoch angesehenen Wissenschaftler, die noch vor einem halben Jahrhundert belegt haben, daß der Mensch qualvoll sein Leben verlöre, flöge er schneller als der Schall, oder sterben müsse, wenn er je versuchen sollte, den Weltraum zu erreichen, der sterben müsse, sollte man es wagen, eine Herztransplantation vorzunehmen. Über die Unmöglichkeit, Tiere zu klonen, gibt es sehr schöne Abhandlungen, ebenso über den vermeintlichen Betrug, wenn jemand behaupten sollte, er könne die menschliche Stimme aufzeichnen. Da stellt sich wohl berechtigt die Frage: In welchem Realitätstunnel leben wir und leben unsere Wissenschaftler heute eigentlich?

An einem Paradigma unserer Epoche rütteln vehement die Vertreter der PaläoSETI-Forschung. Sie wagen es nicht nur, die Einzigartigkeit des irdischen Lebens in Frage zu stellen, was immerhin noch bis vor kurzer Zeit zu heftigsten Debatten führte, sie wagen es nicht nur, aufzuzeigen, daß ein interstellarer Raumflug, also das Überwinden großer Entfernungen im All, möglich wäre, wobei die Front der Gegner stark abgebröckelt ist, ja sie wagen es sogar, die Möglichkeit in den Mittelpunkt ihrer Überlegungen zu stellen, daß außerirdische Intelligenzen bereits vor Jahrtausenden oder gar Jahrmillionen der Erde eine Visite oder mehrere Besuche abstatteten.

Als Indiz werden unter anderem die Mythen der Menschheit »ins Feld geführt«. Denn so wie die Überlieferungen der Toraja, die hier zum ersten Mal in diesem Zusammenhang behandelt werden, so gibt es zahllose andere Beispiele quer durch die Zeit und über alle Völker hinweg. Der Einwand der orthodoxen Wissenschaftsvertreter ist, es sei nicht legitim, Mythen so zu verwenden als seien sie Geschichtsbücher, obwohl ihr Inhalt stets nur mündlich tradiert wurde.

Wir befinden uns also scheinbar in einem Dilemma. Natürlich ist es denkbar, daß die klassischen Theoretiker recht haben, wenn sie behaupten, die herangezogenen Erzählungen stellten lediglich Mythen ohne realen Hintergrund oder nur von psychologischem Gehalt relevante Vorgänge oder einfach nur modernistische Fehlinterpretationen dar.

Auf der anderen Seite ist es aber ebenso gut denkbar, daß wir in den Mythen tatsächlich ein »Vehikel« gefunden haben, das uns Berichte über den Kontakt mit außerirdischen Lebensformen in die Gegenwart transportiert hat und wir bräuchten nur diese »Zeitkapseln« zu öffnen, um die Bestätigung für diese Vermutung zu finden.

Wenn wir uns vor Augen halten, wie viele wissenschaftliche Wahrheiten letztlich auf dem Müllhaufen der Ideen landeten und dort nun geschichtlich »kompostiert werden«, erscheint es mir um so wichtiger, nicht voreilig einen neuen geschichtserklärenden Ansatz aus einer unvoreingenommenen Diskussion auszuschließen. Selbstkritisch hat die Geschichtsphilosophie darauf hingewiesen, wie viele Fehler und Mißverständnisse sich in ihr Fach eingeschlichen haben, wie viele Wertungen und einstige Wahrheitsansprüche wieder aufgegeben werden mußten. Wenn wir Heutigen das, was sich früher ereignet hat, erklären wollen, wenn wir Kulturähnliches oder für uns völlig Andersartiges aufschlüsseln wollen, ist dies auch nicht verwunderlich. Die Lehre, die wir daraus ziehen müssen, ist, offenzubleiben auch für nicht konforme Denkweisen und einzusteigen in eine interessante Diskussion über die Geschichte der Menschheit.[4]

Mythos und Geschichte

Was ist eigentlich der Unterschied zwischen einem Mythos und der wissenschaftlichen Geschichtsschreibung? Jan Assmann[5] kommt zu der Auffassung, daß man dem Begriff Mythos »gewöhnlich den Begriff der Geschichte gegenüberstellt und mit dieser Gegenüberstellung zwei Oppositionen verbindet: Fiktion (Mythos) gegen Realität (Geschichte) und wertbesetzte Zweckhaftigkeit (Mythos) gegen zweckfreie Objektivität (Geschichte). Beide Begriffspaare stehen seit längerem zur Verabschiedung an... Vergangenheit, die zur fundierenden Geschichte verfestigt und verinnerlicht wird, ist Mythos, völlig unabhängig davon, ob sie fiktiv oder faktisch ist... Diese Bezeichnung bestreitet in keiner Weise die Realität der Ereignisse, sondern hebt ihre die Zukunft fundierende Verbindlichkeit hervor als etwas, was auf keinen Fall vergessen werden darf.«

Dies ist eine erstaunliche Schlußfolgerung. Mythos und Geschichtsschreibung sind letztlich sehr eng verwandt. Das Ziel beider ist es, Ereignisse für die kommenden Generationen zu übermitteln. Prinzipiell sind fünf Vorgehensweisen denkbar, wenn wir uns nun die Mythen der Toraja betrachten, die für die PaläoSETI-Theorie verwendbar sind:

Wir könnten einmal lediglich den recht kuriosen Charakter dieser Erzählung herausstellen. Das wäre vielleicht für einen Spaßvogel amüsant, würde aber weder für unser Verständnis von der Ursache noch des Resultates dienen.

Zweitens können wir psycho-analytisch die Götter der Toraja-Mythen einmal mehr als »archetypische Manifestationen des Unbewußten« interpretieren. Der Mythos spräche dann nicht »über Götter oder vergleichbare Mächte, sondern von *unserer Existenz*«.[6] Doch dieser Ansatz greift zu kurz. Mittlerweile

49

hat sich gezeigt, daß religiöses Verhalten nicht einfach auf einer Illusion basieren kann. Eine philosophisch-wissenschaftliche Erkenntnis der Vergangenheit ist es nämlich, daß bereits die Tatsache der Existenz der Erzählung auf einen realen Hintergrund hinweist.[7,8,9]

Eine andere Möglichkeit ist, bedingungslos zu glauben, was die Toraja selbst über ihre Mythen erzählen. Dann wäre jedoch die Beschreibung, die Menschen fremder Gesellschaften von ihrer Handlung geben, letzte und nicht mehr zu hinterfragende Instanz. Doch jeder, der das alte Kinderspiel »Stille Post« kennt, wird sich erinnern, wie schnell ein Weitergabefehler die Ausgangsnachricht verändern kann. Die Selbstinterpretation muß also objektiviert werden, um solche Fehler, die sich zum Beispiel durch die Änderung des kulturellen Umfeldes ergeben können (gerade durch die Medieneinflüsse unserer Zeit), zu erkennen.

Der vierte Weg ist, wir klammern die Selbstaussage der Toraja weitgehend oder ganz aus. Genau das tun all diejenigen, die ohne weitere Analyse von der Unmöglichkeit eines Kontaktes mit extraterrestrischen Wesen und Menschen ausgehen. Dies ist natürlich eine sehr kommode, selbstunkritische Haltung. Leider ist diese Bequemlichkeit nur allzu vielen traditionellen Vertretern der Geschichtswissenschaften ins Gesicht geschrieben.

Ich möchte einen fünften Weg wählen. Uns steht heute ein vielfältiges Instrumentarium zur Verfügung, das es uns durchaus erlaubt zu erfassen, welche Verständnisrichtung die Erstgeschichte, also das Ursprungsereignis hatte.[10] Wenn bei der mündlichen Erzählung (Narration) der Toraja keine völlige Sinnlosigkeitsgeschichte vorliegt, die weder bei ihrer Entstehung noch heute überhaupt irgend etwas aussagt, so ist die erzählte Geschichte der Götter, die von den Sternen zur Erde kamen, doch wohl eine Wiederholung des Ursprungsereignisses.

Die Frage ist allerdings, ob die jahrhundertelange Wiederholung nicht auch eine Verwandlung der Erzählung bewirkt hat. Mit anderen Worten: Läßt sich der Kern der Erstgeschichte überhaupt noch zuverlässig ermitteln oder wurde er, da wir heute eine von unzähligen Wiederholungsgeschichten hören, mittlerweile so verfremdet, so von jeder Generation mit neuen Ideen überprägt und interpretiert, daß wir den – falschen – Schluß ziehen, die Vorfahren und Götter der Toraja seien aus dem Universum gekommen?

Die Mythenforschung hat aufgezeigt, daß eine erzählte Geschichte immer die Bewahrung einer Information, eines enorm wichtigen Ereignisses zum Ziel hat. Das gemeinsame Fundament der Gesellschaft soll durch die Erzählung bestehen bleiben; deshalb muß der Sprecher bestimmte Regeln befolgen und seine gesamte Argumentation auf diesen Zweck ausrichten. Dies bedeutet, daß der Erzähler ein sehr großes Interesse hat, die Mitteilung möglichst exakt weiterzugeben und den Hörern auch tiefere Sinnebenen mitzuteilen.

Daß ein anderes Ereignis, eine zwischenzeitlich eintretende übermächtige Entwicklung die ursprüngliche Erzählung »durchquert« und dadurch verändert, kann natürlich trotzdem nicht ausgeschlossen werden. Aber selbst dann stellt uns heute die Geschichtsforschung etliche – fast kriminalistische – Methoden zur Verfügung, um die eigentliche Sinngeschichte zu erschließen. Konkret für die Toraja bedeutet dies: Der Mythos von den Sternengöttern wurde auf parallelen Vermittlungskanälen weitergegeben. Die Kerninformation konnte also nicht verlorengehen, weil ergänzende Nachrichten vorliegen, die den Ursprungsgehalt verstärken, ihn interpretieren und durch diese Wiederholung den Mythos bis jetzt geradezu zeitresistent gemacht haben.

Die Macht der Erinnerung

Da haben wir zum einen die *mündliche Erzählung*, die bei den Toraja gesprochen oder gesungen oder bildschriftlich unterstützt weitergereicht wird. Eine feste Verankerung im sogenannten »kommunikativen Gedächtnis« erfolgt.

Einen modernen Europäer oder US-Amerikaner, der nicht einmal seine täglichen Termine im Kopf behalten kann und dafür Sekretärinnen einstellt, einen Taschenkalender führt und Computer benutzen muß, mag es rätselhaft erscheinen, wie eine Überlieferung »wortgenau« in einer schriftlosen Kultur weitergegeben werden kann. Und jeder, der als Schüler einmal ein dreistrophiges Gedicht von Johann Wolfgang v. Goethe oder Lord Byron hat auswendig lernen müssen, wird sich fassungslos an den Kopf greifen, wenn er sogenannte »primitive« Kulturen genauer betrachtet.

Prof. Jan Assmann[11] aus Heidelberg hat kulturübergreifend folgendes ermittelt:

»In schriftlosen Gesellschaften hängt die Spezialisierung der Gedächtnisträger von den Anforderungen ab, die an das Gedächtnis gestellt werden. Als höchste Anforderung gelten diejenigen, die auf wortlautgetreuer Überlieferung bestehen. Hier wird das menschliche Gedächtnis geradezu als ›Datenträger‹ im Sinne einer Vorform von Schriftlichkeit benutzt. Das ist typischerweise dort der Fall, wo es um Ritualwissen geht.«

Das »Gemeinschaftsgedächtnis« der Toraja hat beispielsweise spezielle Träger des Wissens ausgebildet. Um einen solchen menschlichen »Datenträger« zu schaffen, muß eine sorgfältige Einweisung erfolgen. Die Wissenden wählen nach festgelegten Kriterien einen geeigneten Kandidaten aus. So wird dieser Erwählte in die Pflicht genommen, die anderen aber bewußt ausgeschlossen. Dies erhöht oft das Ansehen des Auserwählten. Er wird nun verschiedene Prüfungen durchlaufen, bei denen er sein Wissen und Können ausweisen muß (ähnliches geschieht letztlich auch an unseren Universitäten). Ansonsten bleibt er von höherem Wissen ausgeschlossen.

Bei den Toraja wurde hierfür ein eigener Priesterstand berufen, der sich noch einmal in zwei Bereiche aufteilt: Priester für die Sphäre des Todes und Priester für die Sphäre des Lebens, für die Sphäre des Westens und Ostens, wie die Toraja dies formulieren. Sie sind oft gleichzeitig Zauberer und Schamanen, Orakeldeuter und Heiler. Der *to minaa*, der Leiter des Rituals, muß über ein so hervorragendes Gedächtnis verfügen, daß er Rezitationen aus dem *paasomba tedong* bis zu zwölf Stunden aufsagen können muß.[12] – Auf Papua Neuguinea hat der Heidelberger Ethnologe Professor Jörg Wassmann[13] sogar sechzehn Stunden dauernde Gesangszyklen aufzeichnen können. Dagegen ist Friedrich Schillers halbstündige Ballade »Die Glocke« mit 425 Versen ein Kinderspiel.

Professor Jan Assmann, einer der international renommiertesten Altertumswissenschaftler, der für sein Werk über die Gedächtniskultur den Historikerpreis der Bayrischen Akademie der Wissenschaften erhielt, hat darauf hingewiesen, daß jede Kultur »etwas ausbilde, das man ihre *konnektive Struktur* nennen könnte«. Sie *verknüpft* und *verbindet* die Mitglieder dieser Gesellschaft sowohl in sozialer als auch in zeitlicher Hinsicht. Mensch und Mitmensch werden nämlich durch die symbolische Sinnwelt aneinander gebunden, indem ein gemeinsamer Erfahrungshorizont, Erwartungs- und Handlungsraum gebildet wird. Vertrauen und Orientierung wird so geschaffen. Hinter dieser konnektiven Struktur steht das Prinzip der Wiederholung. Dadurch wird gesichert, daß sich Handlungen zu wiedererkennbaren Mustern fügen. Die Mitglieder

der Gesellschaft können nun ihre gemeinsame Kultur identifizieren. Eine solche verbindende Struktur läßt sich bei den Toraja natürlich wesentlich durch den *Puang-Matua-* und den *Tamborolangi*-Mythos feststellen.

Durch die persönliche Anwesenheit aller Familienmitglieder bei den Verdienst- und Totenfesten wird dafür gesorgt, daß die Weitergabe der Information ununterbrochen – Generation für Generation, Individuum für Individuum – erfolgt und somit einerseits fest im kulturellen Gedächtnis archiviert und gleichzeitig identitätssichernd wird. Das oft zitierte Problem, daß, »wenn der älteste Greis stirbt, eine ganze Bibliothek vernichtet würde«, wird somit gar nicht erst für einen so wichtigen Mythos relevant.

Professor Assmann[14] kommt schließlich zu der Auffassung: »Das kulturelle Gedächtnis hat eine Affinität (Verwandtschaft, Anm. d. Autors) zur Schriftlichkeit.« Denn die schriftlosen Kulturen haben oft sogenannte Mnemotechniken (Erinnerungsstrategien) ausgebildet, die der textlichen Aufzeichnung keineswegs nachstehen.[15,16,17]

Schauen wir uns noch einmal das Beispiel der am Sepikfluß lebenden Papua an. Diese besitzen ein ganzes System von Namen (Geburts-, Ruf-, Spitznamen usw.). Vor allem aber verfügt jeder Namensträger über einen sehr komplexen Bestand an Geheimnamen. Dr. Jörg Wassmann[18] berichtete im Frühjahr 1998 nach seiner letzten Forschungsexpedition:

»Es handelt sich um ein System, das die Schöpfung und die urzeitlichen Wanderungen der Vorfahren erklärt und diese mit der Topographie, den Pflanzen, Tieren und Gestirnen, mit der Sozialstruktur und den einzelnen Menschen in Verbindung bringt... (Die) mythischen Ereignisse werden noch heute mündlich tradiert. Die Reihenfolge der Entstehung der Vorfahren legitimiert die heutige Sozialordnung ebenso, wie die damaligen Wanderwege und Dorfgründungen die heutigen Landbesitzverhältnisse festlegen. Die damalige Aufteilung aller Dinge dieser Welt begründet das heutige Totemsystem; die damals eingesetzten Namen bilden das Reservoir der heutigen Namen. Das ganze System wird darüber hinaus in sechzehn Stunden dauernden Gesangszyklen und in den Knotenschnüren akustisch und optisch dargestellt. Dabei erzählen die Gesänge die Schöpfung, die verschiedenen Situationen der Wanderungen und die Totems mit den dazugehörigen (öffentlichen) Namen, während die Knotenschnüre ein mnemonisches Hilfsmittel darstellen, in welchem die gegründeten Siedlungen durch große Knoten und die dazugehörenden (geheimen) Namen in unzähligen kleinen Knoten dargestellt werden.«

Jeder Teil des Stammes besitzt somit viele hundert Namen. Sie alle müssen in einer genau festgelegten Reihenfolge erinnert werden, um Ereignisse wiederzugeben, die sich bis in die Urzeit des Gesamtstammes, bis zur Entstehung der Erde zurückverfolgen lassen. Da so ein Namensträger wie eine Reinkarnation der früheren Träger des gleichen Namens gesehen wird, wird die »genealogische Distanz zwischen Vergangenheit und Gegenwart aufgehoben: Die Menschen am Sepik leben also gleichzeitig im Hier und Jetzt und in der Urzeit.«

Eine Anekdote am Rande: 1956 beabsichtigte die australische Kolonialverwaltung eine Bevölkerungszählung auf Papua Neuguinea. Über die Sepik-Menschen schrieb der Patrol Officer Dyer: »Die Datenerhebung ist eine langwierige und oft deprimierende Aufgabe. Die Schwierigkeiten ergeben sich aus Interpretationsproblemen, unverständlichen Namen und der allgemeinen Neigung der Menschen, ›Yes, Sir‹ zu antworten, egal, welcher Name aufgerufen wurde.« Bei allem Verständnis für den deprimierten Kolonialbeamten weist Jörg Wassmann aber zu Recht darauf hin, wie frustrierend und langwierig die vermeintlich simple Frage nach dem Namen erst für die Menschen am Sepik gewesen sein müsse.

Wenn auch nicht in dieser hochentwickelten Form der individuellen wie gesellschaftlichen Erinnerung, so haben doch auch die Toraja ein erstaunliches System, bei dem ihre Herkunft eine wesentliche Rolle spielt. Ethnologen haben auf die wichtige Funktion der Blutverwandtschaftsgruppen der Toraja hingewiesen. Ihre Genealogie reicht über 24, 30, bis zu 52 Generationen zurück. Sie alle können über die »Schnittstelle« des örtlichen *tongkonan* ihre Abstammung bis zum ersten, dem »Mutter-*tongkonan*« zurückverfolgen, der von dem himmlisch-göttlichen Vorfahren aus dem Weltraum errichtet wurde. Der Stammbaum einer wichtigen Person oder Familie kann gezeichnet zwei Meter breit und drei Meter lang sein und reicht zurück bis zu Gott *Tamborolangi*. Als mnemotechnisches Gerät (Erinnerungsstütze) wurde noch 1970 – auch von der mittleren Generation ab 30 Jahren – ein Bündel aus kleinen Palmfaser-Stöckchen benutzt. Jeder Stab symbolisierte jeweils einen Ahnen, und über Himmelsrichtungen und Kreuzungen wurden eine Heirat und die Nachkommenschaft dargestellt.
Bei den Feldforschungen stellte sich heraus, daß die drei wichtigsten Linien jeweils auf göttliche Wesen zurückführen, die auf der Erde gelandet waren. Sie trugen alle als Teil ihres Namens die Bezeichnung »*langi*«. Über diese Abstammungslinien ließen sich auch Verbindungen zu benachbarten Königtümern auf Sulawesi herstellen, die ihrerseits diese Stammbäume bestätigten. Eine solche Vernetzung der Erinnerung, der weiterzugebenden Information, ist also absolut mit einer schriftlichen Quelle zu vergleichen. Der Gehalt dieser Information spricht indes eine deutliche Sprache.

Kosmische Himmelfahrten

Die Toraja erzählen, daß *Puang Matua* am selben Tag den Menschen, den Büffel und den Reis erschaffen habe. Einer ohne den anderen könne nicht leben. Stirbt z. B. ein Mensch, so wird Reis gepflanzt und er darf erst beerdigt werden, wenn der Reis reif ist.[19] Und noch heute werden den kostbaren Büffeln, die zusammen mit dem Menschen durch den Weltraum flogen, entsprechende Namen gegeben, die auf diese Vorgänge zurückverweisen, wie »Der, der vom Himmel herabgestiegen ist«. Ihre Hörner haben magische Bedeutung, der tragende Balken des Hauses wird mit ihrem Rückgrat assoziiert, manchmal wird die Dachform mit den Büffelhörnern verglichen und somit wiederum auf ihre himmlische Herkunft angesprochen.

Bei der Totenfeier wird die Rolle des Wasserbüffels erneut allen Zuhörern dargelegt. Wenn die mit gehörnten Helmen geschmückten Kriegstänzer der Toraja ihre geisterhaften Lachlaute ausstoßen und die Büffel kämpfen sollen (wozu die eher friedlichen Tiere allerdings selten Lust verspüren), werden sie in wellenförmigen Sprechgesängen gelobt, genauso wie an den folgenden Tagen, wenn über das mystische Totenreich *puya* berichtet wird:

»Hier sind alle Büffel, die Du in Deinem Leben hast sterben sehen,
alle Büffel, die geopfert wurden, seit es uns gibt,
seit es die Toraja gibt;
das ist lange her, glaube mir,
Millionen Büffel, glaube mir.
Führe alles genau aus bei der Beerdigung,
sonst muß Deine Seele zwischen den Welten irren,
zwischen Nord und Süd,
zwischen den Lebenden und den Toten.

Aber sie haben alles gut gemacht.
Die Götter haben die Gongschläge gehört.
Komm zu den Ahnen
und zu den Seelen der Häuser und Büffel.«

In diesen traditionellen religiösen Litaneien hat sich manchmal eine archaische Sprache erhalten, die außerhalb des sakralen Bereiches schon sehr lange nicht mehr gesprochen wird. So zeigt sich, daß in diesem narrativen Bereich, den Erzählungen um *Puang Matua* und seine Sternenfahrt mit dem aus Eisen bestehenden schwebenden »Haus«, schon seit langem keine Veränderung mehr entstanden sein kann.[20]

Dies spiegelt sich auch in den ausdrücklichen Aufforderungen zur Erinnerung wider. Während der Priester die Götter anruft, »die vom Rand des Sternenhimmels kommen«, und beginnt, die Erzählungen zu rezitieren, betont er: »Laßt uns erinnern. Es ist eine Erinnerung an die Ankunft unserer Ahnen. Denn deshalb organisieren wir dieses Fest.«

Daß das Vergangene im Bewußtsein lebendig bleibt, dafür sorgen 777 göttliche *adat*-Vorschriften. Diese wurden auf Beschluß der Sternengötter den Menschen zur Erde gebracht. Wie die »Zehn Gebote« des jüdischen und christlichen Glaubens sind diese Anweisungen von den Toraja genau einzuhalten. Sie umfassen das gesamte rituelle wie profane Leben, von der Geburt bis zum Tod, der Einteilung der Klassen (früher: Königs-, Adelsfamilien, freie Bauern, Handwerker und Sklaven), von der Reisaussaat bis zum Schlachten des Büffels. Alles ist in ein System eingebettet, das immer und immer wieder die Botschaft vermittelt: die Vorfahren der Toraja hatten Kontakt mit Besuchern von den Sternen.

Von einer weiblichen Funktionsträgerin während des *bua*-Festes, die priesterähnliche Aufgaben übernehmen kann, genannt *to tumbang*, wird zum Beispiel folgendes überliefert, während das *maro*-Lied in einem zunächst ruhigen Tempo beginnt und sich im weiteren Verlauf steigert:

»›Ich habe jetzt gedreht in den Wind;
ich verwandele mich in einen Wirbelwind.‹
Sie steuert ihren Weg heraus aus dem Wirbelwind,
auf ihrem Kurs fliegt sie aus der Luftströmung heraus.
Sie fliegt weiter und erreicht den Himmel.
Sie steuert weiter und gerät in Entzücken.
Sie ist glücklich in dem Zustand, auch wenn es ihr verboten ist,
die Erde zu betreten –
und wirbelt weiter wie die Beherrscherin eines Geistes.«[21]

Von ethnologischer Seite hat man recht hilflos vor dieser Überlieferung stehend versucht, diese Beschreibung als »ekstatische Erfahrung«, als »außersinnliche Wahrnehmung« zu deklassieren. Aber hier geht es nicht um eine Frau, die in mystischer Besessenheit etwas daher fabuliert. Hier wird viel eher mit einfachen Worten einer einfach-bäuerlichen Sprache beschrieben, wie ein Raumschiff von der Erde aus startet. Im Wechsel von Ich-Perspektive (»ich habe gedreht«) und einer außenstehenden Sicht (»sie steuert heraus«) wird uns Start und Flug durch die Atmosphäre bildhaft beschrieben und das Erreichen des erdnahen Raumes, wo die Erde nicht mehr zu betreten ist (es wird ihr verboten).
Die folgenden Sätze könnten aus einem Weltraumflug-Protokoll eines der ersten Kosmonauten stammen:

»Dann bin ich wie eine tönende Glocke,
wie eine kleine, runde Kugel,
die vor und zurück geschüttelt wird.«

Nun wird beschrieben, wie die *tumbang* aus ihrer neuen Position alles scheinbar umgekehrt sieht. Kein Wunder für jemanden, der sich in einer Umlaufbahn um die Erde befindet. Der Forscher Dr. van der Veen hat uns durch seine Feldforschung bei den Zuid-Toraja den weiteren Verlauf dieser Sternenfahrt festhalten können:

»›Ich gehe wirklich entlang am Rand des Himmels…
Ich bin schon nahe an dem Zeichen,
das auf halbem Wege liegt…‹
Alle Zeit fliegt sie hin und her.
Die ganze Zeit schwebt sie einfach nur.
Sie wird nur auf dem Land jenseits (des Himmels) landen…«

Genau dies erlebt jeder Astronaut, jede Kosmonautin. Sie schweben schwerelos im All. Eine Tatsache, deren Erkenntnis erst im 20. Jahrhundert lag. Wenn man in einer Raumstation im nahen Erdorbit um die Weltkugel kreist, sieht es – wie beschrieben – so aus, als gebe es einen Rand hin zum All. Das Zeichen, von dem hier gesprochen wird, könnte beispielsweise ein Satellit, eine Art Boje zur Orientierung gewesen sein.

»Sie sagen, daß der Himmel weit weg ist.
Sie sagen,
daß der Himmel von hier an über weite Entfernungen reicht.
Es ist weit, aber doch, er ist in der Nähe.
Er ist in großer Entfernung von hier,
aber doch, ist er nahe bei uns…«

Hier scheint sich die prähistorische Raumfahrerin mit denen zu unterhalten, die sie mitgenommen haben. Mit außerirdischen Intelligenzen, die den Weltraum kennen. Heute wissen wir, daß ein Astronaut im Orbit sich ja eigentlich noch viel zu nahe an unserem Planeten befindet, um von wirklichem Weltraumflug sprechen zu können. Andererseits befindet sich der Raumfahrer aber schon im Einflußbereich des Alls. So ist er dem Weltraum tatsächlich sehr nahe und doch ist er ihm fern.

»Und dann erreicht sie den Himmel:
Der Himmel ist dort drüben unter ihr ausgebreitet,
unsere Füße stolpern zwischen den Sternen,
wir betreten die Sonne unter uns.«

Natürlich kann niemand eine Sonne betreten, aber vielleicht eine glänzende Raumstation, oder wie die frühe Kosmonautin der Toraja sagt, die »nicht wahre Erde«, die »falsche Erde«. Die *tumbang* verwendet diese Bezeichnung, als sie schließlich aus einer Welt zurückkehrt, die noch »weiter entfernt als das Firmament liegt«, womit sie »den kosmischen Nagel auf den Kopf trifft«:

»Ich bin zurück von meiner Reise,
bei der ich mir das Firmament angesehen habe,
vom sorgfältigen Betrachten des Himmels,
von dem Erreichen des Gebietes über der Erde,
von sala-padang, der ›falschen Erde‹, bin ich zurück.«

Schließlich ist die gefahrvolle Rückreise beendet und eine Landung im Wasser wird beschrieben, die die Protagonistin noch einmal – ähnlich einer landenden Apollo-Raumkapsel – in einen tiefen Strudel unter Wasser reißt.
Wie der Flug eines biblischen Ezechiels oder Henochs tritt uns diese Flugreise durch das All entgegen. Wen wundert es da, daß die Heldin sich fragt, ob ihr alles real widerfahren sein kann.
Wir kennen die Protokolle unserer Astronauten und können an

diesem Bericht erleben, wie gut die Informationsweitergabe bei den Toraja – zumindest bislang – funktioniert hat.

Das kollektive Gedächtnis

Um die Ursprungsgeschichte möglichst genau zu überliefern, gibt es weitere sich gegenseitig ergänzende, verzahnende und bestätigende Möglichkeiten, die wir auch bei den Toraja antreffen. Eine modellhafte, dingliche Wiedergabe schafft in einer Kultur eine Art »Gedächtnis der Dinge«, ein »soziales Gedächtnis«, an dem die gesamte Gemeinschaft der Toraja beteiligt ist.

Der Sternengöttermythos durchzieht, wie wir gesehen haben, die gesamte Toraja-Welt. Das »Dinggedächtnis« wird nun beispielsweise bei der modellhaften Wiedergabe des ersten fliegenden, metallenen »Hauses« angesprochen. Hier wird plastisch der mündliche Bericht unterstützt. Bei einem Volk ohne Schrift ist dies sehr wichtig, weil ein Bauwerk natürlich beständiger als das gesprochene und somit schon vergangene und nicht zurückholbare Wort ist. Der Tod von Wissensträgern (z.B. durch die vielen Kriege im Toraja-Land) kann theoretisch schnell ein ganzes »Archiv mit Auskunftei« unwiderruflich vernichten. Die Form der Häuser und die symbolischen Zeichen – Zeichnungen, die auf Flüge von und zu den Sternen verweisen – verschmelzen das Bild mit dem erinnerten Wort und gewinnen eine neue Dimension der Beständigkeit.

Eine zusätzliche Erinnerungstechnik stellt die Verräumlichung dar. Der Gelehrte F. Yates[22] erkannte bereits in den 60er Jahren, daß der Raum in der kollektiven Erinnerungskultur eine Hauptrolle spielt. Räumliche Merkmale helfen der Erinnerung durch »Zeichensetzung«. Ganze Landschaften können dafür verwendet werden, dem Gedächtnis einer Kultur als Medium zu dienen. Sie werden semiotisiert, zu Denk-Malen erhoben. Der Altertumswissenschaftler T. G. Strehlow[23] hat dies für die Aborigines in Australien untersucht, Professor Assmann[24] vergleichsweise für die antike römische Welt, die islamische und die abendländische Erinnerung an das Heilige Land, an Palästina. Ein Beispiel, das sich alle vorstellen können: Noch heute, also nach 2000 Jahren, verbinden Millionen Menschen in aller Welt mit dem kleinen Ort Bethlehem die Geburtsstätte Christi. Sie pilgern zur Erinnerung an dieses Ereignis zu diesem geographischen Platz oder stellen sich, um die Erinnerung daran bildlich zu stabilisieren und weiterzugeben, zu Weihnachten eine Krippe ins Zimmer oder in die Kirchen.

Im Bereich der PaläoSETI-Forschung gibt es ebenfalls solche interessanten Gedächtnislandschaften. Ich habe dies in einem anderen Zusammenhang für den nordamerikanischen Indianerstamm der Hopi aufgezeigt, der auf diese Weise an seine Herkunft und den Kontakt zu den *Kachina*, Wesen aus dem All, erinnert.[25]

Solche »topographischen Texte«, die Erinnerung lokalisieren, örtlich binden, existieren etliche auch bei den Toraja. Eine solche Stätte der kollektiven Erinnerung ist bei den Toraja die Landestelle von *Tamborolangi* bei Ullin oder der jeweilige Mutter-*tongkonan*.

Gebäude und Landschaften dienen somit als Medium des kulturellen Gedächtnisses. Die »Mnemotope«, also Gedächtnisorte, erhalten auf sehr effektive Weise die Botschaften aus der Vergangenheit. Aleida Assmann[26], Dozentin für Literatur- und Kulturwissenschaft, zieht den Schluß, daß Gedächtnisinhalte mit prägnanten Bildformeln verknüpft werden. Architektonische Komplexe werden zu »Verkörperungen des Gedächtnisses. Es ist der Schritt von Räumen als mnemotechnischen *Medien* zu Gebäuden als *Symbolen* des Gedächtnisses.«

Die Mehrdimensionalität des Gedächtnisnetzes wird sodann durch das »mimetische Gedächtnis« erzeugt (Erinnerung durch Mimik, Gestik etc.). Die Toraja besitzen keine ausdrückliche dramatisch-theatralische Darstellung der vergangenen Ereignisse, so wie wir dies im christlichen Glaubensbereich zum Beispiel vergleichbar in den Passions- und Krippenspielen vorliegen haben. Jedoch besitzen die Toraja den Tanz als Informationsspeicher besonderer Qualität, da sein ritueller Ablauf die Aufmerksamkeit aller Teilnehmer bündelt und so die Grundidee von Generation zu Generation sprachlos weitertransportiert. Dies geschieht symbolisch, da der Tanz (zusammen mit dem Gesang) festgelegte Handlung bedeutet. Handeln wird durch Nachahmung (Imitatio-Prinzip) gelernt. Und diese Nachahmung ist bei den Toraja zum Ritus geworden.

Der österreichische Forschungsreisende Herbert Tichy[27] beschreibt ein solches Ritual so: »Auch die Tanzschritte wechselten von Zeit zu Zeit. Aber nie hatte ich den Eindruck, daß ein Tänzer von dem Können seiner beiden Nachbarn abhängig war … Alles geschah gleichzeitig und ohne Kommando … Ich bewunderte die Tänzer, aber sie vermittelten mir auch das Unbehagen, das ein klaglos funktionierendes Kollektiv, in dem der einzelne verschwindet, hervorruft.« Diesen Eindruck kann wohl jeder Besucher bestätigen, der an Tänzen der Toraja teilgenommen hat.

Auch das rituelle Schlachten der Büffel, Schweine und Hühner bei den kleinen und großen Festen und die damit verbundenen Vorstellungen – wie Ankunft des Büffels zusammen mit dem Menschen aus dem Weltraum, die Seelenenergie der

Tiere, die *adat*-Regeln, die Stellung des Opfernden in der Gesellschaft usw. – reaktivieren und verketten die Gedächtnisinhalte.

Am Fuße der Sesean-Berge im nördlichen Teil von Tana-Toraja konnten wir an einer typischen Hochzeitsfeier teilnehmen. Melodische Lieder wurden über den langen Platz des Ortes getragen, die von Kindern auf unterschiedlich großen Instrumenten aus Bambusrohren gespielt wurden. Braut und Bräutigam trugen festliche gelbe Gewänder, und die jungen Tänzerinnen, die in zeitlupenhaftem Tempo anmutig ihre Körpersprache einsetzten – vor allem Hände und Augen –, waren ebenfalls gelb eingekleidet. Lobreden wurden gehalten, faßgroße Trommeln geschlagen, ein riesiges, gemeinsames Festmahl wurde abgehalten.

Für einen Außenstehenden mag dies eine wunderschöne, exotisch anmutende Hochzeit sein. Für traditionell denkende Toraja ist dies viel mehr. Jede Heirat erinnert die Toraja zurück an das Ursprungsereignis, die allererste Trauungszeremonie: *Tamborolangi*, der hohe Sternengott, stieg, begleitet von einem gewaltigen Lärm, von Donner und Blitz, aus seinen himmlischen Gefilden herab zur Erde. Er erreichte nicht sofort unseren Planeten. Erst mußte ein himmlisches »Tor« geöffnet werden, aus dem sich sein schwebendes »Haus« absenken konnte. (Aus heutiger Sicht könnten wir es hier mit einem großen, interstellaren Raumschiff und einer kleineren Landeeinheit zu tun haben oder mit einer technischen Möglichkeit, über sogenannte interstellare »Wurmlöcher« große Entfernungen im Weltraum zu überwinden, wie dies aus Science-fiction-Filmen der Enterprise-Serie oder dem Film »Stargate« bekannt ist.) Nach seinem Absenken »schwamm« *Tamborolangi* zwischen Himmel und Erde. Sein »Hängendes Haus« schwebte weiter, bis es über Kandora ankam, einem

Berg ungefähr fünf Kilometer südlich der Stadt Makale im Toraja-Land. Der Sohn des »Meisters des Himmels« residierte nach seiner Landung auf der Erde in diesem »Schwebenden Haus«. *Tamborolangi* verliebte sich schließlich in eine Prinzessin und heiratete sie. Jene Zeremonie wurde zum Vorbild für alle Eheschließungen, die die Toraja seitdem auf Erden feiern. (Dieser Mythos wird im Torajagebiet z. T. auch mit dem Gott *Puang Matua* verbunden.)

Auch andere Bestandteile der Hochzeitsfeier erinnern die Toraja an ihre Vergangenheit. Die Trommel imitiert das Geräusch der herabkommenden Sternenschiffe. Die gelbe Kleidung verweist auf die Götter selbst. Auch der Priester, der *to minaa* betont seine eigene göttliche Abstammung. Sein Urahn kam ebenfalls vor langer Zeit aus dem Weltraum zur Erde, um Opferungen während einer Trauung durchzuführen.

Nehmen wir ein weiteres Beispiel, wo Erinnerungen an die eigene Geschichte mit alltäglichen Handlungen wachgehalten werden. Im Zusammenhang mit dem Anbau der Reispflanze wird folgendes Lied rezitiert:

»Er steigt zum Firmament auf;
es ist der Aufstieg zu dem, der alles umschließt.
Dort wird er eine Gottheit sein;
Wir blicken zu ihm hin, um den Reis zu säen,
wenn es Zeit ist den Samen zu streuen.
Er ist ein Teil der Plejaden geworden;
er bekam einen gelben, glänzenden Stern
dort im weiten Rund des Himmels.
Dort am Zenit hat er sich verwandelt.«

Fassen wir noch einmal zusammen: Rituelle Handlungen, Gesänge und Erzählungen, Tänze und Objekte vermitteln »multimedial« die vergangenen Ereignisse und schaffen somit eine verbindende, konnektive Struktur. Der Text wird unlösbar durch eine feste Verkettung mit traditionellen Symbolen, mit Tänzen, mit Tätigkeiten etc. im Gedächtnis sowohl des einzelnen als auch der Gemeinschaft verankert, wobei alle Sinne des Menschen, vom Hörsinn über den Seh-, Geruchs- und Geschmackssinn bis hin zum Tastsinn angesprochen werden. Eine mehrdimensionale Vernetzung der Information und damit eine Fixierung im Langzeitgedächtnis ist die – gewünschte – Folge.[28] Die 777 genau festgelegten *adat*-Regeln sorgen dafür, daß die Ursprungsgeschichte, das ursprüngliche Ereignis also, immer weiter in die menschliche Zukunft transportiert werden kann. Der Anthropologe Robin Horton[29] hat außerdem dargelegt, daß Glaubenssysteme sehr konservativ reagieren, auf Neues mit Tabu und Vermeidung reagieren, da sie sonst den Zusammenbruch ihres gesamten Systems befürchten, was in ihrem Verständnis dem absoluten Chaos gleichkäme. Daher bewirkt eine ständige Kontrolle den unveränderten Bestand auch der Mythen.

Erfahrungshorizonte

Ein Beispiel, wie religiöse Informationen Jahrtausende unbeschadet überstehen können, haben uns 1982 Archäologen von der indischen Universität Allahabd und der University of California, Berkeley, aus dem Son-Flußtal in Zentralindien geliefert. Dort gruben sie einen 10000 Jahre alten, steinzeitlichen Schutthaufen aus, in dessen Mitte ein bearbeiteter Sandsteinbrocken lag. Die Steine, die einen Bezirk von etwa einem Meter abdeckten, hatten anscheinend früher eine Plattform gebildet. Die Archäologen konnten dem mittleren Stein jedoch keine genaue Bedeutung zuordnen. Er bildete ein Dreieck, das etwa 15 Zentimeter lang war und zwischen sechs und drei Zentimeter breit. Aber dann stießen sie nur eineinhalb Kilometer nördlich von ihrem Ausgrabungsgelände auf eine weitere kreisrunde Plattform. Sie war erst jüngst errichtet worden, ähnelte aber der ausgegrabenen Terrasse stark. Vor allem sechs Steine mit konzentrischen Ringen wiesen eine verblüffende Parallele zum antiken Fund auf. Kleine Votivgaben wie Figürchen, Kokosnüsse und Haarlocken umgaben den Platz. Es stellte sich heraus, daß die örtlichen Stämme der *Kol* und *Baiga* sowie religiöse Gruppen wie Hindus und sogar zum Islam übergetretene Gläubige den Altar besuchen, um die Muttergottheit *Mai* zu verehren und ihr Opfergaben darzubringen.

J. Desmond Clark und G. R. Sharma[30], die Ausgrabungsleiter, hielten fest, daß »die Bedeutung des archäologischen Steines sicher nicht erkannt worden wäre, hätte man nicht zufällig den Opferaltar gesehen.«

Ein verblüffendes Nachspiel gab es, als ein ortsansässiger Gläubiger die zerbrochenen alten Steine sah und erregt die Archäologen Jonathan Mark Kenoyer[31] und J. N. Pal beschimpfte. Diese berichten: »Als wir erklärt hatten, daß der Stein viele tausend Jahre vergraben gewesen war und wir ihn eben erst wiederentdeckt hatten, bezeugte er der Göttin sofort seine Verehrung, indem er mit der Stirn den Boden der Plattform berührte.«

Das muß man sich einmal in seiner ganzen Tragweite plastisch vergegenwärtigen: 10 000 Jahre waren seit dem ersten Opfer vergangen. 10 000 Jahre, die dieser kleine Altar seit der Steinzeit in einem Tiefschlaf überdauert hat, 10 000 Jahre, in denen Völkerheere über dieses Heiligtum hinwegzogen, in denen Religionen kamen und gingen und Hochkulturen im Gebiet von Madhya Pradesh erblühten; 10 000 Jahre verschlief das kleine Sanktuarium, in denen fremde Zivilisationen dem Land ihren Stempel aufprägten, bis es nun, im Zeitalter von Internet und Gentechnik, wieder das Tageslicht einer völlig gewandelten Welt erblickt. Selbst die altägyptische Kultur der Pharaonen begann erst 5000 Jahre nach seinem Entstehungszeitalter. Und nach dieser ewig langen Zeitspanne graben Archäologen unserer Tage dieses kostbare Kleinod aus und werden beschimpft, weil sie das Heiligtum einer uralten Göttin antasteten, vor dem sich unverzüglich ein gläubiger Mensch niederwirft mit Bittgebeten auf den Lippen. Denn er kennt dieses Symbol seiner Göttin selbst nach 10000 Jahren noch. So haben sich auch anderenorts Symbole, Glaubensinhalte und Erzählungen aus längst vergangenen Tagen herüberretten können wie die Berichte der Toraja über die Besucher von den Sternen.

Der Geschichtswissenschaftler R. Koselleck[32] hat in einem Beitrag über »Sozialgeschichte und historische Zeiten« sehr überzeugend dargelegt, daß »keine geschichtliche Handlung vollzogen wird, die nicht auf Erfahrung und Erwartung der Handelnden gründet«. Zu einer ähnlichen Ansicht gelangt auch Professor Berthold Laufer[33], der all jene scharf angreift, die alte Überlieferungen lediglich als mythologisch oder legendär abstempeln möchten, und fragt, wie ein Mythos, wenn es ihn gibt, entstehen konnte. Er gelangt zu der Feststellung, daß sich der menschliche Geist keine Dinge ausdenken könne, die in der Realität überhaupt nicht vorhanden sind. Es müsse ein Grund vorgelegen haben, zu glauben, daß ein entsprechendes Ereignis stattgefunden habe.
Wie richtig diese Annahme ist, zeigt der Linguist Dieter E. Zimmer.[34] Er berichtet über ein »Denk-Problem« bei einfach lebenden Völkern ohne Schrift:

»Anthropologen haben immer wieder bemerkt, daß sich Angehörige von Naturvölkern beharrlich weigern, von Dingen außerhalb ihres unmittelbaren Erfahrungshorizonts zu sprechen. Typisch sind die Antworten, die der sowjetische Psychologe Alexander Luria Anfang der dreißiger Jahre auf seinen Forschungsreisen durch Sibirien erhielt... er legte (den Usbeken) immer wieder kleine logische Probleme vor, die durch einen deduktiven Schluß zu lösen sind. Etwa dies: ›Oben im Norden sind alle Bären weiß. Nowaja Semlja liegt im Norden. Welche Farbe haben dort die Bären?‹ Seine analphabetischen Bäuerinnen gaben ihm immer wieder Antworten wie diese: ›Wir sprechen nur über das, was wir gesehen haben‹ oder: ›Sie sollten die Leute fragen, die dort gewesen sind und sie gesehen haben.‹«

Ein typisches Gespräch, das dieses Phänomen widerspiegelt, beschreibt auch die amerikanische Anthropologin Sylvia Scribner.[35] Sie machte ähnliche Experimente bei Reisbauern vom Stamm der *Kpelle* in Westafrika.
Scribner: »Alle Kpelle-Männer sind Reisbauern. Herr Schmidt ist kein Reisbauer. Ist er ein Kpelle-Mann?«
Bauer: »Ich kenne den Mann persönlich nicht. Ich habe ihn selber noch nie gesehen.«
Scribner: »Denken Sie nur über die Aussage nach.«
Bauer: »Wenn ich ihn persönlich kenne, kann ich die Frage auch beantworten, aber da ich ihn nicht persönlich kenne, kann ich diese Frage nicht beantworten.«
Wir sehen an diesem Beispiel sehr deutlich eines: Die Sprache bei ungeschulten Naturvölkern dient nur der Verständigung über das, was sie konkret kennen, was naheliegend ist, was der persönlichen Erfahrung unmittelbar zugänglich ist.

Wenn wir uns noch einmal vor Augen führen, wie fundamental die Erzählung von den Wesen aus dem All, die in raumschiffähnlichen Objekten zur Erde kamen, für die religiöse, soziale und politische Seite der Toraja-Gesellschaft und vieler anderer Kulturen war und ist, und wenn wir außerdem die Cargo-Kulte der letzten Jahrhunderte betrachten, dann gibt uns dies die Antwort auf die Frage, welches geschichtliche Wissen hier gespeichert werden sollte, welcher Vorgang in den Erfahrungshorizont dieser Menschen eintauchte. Dieses Wissen, das aus einer konkreten Erfahrung der Toraja heraus entstanden ist, erzeugte und erzeugt noch immer bei ihnen eine Erwartungshaltung. Und dieser Erwartungshorizont besagt, daß die Toraja eines Tages einen Flug zu den Sternen antreten werden, weil sie selbst Kinder der Sterne sind.

III

Begegnungen der außerirdischen Art

*»Bei der Erörterung des aktuellen Problems
von Wesen und Funktion der Überirdischen, die
man seit den ältesten Zeiten als Götter bezeichnet, verstehe ich diejenigen Menschen grundsätz-
lich nicht, welche die bekannte geozentrische
Auffassung vertreten, außerhalb der Erde sei
niemals etwas ›Höheres‹ oder ›Göttliches‹ mit
unserem Planeten in Verbindung getreten, und
der ganze Kosmos sei nichts anderes als ein
schweigender Mechanismus.«*

Prof. Dr. Rolf Ulbrich, 1988

Das, was uns die Toraja über ihre kosmischen Kontakte
berichten, können wir vergleichen mit den Überlieferungen
und Taten anderer Völker, mit den Berichten von Menschen,
die nichts, aber auch wirklich nichts von den Vorgängen
auf Sulawesi ahnen konnten. Denn ihre Vorfahren lebten
auf einsamen Inseln oder fernen Kontinenten. Ist es da nicht
verblüffend, daß auch sie ähnliche Rituale, gleiche Bauten
und fast identische Mythen kennen?

Begegnung der ersten und zweiten Art

Gibt es eine Möglichkeit, noch mehr über die Ausgangsinformation zu erfahren? Ich glaube ja und möchte hier einige denkbare Wege einer Strategie aufzeigen, um zu überprüfen und zu vervollständigen, was uns die Toraja überliefert haben.

Eines der eindrucksvollsten kulturellen Erzeugnisse der Toraja sind ihre Grabfiguren, einmalige Werke der Schnitzkunst: die *tau-tau* (gesprochen: ta-tau). Vor den legendären Felsengräbern halten sie mit starren Blicken Wache: Dem einen begegnen sie freundlich, anderen kühl und abweisend, sie wirken gütig oder gespenstisch und herrisch. Mancher Grabfelsen scheint sich in den letzten Jahren – vor allem während der Trockenzeit – zu Freilichtmuseen für neugierige Touristen zu entwickeln. Aber abseits der touristischen Attraktionen, wenn eine einzigartige Kulturlandschaft auf seinen Besucher wirkt, wird man schnell den alten Zauber der totenstillen Gestalten spüren. Ihre Besitzer wollten den Sternen näher sein in ihren hochgelegenen Gräbern, mitunter bis zu 60, 70 Meter über dem Erdboden. Dort droben warten die *tau-tau* seit alten Zeiten mit ihnen auf den Flug zurück ins All.

Durch die *tau-tau*-Figur wird die Vergangenheit Gegenwart. Denn sie ist mehr als nur ein hölzerner Grabwächter vor antiken Nekropolen. Sie enthält einen Teil der Seele des Verstorbenen, die mit dieser Statue verschmilzt, noch während der Künstler sie neben dem Leichnam anfertigt. Von dem Zeitpunkt an, da der Schnitzer das *Nangkaholz* so bearbeitet hat, daß er die Augen aus Metall oder Perlmutt einlegen kann, wird auch der *tau-tau* – ebenso wie der Tote – mit Kleidern und Nahrung versorgt und wird immer in seiner Nähe aufbewahrt werden: zuerst im Totenhaus bis zur eigentlichen Begräbnisfeier (dem *tomate*); später wird er vorangetragen, wenn unter donnernden Gongschlägen die von Kriegern angeführte Trauerprozession in das Totendorf einzieht; er steht dem Verstorbenen bei, wenn an die Opferpfähle die wertvollen Büffel gebunden und die Schlächter ihre kräftige Klinge ansetzen; und sie begleiten ihn, wenn er nach 14 Tagen über ein Bambusgerüst zu seinem Felsengrab emporgehoben wird.

Nach dem Glauben der Toraja schützen die *tau-tau* auch die Lebenden, da eine Art Wechselbeziehung herrscht. Die Lebenden bringen ihnen Opfer dar: Reis, Getränke, Tabak. Dafür spenden die Toten reichlich Segen. So halten die *tau-tau* eine Hand in Richtung der Sterne zum Empfang der Gaben; die andere Hand zeigt von der Brüstung segnend auf dieses weite, faszinierende Land hinab. Verfällt die Kleidung der ausgeblichenen *tau-tau*-Figuren, so werden sie in einer eigenen Zeremonie neu eingekleidet. Doch wehe, wenn einer der hölzernen Wächter gestohlen würde; der Seele des Toten würde die Möglichkeit verwehrt werden, den Weg nach *puya* zu finden. Erst nach sehr langer Zeit wird die *tau-tau*-Statue zerfallen, und erst dann wird die Hauptseele des Toten zusammen mit den Seelen der Opfertiere ihr Ziel, ihre kosmische Heimat bei den Sternen der Plejaden erreicht haben.

Tau-tau-ähnliche, holzgeschnitzte Ahnenfiguren kennen auch andere altindonesische Stämme. Die *Dayak* glauben, daß solche Figuren über die Seelen der Verstorbenen mit den Lebenden kommunizieren können. Auf Nias z. B. können die Seelen der Verstorbenen weiterhin durch diese etwas gröber geschnitzten *adu-zatua*-Figuren mit den Lebenden Kontakt halten. Auch ihnen wird Nahrung angeboten. – Bei den Batak sind es hölzerne Ahnenfiguren, die Stammväter des Menschengeschlechts (*debatu idup*), die durch magische Riten mit Lebenskraft (*tondi*) versehen werden.

Der Forschungsreisende Herbert Tichy[1] weist in seinem Buch »Tau-Tau« auf eine erstaunliche Übereinstimmung im Ausdruck der Gesichter zu den Statuen der Osterinsel hin. Tichy schreibt:

»Wie konnte *eine* Form der Darstellung in Gebieten entstehen, die durch riesige Entfernungen voneinander getrennt sind? Die Wissenschaft vermutet heute vorgeschichtliche Kulturkontakte, die über die Weltmeere reichten... Die Osterinsel soll von polynesischen und später melanesischen Seefahrern besiedelt worden sein. So können die riesigen Figuren auf der Osterinsel und die kleinen tau-tau *einer* Gefühls- und Gedankenwelt entstammen, die einen gemeinsamen Ursprung hatte.«

Tichy weist ebenfalls auf eine mögliche Verbindung zu den *Kafiren* hin, die in den unzugänglichen Hindukusch-Tälern Nordost-Afghanistans leben. »Kafir« bedeutet »Ungläubiger«. Es ist dies eine Bezeichnung der Mohammedaner, die dadurch ihre Verachtung für die zurückgezogen lebenden Stämme außerhalb ihrer islamischen Religionssicht zum Ausdruck brachten. Bis in das 19. Jahrhundert hinein hielten sich lediglich Gerüchte über die *Kafiren*, in denen man Nachfahren jener Griechen gefunden zu haben glaubte, die Alexander auf seinem Siegeszug nach Indien begleitet hatten. Aber ihre Sprache zeigte eher Gemeinsamkeiten mit dem indischen Sanskrit auf.[2,3] Die Spekulationen über sie wucherten, da keine zuverlässige Erstquelle vorhanden war. Gegen Ende des 19. Jahrhunderts gelangte der christliche Missionar Munschi Syud Shah dann bis nach *Kamdesch*, wo er sich vier Monate aufhielt; 1890 folgte ihm der Forscher Sir George Scott Robertson, dem wir die einzigen zuverlässigen Berichte über die Kafiren vor ihrer Islamisierung verdanken.

Denn schon im Winter 1895 eroberte der Emir von Afghanistan die Enklave der Andersgläubigen und bekehrte die Bewohner zum Islam. Von nun an wurde es *Nuristan* genannt, das »Land des Lichtes«.[4]

Spätere Forscher sahen sich vor die Schwierigkeit gestellt, nur noch Fragmente einer Mythologie und Religion anzutreffen, die Jahrtausende bis in die Zeit zurückreichte, als die vedischen Arier Einzug in dieses Gebiet gehalten hatten. Bereits bei der Rückkehr der Deutschen Hindukusch-Expedition im Jahre 1935 stand fest, daß unwiderruflich die Chance für eine einmalige kulturhistorische Erfassung eines uralten Volkes des indo-europäischen Raumes vertan war.[5] Dennoch war dem Islam eine radikale Beseitigung der früheren Kulturformen nicht gelungen. Eine zweite deutsche Hindukusch-Expedition 1955/56 brachte reichhaltiges Material zurück, das den Schluß zuläßt, daß mindestens zwei vorislamische Religionen nebeneinander im nicht-islamischen Bereich existiert haben.[6]

Herbert Tichy[7] entdeckte nun bei den Kafiren antike Grabfiguren, wie sie mit dem islamischen Glauben nicht vereinbar waren. Seiner Meinung nach sahen sie denen aus Sulawesi verblüffend ähnlich. Ihre Augen besaßen den selben Blick, »auch die Gesichtszüge waren die gleichen – eine prominente Nase, ein flaches Kinn und eine fliehende Stirn... Jede einzelne Partie des Gesichts war verblüffend ähnlich. Sie waren Vettern oder Brüder...« Der österreichische Forscher fragt schließlich: »Wie kamen die gleichen Gesichtszüge der Statuen über gewaltige Gebirge gerade zu den Kafiren?«

Während seiner Feldforschungen im 19. Jahrhundert notierte George Scott Robertson[8], daß vor jedem für einen Toten errichteten Standbild Lebensmittel niedergelegt werden und zwar nicht nur am Totenfest, sondern auch im Falle von Krankheiten. Denn es bestand bei einigen *Kafir*-Gruppen die Überzeugung, die Seele des Toten sei bis zur Errichtung der

Plastik noch im Sterbehaus anwesend. Etwa nach einem Jahr ging der Geist zum Abbild des Toten, wo er seinen Ruheplatz nahm und für seine Nachkommen segensreich wirkte. Gleichzeitig existierte aber auch die Vorstellung von einem Gebiet »Tal abwärts«, in das die Verstorbenen gelangten. Vermutlich glaubten die frühen Kafiren an zwei Seelen. – Sehr ähnliche Vorstellungen über die *tau-tau* haben wir ja bereits bei den Toraja kennengelernt.

Die Figuren, die eine Art Denkmal darstellten, wurden insbesondere für angesehene Persönlichkeiten geschnitzt. Sie erreichten etwa Lebensgröße, wobei eine Ähnlichkeit mit dem Verstorbenen angestrebt wurde. Wenn die Statue eingeweiht wurde, umtanzte man sie während eines ein- oder dreitägigen Festes. Die Kafiren näherten sich im Tanz dem Abbild des Toten und imitierten Kußgeräusche.

Die Leiche wurde oberirdisch in Särgen, die wie eine Getreidetruhe aussahen, beigesetzt. Im Gebiet von *Aschkun* brachten die Trauernden die Särge in Höhlen und Grotten oder stellten sie auf Bergen im Freien auf. Wie bei den Toraja durften sie den Boden nicht mehr berühren, weswegen sie auf Füßen standen. Zum Teil errichtete man über den Särgen Holzkonstruktionen ähnlich einer Veranda: Grabhäuser, die häufig reich beschnitzt waren. Auch bei den Kafiren gehörten Hörnerdarstellungen in der Schnitzornamentik zu den wichtigsten Motiven.[9]

»Donnerkeile« und Weltraumstädte

Leider liegt uns nur noch ein verzerrtes und lückenhaftes Bild der Stammesüberlieferungen vor. Im Zusammenhang mit den Toraja-Mythen mag es aber punktuell doch Ähnlichkeiten geben. Die *Mandagel-Kafiren* besitzen eine Überlieferung, wonach sie »durch eine Lücke im Himmelsboden« auf die Erde kamen. Die benachbarten *Kam* erzählen über die *Mandagel-Kafiren*: Eines Tages sei ein riesiger »Donnerkeil« vom Himmel herabgefallen. Es war ein schreckliches Ereignis, bei dem enorm viel Feuer um den eigenartigen »Donnerkeil« herum vorhanden war. Als sich die erschreckten Kam wieder zu ihren Häusern trauten, sahen sie sieben Männer, die dem herabgestürzten, feurigen Objekt entstiegen waren. Diese himmlischen Wesen nahmen sich Frauen vom Stamm der *Kati*. Aus ihren Nachfahren seien die Mandagel-Kafiren entstanden.[10] Ähnliche Überlieferungen kennen die *Prasu* und die *Kalasch*.

Der legendäre »Donnerkeil«, so die mythische Erzählung, gelangte aus der oberen Welt, wo die Götter leben, zu den Menschen. Im Zusammenhang mit den Göttern wird von einer »eisernen Weltsäule« (*Imra*) berichtet, die in *Prasun* stand. Durch sie war es den Himmelsgöttern möglich, zur Erde zu kommen. Fragt sich, welches mysteriöse Artefakt die Kafiren da zu sehen bekamen. Wäre es möglich, daß sie die Landung einer wiederverwendbaren Rakete (»Donnerkeil«, »eiserne Weltsäule«) miterlebten, die mit ohrenbetäubendem, donnerartigem Getöse auf ihrem Feuerstrahl landete und aus deren Schleuse mehrere vorgeschichtliche Astronauten eines anderen Planeten entstiegen?

Im *Prasun*-Tal herrschte stets eine ausgesprochen religiöse Atmosphäre, wie schon Ende des 19. Jahrhundert Sir Robertson in seinen wissenschaftlichen Aufzeichnungen berichtet. Von »Teufelsdörfern« erzählten die Kafiren dem Gelehrten und von »Kanälen, die von Göttern gebaut wurden« (u. a. bei *Prasun*) sowie von »Handabdrücken übernatürlicher Wesen«. Das fragliche Gebiet war dem Gott *Imra* geweiht, weil hier auch Steine standen, die von den Göttern selbst errichtet wurden. Über gewisse Berge hörten schon die ersten Missionare um 1860 von Nachbarvölkern der Kafiren, auf ihnen sollten mysteriöse »Tanks« stehen, die von Geisterwesen bewacht würden.[11]

18 »Götterbilder«, so schilderten es im 19. Jahrhundert die Einheimischen, seien von den himmlischen Wesen aufgestellt worden, und Felsbilder galten als ihr Werk, die aber bislang nicht entdeckt werden konnten.

Bei einigen Stämmen existieren Erzählungen um den Gott *Imra*, die an die biblische Wanderung der Israeliten denken lassen. Nachdem er die Menschen belehrt hatte, verschwand er am Firmament und wurde nicht mehr gesehen. Allerdings könne man durch ein »Schiebefenster in seinem Bart« vom Himmel auf die Erde schauen. Es sei dahingestellt, was wir unter diesem »Bart« des Gottes und seinem so technisch klingenden »Schiebefenster« zu verstehen haben.

Für die Kafiren scheint die Anwesenheit von Göttern in diesem Tal jedenfalls so real gewesen zu sein, daß die Vorstellung der im Himmel lebenden Götter eher blaß wurde. Gott *Mandi* stieg, so berichten sie, aus dem *Südschum*-See wie ein Falke auf. Dieser mythische See, auf dessen Oberfläche eine Götterstadt schwamm, wird häufig als der eigentliche »Ort der Götter« bezeichnet, wobei es möglich wäre, daß damit ursprünglich ein »Himmelssee« gemeint war (ähnlich vielleicht unserem »Sternenmeer«), denn in anderen Mythen spielt ein Haus eine Rolle, das »zwischen oben und unten« pendelte. Die Götter lebten nämlich in der »Stadt am Himmel« und bedurften dieses »pendelnden Hauses« offensichtlich, um von dort zur Erde zu gelangen.

Die Kafiren haben ebenfalls eine sehr ausgeprägte Gedächtniskultur besessen. Ihre Priester konnten bis zu 54 Generationen aufzählen, die zumindest für 29 Generationen nachprüfbar waren. So konnten sie bis zu 18 000 Einzelnamen von Göttern wiedergeben, die in der »Stadt am Himmel« wohnten.

1   Unterhalb der Äquatorialzone liegt das gebirgige Torajaland, ein uraltes Zentrum kosmischer Riten. Zwischen Reisfeldern und tropischer Vegetation landeten hier vor Jahrtausenden die Sternengötter.

2   Die Dörfer der Toraja folgen strengen Bauvorschriften. Die göttlichen Adat-Regeln schreiben die Architektur und den Standort der Häuser (l.) und Reisspeicher (r.) vor.

3

3, 4 So wie dieses Wohnhaus mit seinem Kraggiebeldach sollen die Raumschiffe ausgesehen haben, mit denen einst die Ahnen aus dem All kamen. Der mythische Himmelsvogel und der weißgefleckte Stier sind Symbole des Über- und Außerirdischen.

5 Gelebte Mythen: Stundenlang rezitieren die Tänzer während der Totenfeier uralte Gesänge, die von der Reise zu den Plejaden berichten.

5

7

8

6, 8   Der Büffel gilt den Toraja als Freund und Begleiter in das Totenreich. Festlich ge-
chmückt wird er deshalb zur rituellen Schlachtung geführt, bei der ihm die Kehle durch-
chnitten und seine Beine zerhackt werden.

7   Otto Schlaginhausen entdeckte in Neuguinea typgleiche Häuser wie bei den Toraja.

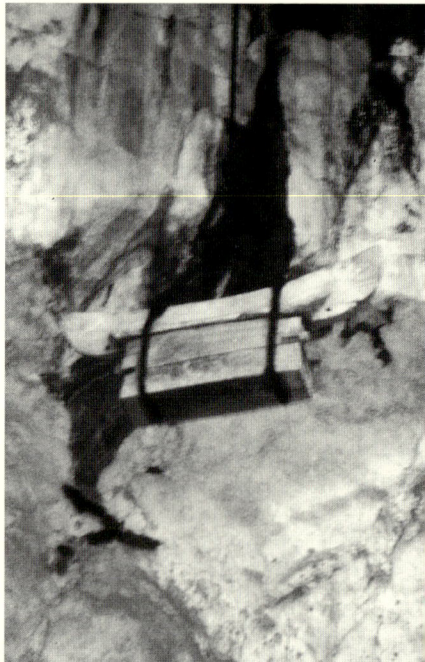

9

11

9, 10, 11   *Die Begräbnisstätten der adligen Toraja werden in die steilen Felsklippen gehauen. Hier sind sie den Sternen näher. Eine ältere Bestattungsform sind die schwebenden Erong-Särge. Vor den Gräbern stehen die lebensgroßen »tau-tau«-Figuren. Sie tragen einen Teil der Seele, bis der Verstorbene ins sagenhafte Land Puya gelangt ist.*

12, 13, 14   *Ägyptische (o.) und sulawesische (u.) Obeliske. Sie ähneln in ihrer Form und ursprünglichen Funktion der modernen Rakete DC-X (Start, Flug, Landung).*

14

15   Die Pharaonen glaubten, sie seien von göttlicher Herkunft. Dieselbe Vorstellung existierte bei den Toraja.

16, 17   Im hinduistischen Glaubensbereich werden Tempelbauten in Raketenform geschaffen (Prambanan-Tempel, 9. Jh.). Malereien im Meenakshi-Tempel zeigen aber auch die Flugzeuge der Götter, die Vimanas.

18 Auf Sulawesi ist die Megalithzeit noch nicht beendet. Die Toraja können uns durch ihre *lebendig gebliebenen Mythen Auskunft über eine phantastische Vergangenheit geben.*

19 Auch im Reich der Königin von Saba, in Äthiopien (Axum), kannte man die steinernen *Abbilder der Götterfahrzeuge.*

20 Steht auf dem Petersplatz in Rom die Nachbildung einer prähistorischen Rakete?
Ein 2800 Jahre altes Originalartefakt liegt vielleicht im Vatikan.

21 Das »Forum Romanum«, einstiges Herzstück des Römischen Imperiums. Unter den
Ruinen fanden Archäologen Beweise für die Richtigkeit antiker Sagen. Der himmlische Schild
des Gottes Mars wurde in einem Gebäude aufbewahrt, das sich rechts in Höhe der Säulen
(vor dem Triumphbogen) befand.

Wie in vielen anderen Mythen der Welt, so wird auch bei diesen Stämmen von einem Kampf der himmlischen Götter gegen Riesen gesprochen. Riesen sind jedoch eher als starke Gegner denn als körperlich groß zu verstehen. Auch diese Giganten besaßen eine »Stadt am Himmel« mit Namen *Bre-Burg*. Der rätselhafte Wohnort wird in der Überlieferung so charakterisiert: »Es war ein Haus, die Stadt am Himmel, es war (zwischen) oben und unten ...; drinnen haben sie Wasser, drinnen haben sie Felder, sie haben die Sonne ... und es besteht aus Eisen.«

Man fühlt sich erinnert an die von Prof. O'Neill (Princeton University, USA) vorgeschlagenen Weltraumhabitate, gigantische Raumstationen, autarke fliegende Städte, die eines Tages die Galaxie besiedeln sollen. Sein Vorschlag sieht vor – wie es die Kafiren in ihren Mythen berichten –, ein geschlossenes Ökosystem zu installieren, mit Feldern und Wiesen, bestrahlt von einer künstlichen Sonne, ein Raumschiff, das zur Heimstätte vieler Menschen würde, die über Generationen hinweg zu fernen Planeten reisten, dort in eine Orbitalbahn einschwenkten, forschten und neue Rohstoffe, Wasser, Sauerstoff etc. aufnehmen würden, um anschließend wieder aufzubrechen zu ihrer unendlichen Sternenfahrt.

Die Götter versammelten sich, als sie davon erfuhren, daß diese *Bre-Burg* in der Nähe des Ortes *Schtiwe* gesichtet wurde. Sie beschlossen, die fliegende Festung anzugreifen. Hart attackiert, droht das Objekt abzustürzen, kann sich aber wieder erheben. Schließlich gelingt es dem Gott *Mandi*, eine Tür aufzusprengen und den Kampf zugunsten der Götter zu entscheiden.

Sehr ähnliche Überlieferungen sind uns aus dem angrenzenden indischen Raum bekannt, wo von *Vimânas* oder Flugmaschinen die Rede ist, von »Weltraumstädten«, die Göttern wie

Indra und *Brahmā* gehörten, die unseren Planeten auf stationären Flugbahnen im All umkreisten, die wie Silber im Licht der Sterne schimmerten, in denen aller Komfort für ein angenehmes Leben vorhanden war.

In den alten Sanskrittexten, den *Veden*, ist von dem Kampf der Götter am Himmel die Rede, der mit schrecklichen Waffen geführt wurde. Die Beschreibungen der Luft- und Raumkämpfe erinnern stark an Filme wie »Kampfstern Galactica« oder »Krieg der Sterne« mit Senso-Abfangraketen, gepanzerten Wagen, Betäubungswaffen, Laserkanonen und Atombomben. Ausführlich hat sich mit dieser Thematik der indische Sanskritgelehrte Professor Dileep Kumar Kanjilal[12] befaßt. Er kommt zu dem Ergebnis: »Flugzeuge, Raumschiffe und Weltraumstationen waren im Indien der Veden- und Postveden-Zeit eine Wirklichkeit. Ihre einstige Existenz zu bestreiten, würde die Verleugnung der indischen Geschichte und des indischen Kulturerbes bedeuten. Es ist an der Zeit, den Gang der menschlichen Zivilisation neu zu betrachten und diesen vergessenen Bereich antiker Technologien in den ihm gebührenden Rahmen zu stellen.«

Eine weitere Parallele können wir im entfernten Peru feststellen. Um das Jahr 1000 erblühte in den nordöstlichen Abhängen der peruanischen Anden im *Utcubamba*-Becken die Kultur der *Chachapoyas*. Die Herkunft dieser Indianergruppe, unter denen es erstaunlich viele hellhäutige und manchmal auch blonde Menschen gab, ist noch weitgehend unbekannt und gibt den Archäologen Rätsel auf. (Nebenbei bemerkt: Dieselben Merkmale fielen den Ethnologen auch bei den Kafiren auf.) Ihre gewaltige Burgfestung *Kuelap* liegt 3000 Meter hoch, ihre Mauern erreichen eine Höhe von 19 Metern, über 700 Meter erstreckt sich das Bauwerk, für das die *Chachapoyas* 100 000 Steinquader verwendet haben. Das sind dreimal so viel Steine wie die Ägypter für die Cheops-Pyramide verwendet haben.

Eines ihrer großen Geheimnisse aber liegt zwei Tagesritte von *Kuelap* entfernt. Es ist ihre Totenstadt, die »Laguna de las Momias«, was »Lagune der Mumien« bedeutet. Über einen dunkelblauen Andensee erheben sich steil urweltliche Berggipfel. Schwalbennestern gleich haben die Chachapoyas kleine Ziegelbauten in die hohen Felswände hineingebaut. Mausoleen sind es, in denen sie ihre Toten in zum Teil 1,50 bis 2,50 Meter hohen, stehenden Mumiensärgen nebeneinander aufgereiht haben. Ähnliche Artefakte hatte der amerikanische Forscher Gene Savoy 1965 in Gran Pajatén bzw. »Pueblo de los Muertos«, dem »Ort der Toten« gefunden. Der Blick der einbalsamierten Leichen und ihrer hölzernen Kultfiguren reicht weit hinweg über das tropisch-grüne Gebirge. Umgeben sind sie mit Zeichnungen unbekannter Wesen und unbekannter Symbole, Darstellungen aus einer »magischen Götterwelt«, wie Dr. Kauffmann-Doig[13] glaubt. Mit Verwunderung muß man feststellen, daß die Figuren und Särge, die ihre Schöpfer nahe unter dem Sternenhimmel aufstellten, im Ausdruck den *tau-tau* der Toraja ähneln. Der peruanische Archäologe Federico Kauffmann-Doig hat bislang 15 Expeditionen in das Gebiet der Chachapoyas unternommen. Er hofft, eines Tages mehr über die Mumienbündel, die rätselhaften Bauten und die hölzernen Kultfiguren bei den Toten erfahren zu können.

Die Frage ist: Gibt es zwischen den Osterinsulanern, den Kafiren, den Chachapoya und den Toraja mehr als nur verblüffende Ähnlichkeiten ihrer künstlerischen Schöpfungen? Gibt es Verbindungslinien auch anderer Art, die weitere Aufschlüsse und Bestätigungen über die Sternengötter der Toraja geben könnten?

Geisterhütten am Sepik

Der zweite Weg, der eingeschlagen werden kann, um vielleicht doch noch mehr über die Hintergründe der mythologischen Ereignisse bei den Toraja zu erfahren, führt über die architektonische Form ihrer markanten Häuser. In anderen Teilen Sulawesis finden wir bei den *Mamasa*, im ehemaligen Königreich *Luwu* und in *Duri* dem Toraja-*tongkonan* vergleichbare Bauten. Ihre Bewohner sehen sich gleichfalls in einer Ahnengalerie, die bis zu Vorfahren zurückgeht, die aus dem Weltall von den Sternen eintrafen.

1907 bis 1910 nahm der deutsche Forscher Otto Schlaginhausen[14] an einer Marine-Expedition des Deutschen Kaiserreiches zu melanesischen Inseln teil und führte anschließend im Auftrag des Anthropologisch-Ethnographischen Museums in Dresden eine Expedition nach Neuguinea durch. In seinem Buch »Muliama. Zwei Jahre unter Südsee-Insulanern« berichtet er über eine Exkursion auf dem »Kaiserin-Augusta-Fluß« im Norden Neuguineas:

»Auf der Rückfahrt liefen wir noch am Nachmittag des 3. August (1909) ein Dorf an, das mir von allen bisher gesehenen den unberührtesten Eindruck machte. Als wir an Land stiegen, gaben uns zwar die Eingeborenen mit abwehrenden Handbewegungen zu verstehen, daß ihnen unser Besuch nicht willkommen sei; aber sie verhielten sich nicht feindlich und ließen sich allmählich auch auf den Tauschhandel ein. Hier – sowohl wie in den anderen Dörfern dieser Gegend des *Sepik* – traten die sogenannten ›Tempel‹ oder ›Geisterhäuser‹ vor den anderen Gebäuden des Dorfes hervor. Die Dachfirstlinie hat, ähnlich den Geisterhäusern an der Nordküste, eine konkave geschwungene Form und ist an beiden Enden in je einen spitzen Giebel ausgezogen. Die

Geisterhäuser aber sind weit größer, namentlich auch länger als diejenigen der Nordküste … Das Giebelfeld stellt häufig ein großes Gesicht dar … Den Eingang eines Geisterhauses bewachten übermannshohe, flachgeschnitzte menschliche Figuren … Prachtvolle Zierstücke waren auch die Hauspfosten selbst; aus der Masse ihres Holzes sind menschliche Figuren plastisch herausgemeißelt.«

Ein Foto der Expedition zeigt noch heute recht eindrucksvoll die Parallele zu den *tongkonan*-Häusern der Toraja auf Sulawesi. Sie wirken vielleicht von der Baukunst her anfangs ein wenig primitiver, aber die Form des sattelartigen Daches und des Unterbaues, der auf Pfählen ruht, weist eine verblüffende Stilverwandtschaft auf. Gewisse Ähnlichkeiten mögen auch zu den *Batak* und *Minangkabau* (Sumatra) bestehen.

Erstaunenswerterweise bauen in den Shan-Staaten des nördlichen Burma die *Katschin* ihre Häuser in genau derselben Form. Der große Anthropologe Robert von Heine-Geldern[15] merkt an, daß wir es hier mit »einer der so zahlreichen Sonderbeziehungen zwischen weit voneinander entfernt wohnenden Völkern Hinterindiens und Indonesiens zu tun haben, die wir vorläufig mehr zu ahnen als richtig zu deuten und zu erklären vermögen«.

Eine solche Erklärung aber, die auch die Wichtigkeit des Büffels in den entfernten Shan-Staaten mit berücksichtigen muß, wäre dringend erforderlich. Hatten diese Völker möglicherweise dieselbe Vorlage für ihre Häuser? Blicken wir noch einmal auf die Cargo-Kulte. Nach dem Besuch von Amerikanern hatten Papuas die unerklärlichen »Himmelsvögel« in Originalgröße aus Stroh und Holz nachgebaut und überlieferten so den kommenden Generationen die Ereignisse von der Landung ihrer »Götter«. Genau dieses Verhalten schilderte auch Frank Hurley auf seinen Expeditionen.

Wichtig wäre es auch im Fall der Katschin, nach weiteren Parallelen zu den Toraja zu forschen. Haben sie gemeinsame kulturelle oder ethnische Wurzeln? Eine interessante Frage, denn die Herkunft der Toraja ist keineswegs so eindeutig geklärt, wie man dies in manchen populären Büchern nachlesen kann. Der Ethnologe Dr. Lawrence Blair bemerkt im Hinblick auf die mythologisch verbürgte Abstammung der Toraja aus dem Weltraum und mit einem schiefen Seitenblick auf seine eigenen Kollegen, daß keiner von ihnen auch nur im geringsten die eigenen Aussagen der Toraja (das bedeutet: »die Menschen von oben«) zu ihrer Herkunft in Betracht zöge. Da dies offensichtlich so ist, wird es Zeit, dies zu tun.

Begegnung der dritten Art

Der dritte Weg besteht in einer genauen Analyse der Mythologien, der Sprache, der sakralen Gegenstände und Riten der Nachbarvölker der Toraja auf Sulawesi. Weisen sie vielleicht *vergleichbare Ereignisse* auf? Einige Spuren in dieser Richtung zeichnen sich bereits ab, denen ich in den letzten Jahren nachgegangen bin:

Unser Weg führt hinaus aus dem Toraja-Hochland, hinweg über die Gebirgszüge und entlang der Trans-Sulawesi-Route in die Küstenregionen der Insel. Hier, am Golf von Bone, wo sich heute Plantagen für Gewürznelken, Kaffeesträucher und Gummibäume erstrecken, entwickelten sich ab dem 13. Jahrhundert die Bugi-Königreiche wie *Gowa, Sopeng, Wajo, Luwu* und *Bone*. Ihre Bewohner glaubten, daß die frühen Könige von Gowa ebenfalls direkt aus dem Himmel zur Erde gekommen seien. Die meisten von ihnen führen noch heute ihre Adelslinien zurück auf einen Gründer der himmlischen Toraja-Vorfahren, auf *Puang Lakipadada*.[16]

Das Fürstentum von *Bone* läßt sich bis in das 14. Jahrhundert nachweisen. Davor soll, so lautet die Legende, der göttliche Ursprung gelegen haben. *Wantampone*, die Hauptstadt dieses einst mächtigen Reiches, wurde erst 1824 von den Holländern in Besitz genommen. Aber Zeremoniell und Tradition lebten weiter. Als James Brooke im Jahre 1840 beim Fürsten von Bone eine Audienz erhielt, empfingen ihn 3000 festlich gekleidete Bugis, die ihn zu dem göttlichen Abkömmling des Reiches führten. Die letzte Inthronisation fand im Jahre 1931 statt, als Andi Mappanyuki zum Fürsten ausgerufen wurde. Er regierte bis 1955. Dann brach der indonesische Staat endgültig die Macht der Monarchen. Nichtsdestoweniger leben noch die legitimen Nachkommen, und es besteht ein reicher Fundus aus Überlieferungen, zum Teil – im Gegensatz zu den Toraja – in schriftlicher Form. Die arabischen Schriftquellen könnten vielleicht noch manche Überraschung bergen.

Gleiches gilt für das Königreich *Luwu*. Auch seine Könige wurden als göttliche Nachkommen verehrt. Die Verbundenheit der Luwunesen mit den Toraja zeigte sich durch die formelle Huldigung an den König von Sangalla und ein Abgabesystem, über das die Herrscher von Luwu bezahlt wurden. Beide Völker zeigen zudem eine sprachliche wie kulturelle Verwandtschaft. Dies gilt auch für die Buginesen-Herrschaftsgebiete, aber die historische Trennlinie verläuft bei ihnen weiter in der Vergangenheit. Verbindet man die sprachlichen Gruppen mit geographischen Faktoren, so kann tatsächlich als gemeinsamer Ursprung ein Gebiet am unteren Lauf des Sa'dan-Flusses angenommen werden, wie der Sprachforscher R. F. Mills[17] belegte.

Die Luwu-Herrschaft hatte weithin an Einfluß gewonnen, als der portugiesische Seefahrer Fernão Magellan als Vorbote des kommenden Kolonialismus vor Celebes/Sulawesi aufkreuzte.

Dennoch regierte die königliche Familie bis in unser Jahrhundert hinein. Die frühe Geschichte von *Luwu* wurde von ausgebildeten Schreibern auf Lontarblättern festgehalten, bis die Portugiesen sie stahlen.[18] Auch hier würden wissenschaftliche Auswertungen mit aktuellen Methoden sicherlich zu neuen Erkenntnissen beitragen.

Entlang der Sandstrände am Kap Bira führt die Straße vorbei an den Werften der *Bugi*. Wie im Mittelalter schlagen sie den Schiffskörper aus einem Baum heraus oder fügen Planken zu einem der 40 Meter langen *Prahu*-Boote zusammen, die noch immer ohne Pläne erbaut werden und als die besten Segelschiffe der weiten Inselwelt Indonesiens gelten. Unser Ziel liegt weiter im Südwesten des Eilands bei Ujung Pandang, der Hauptstadt Sulawesis.

Als Ujung Pandang noch Makassar hieß und der Inbegriff exotischer Träume war, befand sich dort die Machtzentrale der Könige von Gowa, die ihren Staat zu einer kosmopolitischen Handelsmacht formiert hatten. Portugiesen handelten mit Bugis, malaiische Kaufleute feilschten mit Holländern. Engländer, Dänen und Franzosen, Spanier, Inder, Araber und Chinesen zog es ab dem beginnenden 18. Jahrhundert immer stärker in die große Handelsmetropole des indonesischen Raumes.

Um sich selbst an den Schätzen und den Einnahmen des florierenden Handels zu bereichern, versuchten die Holländer ab 1660 die Portugiesen abzudrängen und die Herrscher von Gowa in die eigenen Hände zu bekommen. Aber der islamische Sultan Hasanuddin (1629–1670) nahm den Kampf gegen die europäischen Machtgelüste des heraufziehenden Imperialismus auf.

Kurz hinter dem Ort *Sungguminasa* führt rechts eine unscheinbare Nebenstraße zum »*Makam Sultan Hasanuddin*«.

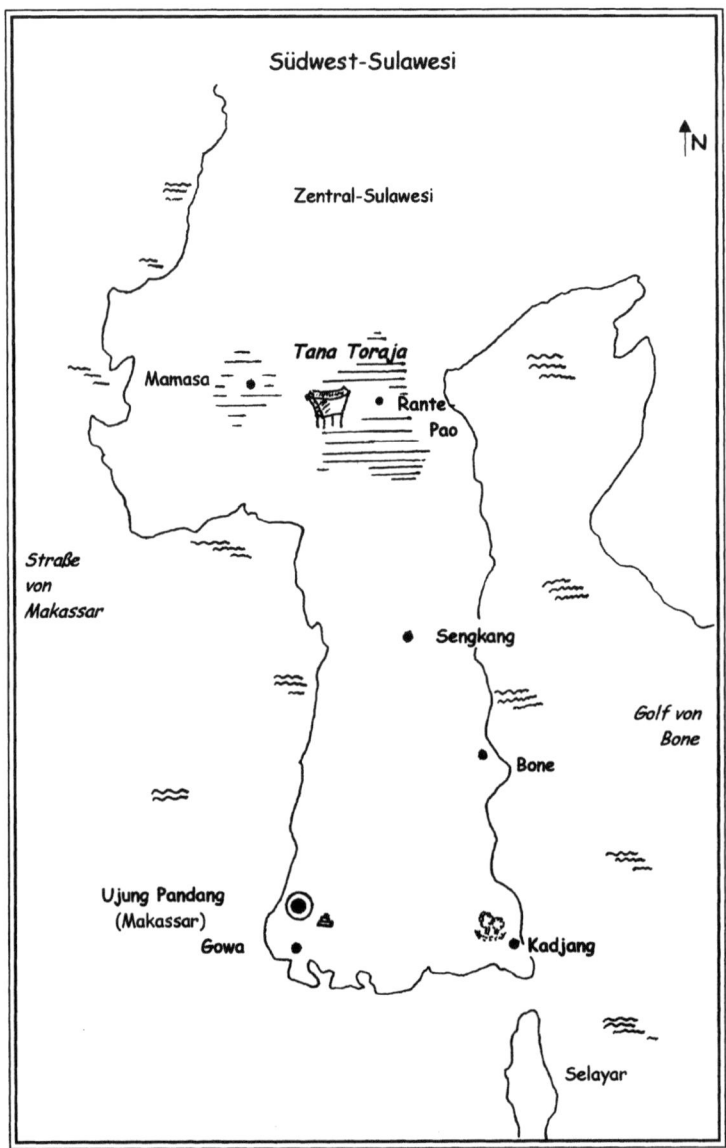

Abb. 5: Südwest-Sulawesi, das Gebiet, in dem die Fürstentümer Gowa und Luwu lagen.

Hier liegt die Grabstätte Hasanuddins, der heute als einer der bedeutendsten Freiheitskämpfer Sulawesis gilt. Neun große, steinerne Mausoleen liegen, eingegrenzt von einer halbhohen Mauer, auf einem parkähnlichen Areal vor uns. Plötzlich wird die Stätte von Sicherheitskräften abgeriegelt. Unverzüglich müssen alle Besucher den Ort verlassen. Nur uns wird, Allah weiß warum, erlaubt zu bleiben. Ranghohe Generäle, Politiker und ihre Frauen fahren mit Staatskarossen vor. Militär stellt sich parademäßig auf, salutiert. Kurze Ansprachen werden gehalten, eine Kranzniederlegung erfolgt. Hasanuddin und die anderen Herrscher des Königreichs von Gowa, die hier ihre letzte Ruhestätte gefunden haben, werden auch heute noch von allen Indonesiern hoch verehrt.

Das gesamte Gebiet, auf dem die Steingräber stehen, wurde zum nationalen Heiligtum erklärt. Und das ist unser Glück. Zusammen mit einem Professor für Archäologie aus der Hauptstadt, der mit den Ehrengästen der Feierlichkeit angekommen war, gehen wir zu einer hölzernen Überdachung in der Nähe der alten Moschee, die wir zuvor kaum bemerkt hatten. »Dies«, so sagt der freundliche Gelehrte und zeigt auf den unscheinbaren Boden, »ist der Krönungsstein der Könige von Gowa.« Was wir sehen, ist nicht prunkvoll ausgestattet, es ist schlicht, aber es ist dennoch das höchste Heiligtum des Staates Gowa gewesen. Denn hier, so berichtet es die Legende, stiegen die ersten Könige von Gowa direkt vom Himmel auf die Erde herab. Dies ist nach ihrer Erzählung der ganz präzise Landeplatz ihrer Götter. An dieser Stelle setzte der Neil Armstrong von Gowa seinen Fuß auf die Erde. Für ihn mag es nur »ein kleiner Schritt« gewesen sein, aber wie sagte Armstrong bei der ersten Mondlandung weiter: »ein gewaltiger Sprung für die Menschheit!«

Für die Bugis war dies der Mittelpunkt ihres mächtigen Reiches, und bis auf den heutigen Tag ist der gesamte Platz tabu, an dem die Bugis noch bis 1955 ihre Könige krönten. Für uns ist dieser »tomanurung« genannte Stein ebenfalls wichtig, denn wir haben hier zum allerersten Mal eine ganz *exakt* bezeichnete Stelle einer möglichen Raumschifflandung. Wenn wir an die Ausführungen Prof. Laufers[19] denken, könnte eine Untersuchung dieses Ortes sehr lohnenswert sein. Denn seiner Ansicht nach, ich wies weiter oben darauf hin, ist es gewiß »eine bequeme Methode, frühe Überlieferungen als mythologisch abzustempeln... Aber ein wißbegieriger Geist beschäftigt sich mit der Enträtselung der Struktur eines Mythos... Die Imaginationskraft des menschlichen Geistes kann sich keine Dinge ausdenken, die in der Realität überhaupt nicht vorhanden sind. Ein Produkt unserer Imagination wird immer erst hervorgebracht durch etwas, das existiert oder worüber wir Grund haben zu glauben, daß es existiert.«

Himmelsmenschen in Brasilien

Es ist doch mehr als auffällig, daß die gleiche Mythenstruktur und der gleiche Mytheninhalt selbst in den entlegensten Winkeln der Erde vorhanden ist. Dabei scheint die erreichte Zivilisationsstufe keine Rolle zu spielen. Heute sprechen wir von UFO-Sichtungen, im Mittelalter wurde von demselben Phänomen als »Fliegende Scheiben«, in der Antike von »Feurigen Schilden am Himmel« berichtet, Naturvölker sprechen von »gleitenden Häusern von den Sternen«; hier wird von seltsamen Außerirdischen, dort von Teufeln, Dämonen, Göttern und himmlischen Wissensbringern berichtet.

Jedem, der unvoreingenommen an diese Thematik herangeht,

muß diese Gleichheit förmlich ins Auge stechen. Er bräuchte sich dazu nur einmal einige der vielen Forschungsberichte der letzten beiden Jahrhunderte über die unterschiedlichsten Ethnien der Kontinente und Inselwelten anzusehen.

Beispielshalber stieß die deutsche Autorin Gisela Ermel[20] bei ihrer Beschäftigung mit den nordbrasilianischen *Tupi*-Stämmen auf die Überlieferungen der *Tembé*, die der Südamerikaforscher Curt Nimuendaju-Unckel[21] während einer Expedition in den Jahren 1914 und 1915 aufzeichnete und in der »Zeitschrift für Ethnologie« veröffentlichte. In ihrer Mythologie erinnern sie sich an die *karuwára*, die »Himmelsmenschen«, die an einem geheimnisvollen Ort in der baumlosen Steppe gewohnt haben. Ein Fußmarsch von ihrem Stammesgebiet, das im Einzugsbereich des oberen *Pindaré* lag, zum Areal der *karuwára* dauerte etwa vier Wochen. Mehrmals machten sich Gruppen ausgewählter Tembé auf, zur Stadt der Himmelsmenschen zu gelangen. Viele Märsche schlugen fehl, weil sie durch überschwemmte oder heiße und ausgedörrte Gegenden wandern mußten.

Manche Tembé kamen aber bis zu ihrem Ziel. Sie berichteten, daß sie von den unsterblichen Bewohnern schon von weitem mit ihrem Namen angerufen wurden, wobei sich dies anhörte, als wären es Vogelstimmen. Ihre Nahrung bezogen die »Himmelsleute« aus einem gefäßartigen Objekt, ohne daß sie Anpflanzungen bedurften.

Die Tembé-Indianer berichten auch von entsprechenden Kontaktaufnahmen von seiten der Fremden. Einer der »Himmelsmenschen« sei von oben aus der Luft herab zu ihrem Dorf gekommen. Wohl aus Vorsicht landete er aber nicht direkt zwischen den Hütten, sondern wahrte Abstand, indem er in einem Baum niederging. Von dieser relativ sicheren Stelle aus produzierte er etwas, was sich wie Singen anhörte. Zum Schluß seines Aufenthaltes gab der seltsame Besucher den

Tembé Teile seines Schmuckes, den die Indianer später als Vorlage für ihren eigenen Schmuck benutzten.

Ein Federkleid spielt auch bei einem Verjüngungsvorgang der *karuwára* eine Rolle. Denn zwar waren die Himmlischen unsterblich, aber sie alterten doch. Deshalb mußten sie sich einem Vorgang unterziehen, bei dem Gesänge und zeremoniell anmutende Tänze durchgeführt wurden. Sie trugen dabei Rasseln und ein Zepter in ihren Händen. Dann aber verschwanden sie – wieder über die »Spitze eines Baumes« in den Himmel. Die Tembé erzählen ferner, daß später dann alle *karuwára*-Wesen aus ihrer irdischen Niederlassung zurück nach *Karuwára nekwaháo*, also die »Stadt der Himmelsgötter« gegangen seien, die sich über dem Firmament befindet.

Der brasilianische Archäologe Professor Carlos Manes Bandeira[22] von der Estacio-da-Sá-Universität (Rio de Janeiro) kommt nach jahrelangen Forschungen zu dem Resultat: »Auch hier mischen sich offensichtlich verschiedene Elemente zu einer Überlieferung... vielleicht eine Erinnerung an die bei mit hohen Geschwindigkeiten durchgeführten Weltraumreisen auftretenden Zeitverschiebungswirkungen. Später wurde das Ganze zu einer bloßen Zeremonie, in der viele Einzelheiten des einstigen Wissens verfremdet und mythologisch überprägt weitergegeben wurden.«

Prof. Bandeira, Direktor der Abteilung für Archäologie und Höhlenforschung, hat etliche solche indianische Berichte gesammelt. So weist er auch auf die *Kayapó*-Indianer seines Landes hin, die – wie die Toraja – glauben, aus dem Himmel gekommen zu sein. Sie erhielten auch zu späteren Zeiten noch Besuche von den Sternen. Ein weibliches himmlisches Wesen mit Namen *Nhokpôkti* brachte ihnen zum Beispiel bestimmte Nahrungsmittel und unterwies sie in landwirtschaftlichen Methoden, bevor sie mit einem baumähnlichen Gegenstand die Erde verließ. Ergänzt wird die Geschichte durch eine Schwangerschaft der Sternenfrau, die durch einen irdischen Mann ausgelöst wurde. »Eine wirklich merkwürdige und doch interessante Legende, die uns von der Verbindung zwischen einem Erdgeborenen und einer Außerirdischen berichtet, in deren Folge nicht nur ein Kind geboren wurde, sondern die auch zu einer enormen Wissensvermehrung im Stamme der Kayapós führte«, kommentiert Bandeira.

Aus diesem Gebiet stammt auch die Überlieferung des *Bep-Kororoti*, des großen Stammeshelden, der alljährlich erneut in einer dramatischen Aufführung in Erinnerung gerufen wird. Die ersten dokumentarischen Aufnahmen des Kultes machte der Forscher Dr. João Americo Peret im Jahre 1952.[23] Dabei zeichnete er die Legende des gottähnlichen Kulturbringers auf. Dieser kam einst aus dem Weltall zur Erde, er führte einen »Flammenstab« bei sich, mit dem er Steine zerschmelzen und Bäume zerteilen konnte, er führte Regeln ein und gab den Stämmen sinnvolle Vorschriften, ging eine geschlechtliche Verbindung mit einer Indianerfrau ein und er verschwand eines Tages wieder unter Donner, Feuer und Rauch, nachdem er einige Männer des Stammes, die ihn zurückhalten wollten, vorübergehend paralysierte. Während des Zeremoniells stellt der Medizinmann diesen *Bep-Kororoti* und seine Taten dar, indem er einen dicht verwobenen Strohanzug trägt, den Stab in der Hand, das Gesicht von einem runden Helm umschlossen. Die optische Erinnerung an einen Astronauten unserer Tage ist verblüffend. Die Aufführung nimmt ihren weiteren Verlauf, indem sich der *Bep-Kororoti*-Darsteller in einen steinernen Schutzraum begibt, in dem sich ein in den Fels geritztes Bild des frühgeschichtlichen Astronauten befindet.

Hinzu kommt, daß wir in Brasilien, z. B. in Paraiba, an den

Felsen der *Pedra Lavrada* oder an den Felsen von *Inga* Inschriften finden, die allesamt astronomische Bezüge aufweisen: Spiralen, Sonnen, Sterne und Kreise sind dort zu sehen. Im Mittelpunkt aber befinden sich geflügelte Figuren und eigenartige Kapseln. Ähnliches finden wir im Nationalpark von *Sete Cidades*, im Gebiet von Picui Paraiba, am Rio Grande do Norte. Sie sind zu verfolgen bis nach Argentinien (Puerto Cabalo) und setzen sich fort in Peru und in anderen Ländern Südamerikas. Wenn Prof. Bandeira, der sein Leben lang die Symbole und Mythen der Indianer aufgezeichnet hat, heute sein Resümee zieht, dann lautet es so:

»Die wiederholte Erwähnung eines ›himmlischen‹ Ursprungs nahezu aller amerikanischen Stämme und Kulturen, die in den Mythen beschriebene Anwesenheit von Wesen, die von den Sternen gekommen waren, die Anbetung der Himmelskörper, die als Symbol dieser Wesen und Gottheiten betrachtet wurden, ihre Darstellung in der Kunst und so weiter, all das zeigt deutlich den auf den Kosmos zurückgehenden Anfang der amerikanischen Kulturen, deren Grundlage vermutlich von fremden Intelligenzen geschaffen wurde, die einst aus dem All hierher kamen.

Verschiedenste Petroglyphen und Wandzeichnungen sind ein weiterer Hinweis auf diese Annahme, Zeichnungen mit eindeutig astronomischen und stellaren Symbolen, die in ähnlicher Form in allen Teilen und bei allen Kulturen des amerikanischen Kontinents zu finden sind.

Die Lösung des Problems und die Entdeckung der Wahrheit hängen heute im wesentlichen von der Einstellung der Wissenschaft ab. Vielleicht sollten wir uns wieder mehr bewußt machen, daß es für die Wissenschaft keine Grenzen gibt und daß die menschliche Intelligenz gerade erst begonnen hat, in die Unendlichkeit des Universums vorzustoßen.

Legenden, Mythen und Phantasien vergangener Jahrtausende sind dabei, verstandene Wirklichkeit des Heute zu werden.«

Diese Erkenntnis gilt sicherlich nicht nur für den südlichen Teil des amerikanischen Kontinents. Sie sollte uns begleiten auf dem Weg zur Erforschung der geschichtlichen Wahrheit der ganzen Menschheit.

IV

Raketen der Steinzeit

»... denn wer nicht eingeweiht ist,
kann die verborgenen Dinge nicht verstehen ...«

»Ägyptisches Totenbuch«

Steinerne Nadeln akupunktieren die Erde. Obelisken und
Menhire zerstechen unten den Boden und kratzen oben
am Himmel. Sie haben den Menschen der Steinzeit genauso
beeindruckt wie den Betrachter von heute. Symbole der
Götter und für die Götter waren sie. Doch warum wurden
sie von Ägyptern und Toraja errichtet, warum trifft man
auf sie in Indien wie in Frankreich? Es deutet einiges darauf
hin, daß sie technische Vorbilder hatten. Und nicht nur sie.

Raketensymbole für die Ewigkeit

30. April 1586: In den Straßen Roms, der Ewigen Stadt am Tiber, drängen sich Menschenmassen in den engen Gassen um den Petersdom. Ihr Ziel ist eine unansehnliche Baustelle im Herzen der Metropole. Doch die Absperrungen werden nicht durchbrochen. Wer dies wagte, dessen Todesurteil wäre sicher. Die erwartungsvolle Menschenschar beginnt feierlich zu beten. Tausendstimmig hallen *Vaterunser* und *Ave Maria* durch die Stadt der Sieben Hügel. Dann breitet sich Stille aus. Keiner der Neugierigen und keiner der Arbeiter wagt zu sprechen oder den geringsten Lärm zu machen. Der silberne Klang einer Trompete schallt durch die Häuserschluchten. Es ist das erwartete Zeichen: Neunhundertsieben Männer, muskulös und kraftvoll, und fünfundsiebzig ausgewählte Zugpferde setzen sich schweigend in Bewegung. Millimeter um Millimeter erhebt sich zum ersten Mal seit der Zeit der Antike ein schlanker, gigantischer Obelisk in den Himmel über Rom.

Fünf Monate sollten vergehen, bis die steinerne Nadel 260 Meter weiter im Zentrum des Petersplatzes ihren neuen Standort erhalten sollte. Zum Ende der Arbeiten wird Papst Sixtus V. seinen Baumeister zum *Ritter vom goldenen Sporn* schlagen, weil er dieses großartige Werk vollbracht hat.

Der Papst und mit ihm viele Einwohner Roms waren der »obeliscomania« erlegen, wie Spötter meinten. Diese Krankheit scheint ansteckend gewesen zu sein, denn auch seine Vorgänger und Nachfolger verfielen diesem *» Virus obeliscus«*. Sie hatten sich ein kolossales Ziel gesetzt: die antiken Weltwunder in Form der Obelisken aus dem meterhohen Schutt und Schlamm der vergangenen Jahrhunderte freizulegen und sie an würdiger Stelle wieder in den blauen Himmel des barocken

Italiens hinaufragen zu lassen – freilich nicht, ohne diese »heidnischen Symbole« zuvor durch Exorzierung gottgefällig gemacht zu haben und sie vorsichtshalber mit dem Kreuz zu krönen.

An den Tiber waren sie schon gelangt, als hier noch der Nabel der antiken Welt, das Zentrum des *Römischen Imperiums* lag. Allein um einen einzigen Obelisken zu befördern, soll Kaiser Caligula im Jahre 37 n. Chr. zwanzigtausend Menschen benötigt haben.[1] Als Ausdruck kaiserlicher Macht und Größe holten die Caesaren vermutlich vierzig bis fünfzig von ihnen aus Ägypten über das Meer nach Rom. Doch 1500 Jahre später hatte man die Transporttechniken vergessen, und so kam es, daß selbst Michelangelo den Plan für undurchführbar hielt, einen solchen Monolithen auch nur ein paar hundert Meter weiterzubefördern und auf dem Petersplatz zu errichten. Heute stehen wieder dreizehn von ihnen für jeden Touristen sichtbar in der Ewigen Stadt am Tiber. Entlang des ägyptischen Nils sind es hingegen nur noch fünf.

Die Obelisken haben über die Jahrtausende hinweg die Menschen vieler Reiche und Nationen fasziniert. Aber welche Idee lag ihrer Erschaffung zugrunde? Warum schlugen und sprengten die alten Ägypter in jahrelanger Arbeit die riesigen Steinpfeiler aus dem harten Felsen und transportierten sie Hunderte von Kilometern durch die heiße Wüste, entlang des Nils, um sie dann an heiligen Orten aufzurichten? Welche Bedeutung hatten sie vor Jahrtausenden für die Pharaonen, die Priester, die einfache Bevölkerung?

Obeliskähnliche Steine begegnen uns aber auch auf der entfernten pazifischen Insel Sulawesi. Lag hier der gleiche Gedanke zugrunde? Steckt dasselbe Phänomen dahinter, das weltweit große, aufrechtstehende Steinsäulen, Menhire genannt, hervorgebracht hat?

99

Angeregt durch die Raumfahrttechnik der Gegenwart[2], wurde in letzter Zeit mehrfach die Vermutung geäußert, die alt-ägyptischen Obelisken (ebenso wie die Menhire) könnten auf Grund einer auffallenden optischen Ähnlichkeit steinerne Nachbildungen prähistorischer Raketen sein. Analoge Über-legungen sind auch früher aufgetaucht.[3] Aber sind sie be-legbar? Läßt sich dieser Gedanke durch Indizien erhärten, oder ist er völlig haltlos?

Dem Symbolgehalt des steinernen Obelisken können wir uns vornehmlich nur über ihrerseits symbolische Hieroglyphen nähern. Denn das Wort »Obelisk« stammt aus dem Griechi-schen (»*obeliskos*«) und wurde erst in sehr später Zeit für die schlanken Steinpfeiler verwendet. »*Obelós*« bedeutet »Spieß, Spitzsäule, Bratspieß«. Dies führte dazu, daß selbst die *Brock-haus Enzyklopädie* 1971 »*obéliskos*« mit »Bratspießchen«, also in einer ironisierenden Verkleinerungsform übersetzte, was jedoch korrekterweise nicht von den Griechen gemeint war. Vielmehr müßte es »spitzsäulisch«, »bratspießisch« heißen und bezieht sich mithin lediglich vergleichend auf die äußere Form.[4]

Die frühen arabischen Schriftsteller verwendeten die Bezeich-nung »*misallat Fir aun*«, was »große Nadel des Pharao« bedeu-tet, und »*ajn asch-schems*«, was übersetzt »Quellen der Sonne« heißt. Auch diese Namen helfen uns nicht viel weiter.

Das altägyptische Wort für spitze Säulen ist »*thn*« (gespro-chen: techen). Ihm liegt das Zeitwort »*thnj*« (techenj) zu-grunde, das die Bedeutung »das Auge, den Augapfel verletzen, den Himmel verwunden« trägt.[5] Der Ägyptologe H. Spiegel-berg[6] übersetzt somit eine Inschrift aus dem Pyramidentext wie folgt:

»Zwei große Obelisken stehen fest draußen vor ihnen (den Göttinnen Isis und Nephthys, Anm. d. Verf.) und schneiden die Wolken des Himmels.«

Folgende konträre Hypothesen bieten sich an dieser Stelle an:

1. Es handelt sich um eine *metaphorische* Sichtweise im Sinne unseres modernen Begriffes des »Wolkenkratzers«. Dies wäre die herkömmliche Deutung.
2. Es liegt durchaus ein metaphorischer Sprachgebrauch vor, aber im Sinne einer Rakete, denn ein raketenähnlicher Gegenstand »verletzte«, »durchbohrte« bei einem Start in prähistorischer Zeit scheinbar den Himmel.

Der Ägyptologe K. Martin[7] leitet *thn* von dem Zeitwort *hnj* her. Seine Bedeutung ist »niederschweben«. Das »t« ist hierbei als Vorsilbe zu verstehen und zeigt die Kontinuität des Vorganges an. Wiederum böten sich zwei Sichtweisen an:

1. Im Obelisk wird »die sinnbildhafte, sprachliche Darstellung des ›Gnadenstromes‹ vom Himmel zur Erde gesehen, während mit seinem Nach-oben-Weisen bis in den Himmel, bis zur Sonne… und seinem Wieder-zurück-Strömen von dort auf die Erde… die Wechselwirkung Erde-Himmel versinnbildlicht wird, die zum Gedeihen des Landes erforderlich und für die der König zuständig war. Es ist geradezu ein abstraktes Bild für den König und seine Rolle.« (K. Martin, 1977)
2. Es kann hier Bezug genommen worden sein auf einen real beobachteten Vorgang eines vom Himmel zur Erde herniederschwebenden Raumschiffes. Der Obelisk wurde diesem raketenförmigen Gebilde nachgeformt. Später wurde das Nach-oben-Weisen des Obelisken bis in den Himmel, bis zur Sonne und sein Zurückkommen von dort auf die Erde auch als Versinnbildlichung für eine Wechselwirkung Erde-Himmel verwendet. Der Jahrhunderte danach im Neuen Reich (ca. 1550–1080 v.Chr.) gebrauchte Begriff des »*mn*« (men), was »bleiben«, und »*mnw*« (menu), was Denkmal bedeutet, träfe

die andere Seite der Ausdeutung. Ein Obelisk wurde nämlich zur bleibenden Erinnerung an ein außergewöhnliches Ereignis errichtet. Parallelen sehen wir heute in den Cargo-Kulten.

Megalithzeit bei den Toraja

In populärwissenschaftlichen Schriften, doch auch in halbakademischen Reiseführern, wird oftmals auf die angeblich phallischen Bezüge der Obelisken hingewiesen. Zu diesem eigentümlichen »Rettungsanker« flüchten sich die Wissenschaftler auch bei der Erklärung von Sinn und Zweck der Menhire.

Die Gesellschaft der Toraja ist die letzte noch lebende Megalith-Kultur. Häufig stießen wir am Straßenrand, in Ortschaften, bei Friedhöfen, manchmal völlig zugewuchert in unzugänglichem Gebiet auf beeindruckende megalithische Strukturen. Es gibt Steinkreise, Steinlinien und Einzelmegalithe. Manche der zylinderförmig behauenen Steine sind zwischen vier und sieben Meter hoch und scheinen mitunter direkt aus Ägyptens oder Europas frühester Zeit zu stammen, bloß daß sie hier noch unmittelbar in die religiösen Kulte einbezogen werden. Vermutlich erlebte Sulawesi mehrere Megalithzeiten. Die früheste mag 4000 bis 7000 Jahre zurückliegen und reicht in das Neolithikum hinein. Diese Steinkreise und Säulen werden teilweise noch bis heute verehrt. Lokomata liegt etwa vier bis fünf Fußstunden von Rantepao entfernt an den Hängen des Sesean-Gebirges. Am Ortsrand, hinter einigem Strauchwerk versteckt, liegt eines dieser alten Heiligtümer aus Stein. An die 900 Jahre alt soll es sein, wie italienische Archäologen herausfanden. Den ursprünglichen Zweck konnten sie nicht definieren, aber den heutigen sehen wir: An diesem mystischen Ort zelebrieren noch immer Animisten ihre überlieferten Rituale.

Wir fragen einen alten Flötenspieler, der uns aus trübgesehenen Augen anschaut und uns ein zahnloses Lachen schenkt. Hier scheint niemand mehr die Ursprünge deuten zu können. Das gleiche berichtet auch die Toraja-Forscherin Hetty Nooy-Palm.[8] Sie weist darauf hin, daß man vielleicht einige Menhire als Phallus-Symbole interpretieren könnte, aber keineswegs alle, denn sie seien für Personen beiderlei Geschlechts errichtet. »Die Toraja waren unfähig, mir etwas über die Bedeutung der Menhire zu sagen«, schreibt sie, obwohl sie noch immer zu manchen Totenfeiern und Hochzeiten errichtet werden. Der deutsche Ethnologe Waldemar Stöhr[9] deutet indes auf den Zusammenhang zwischen Mythen und der Natur der Megalithe hin. Göttinnen wären nämlich aus einem »Felsen« entstiegen, und an diesen Orten habe man Menhire errichtet.

Auch für die Obelisken der frühen ägyptischen Zeit trifft die Annahme nicht zu, dies seien Symbole für das männliche Glied. Diese Aus- bzw. Andeutung erhielt der Obelisk erst zum Ausgang der Pyramidenzeit. Im übrigen steht diese Annahme zudem auf äußerst eigenartiger Begründung.
Wie war es dazu gekommen? In den Pyramidentexten (Pyr. § 1178a), finden wir folgende Aussage über Pharao *Pepi I.* (etwa 2268–2228 v. Chr.):
»König Pepi ist einer, der gehört zu den beiden Obelisken des Ré, die auf Erden sind.«
Der Terminus »thn« für Obelisk ist in dieser Inschrift »mit dem Bild des stoßenden Stieres geschrieben, weil die ›Obelisken‹ vom ›Stoßen‹ in den Himmel benannt waren«.[10] In diesem Sinne wird dann auch das griechische »obéliskos« verstanden, als mächtiger, steinerner Speer, der gleich einem Stier in den Himmel hineinstößt. Aus dieser Assoziation, der geistigen Verbindung mit dem Stier, ist der Obelisk um einen Fruchtbarkeitsaspekt (Phallussymbol) erweitert worden.[11]

Interessant ist natürlich, daß der Stier auch bei den Toraja eine so zentrale Bedeutung spielt. Er gilt ja als Freund des Menschen, der ihn schon aus dem Kosmos zur Erde begleitet hat und auch wieder zu den Plejaden bringen wird. Wurde er zum Symbol für einen zweiten Raumschifftyp, der den geschwungenen Häusern der Toraja ähnlich sah, weil die gebogenen Stierhörner Assoziationen an diese Form wachriefen? Auch die ägyptische »Sonnenbarke des Ré«, mit der er über den Himmel fuhr, weist im Grundprinzip eine ähnliche Form auf. – Doch nicht nur bei diesen beiden Völkern nimmt der Stier/Büffel eine wichtige kultische Stellung ein. Im gesamten Mittelmeerraum, von Kreta bis Iberien, finden wir seit frühester Zeit die Stiere als Funktionsträger himmlischer Kräfte.

Benben, der Ur-Obelisk

Doch gehen wir zurück zu den ägyptischen Urquellen. Aus Texten ist bekannt, daß die Ägypter die Form der Obelisken (bzw. ein Teil davon) vom sogenannten »bnbn« (benben/Benben-Stein) herleiteten. Durch archäologische Funde ist dieser Ur-Obelisk, dieser »*benben*«, nicht belegbar, wohl aber durch Hieroglyphen. In der Ägyptologie schließt man von schriftlich niedergelegten Bildzeichen auf die originäre, ursprüngliche Form des Gegenstandes. Dies ist ein durchaus legitimes Vorgehen, da die Hieroglyphen – ähnlich wie z. B. auch die Zeichen der chinesischen Schrift – unmittelbar aus der realen Welt entliehen wurden. Wasser wurde beispielsweise durch Wellenlinien dargestellt, die Pyramide mit einem Dreieck usw. Entsprechend hatte der *benben* eine spitz oder konisch zulaufende Form.[12] Es wird sogar vermutet, aus dem etwas wuchtig wirkenden Pfeiler habe sich später der schlanke, seine Schwerfälligkeit überwindende Obelisk entwickelt. Frühe Zeugnisse

Hieroglyphen im Zusammenhang mit dem Begriff »Obelisk«

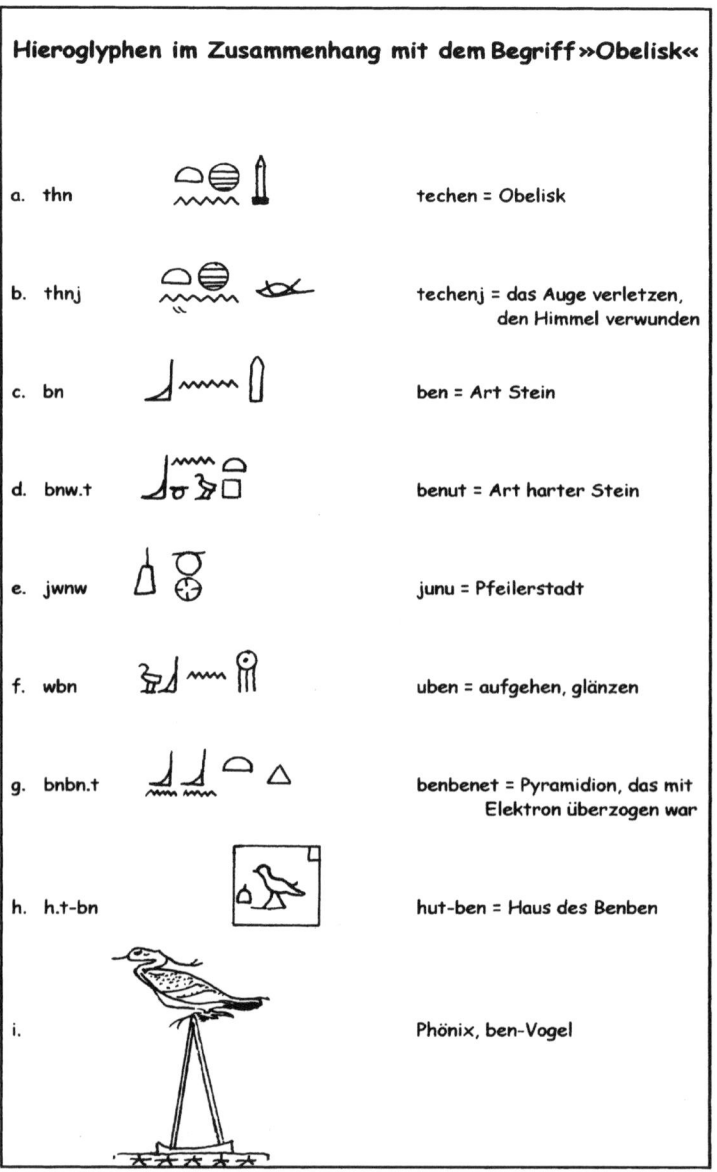

a. thn   techen = Obelisk

b. thnj   techenj = das Auge verletzen, den Himmel verwunden

c. bn   ben = Art Stein

d. bnw.t benut = Art harter Stein

e. jwnw   junu = Pfeilerstadt

f. wbn   uben = aufgehen, glänzen

g. bnbn.t benbenet = Pyramidion, das mit Elektron überzogen war

h. h.t-bn hut-ben = Haus des Benben

i.   Phönix, ben-Vogel

Abb. 6: Hieroglyphen im Zusammenhang mit dem Begriff Obelisk.

von Obelisken, wie wir sie heute kennen, liegen definitiv bereits aus der fünften und sechsten Pharaonen-Dynastie vor.[13] Eine Grabinschrift aus dem Alten Reich (bis 2155 v.Chr.) zeigt beispielsweise ein großes Obeliskenpaar auf dem Transport nach Heliopolis. Um 2290–2268 v.Chr. ließ König *Teti* einen solchen Stein in Heliopolis errichten, von dem wir noch das beschriftete Oberteil besitzen. Dieser Obelisk war aus Quarzit, einem extrem feuerbeständigen Stein geformt worden, was ebenso trefflich auf die Ursprungseigenschaft hingewiesen haben könnte wie die Tatsache, daß Quarz in vielen Initiationsriten das himmlische Element darstellte; es galt als verfestigtes Licht: eine reichhaltige, symbolträchtige Verzahnung zu einer Rakete.

Dieser ebenso ominöse wie interessante *benben* soll nach den altägyptischen Mythen des heliopolitanischen Religionsbereiches in Heliopolis gestanden haben. Heliopolis, das die Ägypter selbst »*jwnw*« nannten, lag 25 Kilometer von der alten Reichshauptstadt Memphis entfernt, nahm von alters her in der ägyptischen Theologie eine bedeutende Rolle ein und stand noch zu Herodots Zeiten im Ruf besonderer Weisheit. Der Mythos vom *benben* wurzelt in den ersten drei Dynastien des Alten Reiches (2900–2400 v.Chr.), wenn nicht noch in den Jahrhunderten zuvor, und existiert somit seit Beginn der pharaonischen Staatengebilde.[14] Der Ägyptologe Herbert Ricke[15] erklärt: »Dieses Bild ist sicherlich von der ältesten Kultstätte in Heliopolis genommen, die also aus einem Hügel bestand, auf dem nicht ein Tempel, sondern unter freiem Himmel der obeliskenförmige Benben-Stein errichtet war.«

Der *benben* selbst, dessen *Abbild* die Obelisken sind, so überlieferten es die Ägypter, sei ein Gegenstand gewesen, der vom Himmel zur Erde herabkam. In ihm befand sich Gott *Ré* (später von Gott *Atum* überlagert), der auf diese Weise zu den Menschen kam und zum Herrscher Ägyptens wurde.

Nach Überzeugung der alten Ägypter hatten die größten ihrer Götter selbst in mehreren Dynastien das Land entlang des Nils regiert, »und wenn man eine Einrichtung als uralt bezeichnen wollte, so sagte man, sie habe ›seit der Zeit des Ré‹ schon existiert«.[16] Über *Ré* heißt es in den Pyramidentexten[17], die seit der 5. Königsdynastie in den Kammern und Gängen der Pyramiden zu lesen sind: »Du bist erschienen als benben-(Stein).« Der Obelisk war in dieser Vorstellung Wohnung der Gottheit.[18] Später avancierte er in der Schrift zusammen mit dem stehenden Mann zu einem einzigen Götterbild.

»bnbn« – was bedeutet dieses Wort nun? Es ist etymologisch nicht einwandfrei zu identifizieren. Einerseits deutet das Konsonantengebilde »bn« auf »Stein«, und tatsächlich gibt es seit der Pyramidenzeit das Wort »bn« mit der Bedeutung »Art Stein«. Im Mittleren Reich (2040–1537 v. Chr.) findet das Wort »bnw.t« (Benut) Eingang in die Literatur. Hier versinnbildlicht es »Art harter Stein.« »Jedoch geht die heutige Tendenz dahin, das Substantivum ›bnbn‹ vom Verb ›wbn‹ abzuleiten, das die Bedeutung hat ›aufgehen‹, ›glänzen‹, auch ›scheinen – von der Sonne und den Gestirnen‹«, schreiben die Altägyptologen Prof. Ermann und Grapow. Ferner werden Deutungen wie »das Hinausfließende«, »in den Himmel Aufschießende« gegeben, da das Zeitwort »wbn« festgelegt ist durch die von der Sonnenscheibe ausgegossenen Lichtstrahlen.

An dieser Stelle ist eine religionsgeschichtliche Tatsache sehr bemerkenswert[19]. In der jordanischen Felsstadt Petra, nur rund 350 Kilometer Luftlinie von Heliopolis entfernt, wurde seit frühesten Zeiten der Mondgott *Dushara* verehrt. Sein Symbol war der konische Steinblock oder Obelisk. Die *Nabatäer*, die Gründer der Stadt Petra, stellten sich *Dushara* von allem Anfang an »himmlisch und außerirdisch« vor. Er bewegte sich in »etwas wie einem Stein«.

Schauen wir uns nach diesen Wortbetrachtungen einmal die traditionelle These an und stellen ihr dann eine moderne Antithese gegenüber:

1. Der Obelisk ist ein mythisch konstituierter Stein mit solarem Aspekt, also mit Bezug zur Sonne.
2. Der Obelisk symbolisiert eine Art Rakete, mit der einst *Atum-Ré* vom Himmel zur Erde kam und zur Entstehung der ägyptischen Hochkultur beitrug. Das wahrscheinlich metallene Raumschiff wurde wegen der Härte und Festigkeit des Materials als »Art harter Stein« bezeichnet, der »glänzt« und »in den Himmel aufschießt«.

Zu dieser letzteren Sichtweise gut im Einklang steht, daß die Obeliskenspitze, das *Pyramidion*, seit dem Alten Reich »*bnbn.t*« (Benbenet) genannt wurde. Eine gewisse Ähnlichkeit mit den Apollo-Kapseln der Saturn-V-Mondrakete ist kaum zu übersehen. Manchmal werden in diesem *Pyramidion* (das geschichtlich jedoch erst nach dem *benben* faßbar ist) ähnlich wie Astronauten in einer Raumkapsel Götter sitzend oder stehend abgebildet. Das *Pyramidion* war zudem mit Kupfer oder Elektron (einer Mischung aus Gold und Silber) überzogen, so daß es beim ersten Sonnenstrahl hell aufleuchtete. Die enge Verbindung zu der Vorstellung des Lichtwerfens, welche die Hieroglyphen des Obelisken oft begleiten, mag auf den beeindruckenden Start eines Raumfahrzeuges zurückzuführen sein. *Benben* wird in einer sehr bedeutsamen Abbildung zusammen mit dem Gott *Min* dargestellt. *Min* nun war der Gott des Donners. Fassen wir wieder die unterschiedlichen Sichtweisen zusammen:

1. Ägyptologen meinen: »Insofern paßt der Obelisk hervorragend zum Benben-Stein, der ein Meteorit gewesen sein kann

und daher, wie später die Ka'aba, seiner himmlischen Herkunft wegen Verehrung genoß.«[20]

2. Modernes Kontra: Die enge Verbindung zum Gott des Donners deutet neben dem optischen Lichtaspekt auf den akustischen Aspekt eines Raketenstartes oder einer -landung hin. Die himmlische Herkunft ist zwangsläufig. Auch die Form ist für einen Meteoriten völlig untypisch (einen solchen bewahrten die Ägypter im Ammonium der Oase Siva auf), wohl aber für eine Rakete.

Der *benben*, dieser »geheime Gegenstand«, wurde in einem eigens für ihn errichteten Gebäude, dem »h.tbnbn« (Hut-Benben), also dem *benben*-Haus in Heliopolis aufbewahrt. Im Pyramidenspruch § 1652 heißt es zum Beispiel: »*Atum-Chepre*, du warst hoch als Hügel. Du warst erschienen als *benben* im *benben*-Haus in Heliopolis/*jwnw*.« oder: »Ein *bnbn* ist im Haus des Sokar.« Dieses Haus des *bnbn* war aller Wahrscheinlichkeit nach identisch mit dem Sonnenheiligtum in Heliopolis. Die anderen Sonnenheiligtümer des Alten Reiches waren vermutlich Abbilder dieses ältesten Kultortes. Ein zweites dieser wahrscheinlich insgesamt acht Sonnenheiligtümer ist uns bekannt. Der heilige Ort Abu Gurab zeigt uns nachdrücklich, daß der *benben*-Stein weitgehend identisch mit dem Aussehen eines Obelisken gewesen sein muß, wie schon der deutsche Altertumswissenschaftler H. Ricke anmerkt. Hier wirkt der *benben* lediglich etwas gedrungener. Ein drittes Heiligtum, das des Königs Weserkaf, scheint auf einer Marmorschale abgebildet zu sein, die man auf Kythera gefunden hat. Hier sehen wir eine durch den Rand abgeschnittene Basisform. (Evtl. wurde das Monument zu Lebzeiten von Weserkaf nicht mehr beendet oder man zeigte auf einem Schalendeckel die Spitze.)

Eine Überlieferung besagt, zwei Gruppen von Göttern hätten den *benben* in einem *benben*-Haus bewacht. Drei Götter, die

»das Geheimnis besitzen«, beaufsichtigen den *benben* im Inneren des Gebäudes; acht weitere Götter bewachten es von
außen. Im »Totenbuch der Ägypter« wird die Götterzwölfheit
auch als *Ruderer Rés* bezeichnet, die das himmlische »Boot
der Jahrmillionen« bedienen.[21,22] Die Götter haben auch die
Aufgabe, *Flammen* für *Rés* Boot zu erzeugen.
Wie das *benben*-Haus ausgesehen haben mag, läßt sich nur
vermuten. Grundlage dafür ist wiederum nur eine Hieroglyphe, die eng mit dem »*Hohen Sand*«, einer Art Ringwall in
Heliopolis, verbunden war. Dieser galt als Abbild des mythischen Urhügels, der aus den Schöpfungsfluten aufgestiegen
war. Seine Bezeichnung war »*die Flammeninsel*«.
Im zweiten altägyptischen Sonnenheiligtum, Abu Gurab,
das Pharao *Ni-user-Ré* errichten ließ, stand der Obelisk auf
einem aus Stein geformten künstlichen Hügel (eine Nachbildung der »*Insel des Aufflammens*« von Heliopolis) und
wirkte wie eine abschußbereite Saturn-Rakete auf einer
Startplattform in Cape Kennedy. Die Suche nach den vom
Wüstensand zugewehten anderen Sonnenheiligtümern des
Alten Reiches könnte uns eines Tages neue interessante Erkenntnisse über dieses Objekt liefern, denn die Erzählungen um den *benben*-Stein und seinen himmlischen Ursprung
sind für die ägyptische Kosmogonie ebenso wie für die
PaläoSETI-Hypothese wichtige Bausteine.[23]

Das Bild schließt sich immer mehr. Aber es kommt noch besser. In der Hieroglyphe des »*h.t-bn*« befindet sich neben dem
benben-Stein ein Vogel. Dieser Vogel wird daher auch *ben*-
Vogel genannt. Der »*bnw*« (Benu) wird in der Literatur als
»der heilige, sonnenhafte Vogel Phönix geführt; in den Pyramidentexten mit dem Gott Ré verbunden, im ›Totenbuch‹
auch als Morgenstern oder als Erscheinungsform des Osiris
erklärt«.[24]

Den Phönix umgibt der Mythos des adlergleichen Wesens, das sich alle 500 Jahre nach Heliopolis begab und aus seiner eigenen Asche neugeboren aufstieg. Der Phönix, der auch in der alchemistischen Literatur späterer Jahrtausende zum Symbol der Unsterblichkeit wurde und unter diesem Bezug in die mittelalterliche Gralsliteratur Eingang fand, war keineswegs griechischen Ursprunges. Vielmehr basiert der Name auf einem Hörfehler der Griechen, die das in der griechischen Epoche (ab 323 v. Chr.) etwa als »boine« ausgesprochene »bnw« falsch wiedergaben.

Interessanterweise finden wir unter den Hieroglyphen auch Darstellungen, in denen der Phönix auf dem *Pyramidion* sitzend gezeigt wird: »Er ist der Vogel des Lichts, in dem sich der Sonnengott *Ré* manifestiert.«[25] Der Mythos des aus seiner eigenen Asche aufsteigenden Vogels, verbunden mit dem *benben*, ist bislang in der Ägyptologie wie folgt gedeutet worden:

1. »Der spitze Stein, die Obeliskenspitze, partizipiert in der ägyptischen Anschauungsweise am Lichtaspekt des Vogels, ist also *mutatis mutandis* ein ›Seelensitz‹.«[26]

2. Die moderne Gegenthese: Der Vogel ist in Ägypten ein altes Symbol des Fliegens oder des Fliegen-Könnens.[27] Der herniedergekommene Vogel stellt den Bezug zum gelandeten (zuvor geflogenen) Raumschiff her. *Der Vogel des Lichtes* wurde gewählt, um den Bezug zum auf- und absteigenden Götterfahrzeug herzustellen. Der aus seiner eigenen Asche aufsteigende Phönix/*ben*-Vogel versinnbildlicht die am Startplatz (»Flammeninsel«) entstandenen Verbrennungen (»Asche«), aus der periodisch wieder dasselbe Fluggerät zum Himmel stieg, das zum allgemeinen Erstaunen nicht verbrannt war.

In diesem Kontext verdient Beachtung, daß uns auch bei den Toraja das Symbol des Himmelsvogels im Zusammenhang mit den aus dem Weltraum gekommenen »Eisernen Häusern«

entgegentritt. Dasselbe Sinnbild kennen wir auch aus dem afrikanischen Staat Zimbabwe. Heute ist dieser Vogel das nationale Symbol des Landes. Ursprünglich befand es sich auf obeliskähnlich behauenen Steinen, die um die Jahrhundertwende wiederentdeckt wurden. Eine dieser Steinsäulen besitzt aber auch einen Rinderkopf, so wie wir dies von hieroglyphischen Schriftzeichen im Kontext mit dem Obelisken, der gleich einem Stier in den Himmel vorstürmt, kennen.

Obelisken-Comeback und Götterschiffe

Als ich 1992 diese Überlegungen veröffentlichte, kritisierte man mich, weil es ja »unmöglich sei, daß – sollte der Obelisk einer Rakete nachempfunden sein – diese Rakete starten und wieder landen könne.[28] Das sei blanker Unsinn. Ein Space-Shuttle könne dies bedingt, aber keine Rakete.«

Schon ein Jahr später wurden diese Kritiker wieder einmal mehr über das Wort »unmöglich« belehrt. Im Sommer 1993 startete die erste DC-X (»Delta Clipper Experimental«, der Prototyp einer einstufigen Rakete) vom NASA-Testgelände in White Sands, New Mexiko. »Es war das Comeback des Obelisken!«[29] Denn was sich da unter Feuer, Rauch und Donner von einer kleinen Startplattform erhob, einen Flammenberg unter sich lassend, sah aus wie der benben-Stein der alten Ägypter. Und wie es die Hieroglyphentexte beschreiben, landete dieser weißsilbrig glänzende Pfeiler hoch erhoben – immer noch auf seinem Feuerschweif reitend – wieder auf der Erde.

Die neuartige Rakete ist eine Entwicklung der Firma McDonnell Douglas Aerospace. Das Projekt lief im Rahmen des SDI-Nachfolgeprogrammes zur nationalen Verteidigung der USA. Nach nur zweijähriger Entwicklungszeit und mit einem Etat von 58 Millionen Dollar war es den Raketeningenieuren gelungen, einen Traum zu erfüllen: die Konstruktion einer wiederverwendbaren Rakete. Die Form des Obelisken/Pyramidion war dabei nicht von ungefähr gewählt worden. Die Rakete mußte mit vier variabel schwenkbaren Triebwerken ausgestattet sein, um rundum manövrierfähig sein zu können. Aerodynamische Überlegungen (Tankanordnung, Schwerpunkt etc.) führten schließlich zu dem markanten Design.[30]

Die Kostenersparnis dieses neuen, wiederverwendbaren Raum-Transport-Systems liegen bei 50 Prozent. Dies hängt auch mit der Reduzierung der Betriebskosten für Instandsetzung, Wartung und Technikerpersonal zusammen. Eine Durchlaufzeit bis zum neuen Start beträgt nicht mehr als sieben Tage; das gesamte Bodenpersonal überschreitet 35 Mitarbeiter nicht. Die Wartung findet in einem Hangar statt, von dort ist es nicht weit bis zur Start- und Landeplattform. Diese Eigenschaften sind ideal zu vergleichen mit einer archaischen, obeliskförmigen Rakete zur Zeit der ersten Könige Ägyptens.[31] Wiederverwendbarkeit, schnelle Instandsetzung und Wartung bei geringem Personaleinsatz wäre auch damals unter ökonomischen Gesichtspunkten anzustreben gewesen.

Doch gibt es diese Parallele nicht nur mit alten ägyptischen Darstellungen. Auch die Tempeltürme des frühen wie heutigen indischen Hinduismus zeigen äußere und mythologisch-strukturelle Ähnlichkeiten. Die heiligen Götterbauten der Inder sind die *Ratha* oder *Vimâna*. *Vimâna* bedeutet »Götterfahrzeug«, *Ratha* kann mit »Himmelsschiff« übersetzt werden. Noch heute werden Flugzeuge in Indien mit »*Vimân*« bezeichnet. Das Geschichtsepos »Mahâbhârata« berichtet nämlich nicht nur von den Raumstationen, welche die Erde umkreisen, es beschreibt auch »helle Himmelswagen, die in Formation über den wolkenlosen Himmel segeln« und »herabschwebende Wagen in goldenem Glanz aus der Ferne des Himmels«. Im »Budhasvamin Brihat Katha Shlokasamgraha« heißt es:

»Am Morgen, unter wolkenlosem Himmel, hörten die Asketen ein Grollen, welches die Atmosphäre erfüllte. ›Was war das?‹ fragten sie das fliegende Wesen. ›Es ist der Lärm der Trommeln der fliegenden Reisenden, die sich im Bauch ihres Wagens eingeschlossen befinden, man hört sie wie das Grollen des Donners... wie ein Sturm von Trommeln über die Pfade des Himmels.‹«

Georgios Tsoukalos[32] weist auf die phänomenale Übereinstimmung mit dem *Delta Clipper* hin: »Schaut man sich Aufnahmen des geplanten Shuttle-Nachfolgers an, glaubt man auf den ersten Blick tatsächlich das Bildnis eines in Rauch und Feuer gehüllten *Ratha/Vimâna* vor sich zu haben. Faszinierend ist, daß dieser ›Delta Clipper‹ im äußeren Erscheinungsbild den altindischen Tempeln zum Verwechseln ähnlich sieht.«

Des weiteren zeigt der sogenannte »*Lingam*« des Gottes *Shiva* eine beachtliche Gleichheit. Dieser *Lingam* ist ein zylindrisch geformter Stein.[33] Er ist Sinnbild der Feuersäule, mit der *Shiva* vom Himmel zur Erde kam, er ist das Symbol der kosmischen Kraft. Es gibt Darstellungen, bei denen der Gott aus einer Öffnung der konischen Steinsäule entsteigt, mit der er zuvor geflogen ist. Genau das gleiche wird uns auch von Gott *Ré* in Ägypten berichtet. In Indien wird noch heute in den Tempeln beim »*Lingam*« des *Shivas* unter den *Vimâna*-Darstellungen das »kosmische Feuer« entzündet, dessen Geheimnis ursprünglich nur den *Bhrigus*, mächtigen Priestern, bekannt war. Die Überlieferung besagt, nur durch dieses Feuer wäre es möglich gewesen, die regelmäßige Verbindung

114

zwischen Göttern und Menschen herzustellen.[34] Hatten die alten Inder nur eine blühende Phantasie oder wiederholt sich die Geschichte?

Die Stadt der Raketen

Eine Inschrift auf der Stele des ägyptischen Königs *Pi-anchi* erzählt:
»*Pharao* Pi-anchi *stieg die Treppe zum großen Fenster hinauf, um den Gott* Ré *im* benben *zu betrachten. Der König selbst, ganz allein hier stehend, entriegelte und öffnete die beiden Torflügel. Da sah er seinen Vater* Ré *im glanzoffenen Heiligtum des* Hut-benben.«[35]

Pi-anchi lebte um 751 v. Chr. Er war einer der starken Äthiopierkönige, der mit einem mächtigen Heer zum Nil zog und dort die 25. Dynastie gründete. Ob damals tatsächlich noch der *benben* zu »besichtigen« war, unterliegt Mutmaßungen. Die Inschrift belegt aber auf jeden Fall, daß selbst in dieser späten Zeit der *benben* im *benben*-Haus noch sehr real in der geistigen Vorstellungswelt der Ägypter existierte.
Die Stadt Heliopolis, in der sich alle diese eigenartigen Ereignisse abspielten, hieß ursprünglich »*jwnw*« (Junu). Auf Grund des abgebildeten *jun*-Pfeilers, der möglicherweise mit dem *benben*-Stein identisch oder teil-identisch war, schloß man auf den Namen der Metropole: Pfeilerstadt. Steht dieser *jun*-Pfeiler aber nicht nur für einen simplen Obelisken, sondern für ein Raumschiff, so hieße die Hieroglyphe folgerichtig »Raketenstadt« oder sinngemäß »Ort, wo die Sternengötter auf- und absteigen in ihren obeliskförmigen Raketen«. Hier drängt sich die Frage von selbst auf: War zuerst nur ein simpler Holzpfeiler mitten in der Wüste vorhanden, um den sich dann eine

Stadt gruppierte, oder war der Pfeiler Symbol für ein an diesem Ort gelandetes raketenähnliches Götterflugzeug, zumal »*jwnw*« auch als »Stütze des Himmels« gesehen wurde. Für den Pyramidenspruch 1143 ergibt sich unter dieser Sichtweise, der *jun*-Pfeiler sei eine Rakete gewesen, eine viel treffendere Interpretation, als wenn man von einem primitiven, warum auch immer zu verehrenden Holzpfeiler oder »Zapfen, mittels dessen er mit der Himmelsdecke verdübelt gewesen wäre«[36] ausginge: »Ich nehme den Himmel in Besitz, seine Pfeiler und seine Sterne.« Welcher Gedanke ist hier wohl abwegiger? Ein verkorkter Zapfen oder eine Rakete?

Fassen wir noch einmal die einzelnen Punkte zusammen, so ergibt sich folgendes Gesamtbild, das völlig widerspruchsfrei für die Deutung spricht, daß der Obelisk eine Nachbildung eines raketenähnlichen Gegenstandes ist:

Technologisch unwissende Eingeborene sehen einen Flugkörper landen und starten. Aus Stein bilden sie dessen Form nach, so wie Eingeborene in unserer Zeit Flugzeuge aus Holz nachbauen. Der Pfeiler wird an seiner Spitze mit einer Kupfer- oder Elektronschicht überzogen, weil er so wie das metallische Himmelsfahrzeug funkelt und strahlt. Die ägyptischen Ureinwohner, Menschen, die in der ausgehenden Steinzeit lebten, bezeichnen das Raumschiff als »*benben*«, als eine »Art harten Stein«. Dieser Vergleich zeigt in ihrem Verständnis am besten, wie fest, wie kompakt dieser Gegenstand war. Das Wort *benben* bedeutet für sie »glänzen, hinausfließen, in den Himmel aufschießen« und verweist somit auf den Vorgang des prähistorischen/historischen Starts. Mit einer weiteren Bezeichnung, nämlich »*thn/thnj*«, teilen sie sprachlich mit, daß der speerähnliche Gegenstand bei seinem Flug scheinbar den »Himmel verwundete« und er gleichzeitig »kontinuierlich, gleichmäßig niederschwebte, herabglitt«. Die Ägypter wählen dafür ein Schriftzeichen, das Bild des Stiers, der machtvoll den

Himmel durchstößt – wie zuvor das gewaltige Raumschiff. Damit der Bezug für jeden ersichtlich ist, verbinden sie dieses Zeichen mit dem Obelisken. Die nach oben weisende Form des Gegenstandes und das Fliegen in das All symbolisieren für sie die Wechselbeziehung von Erde und Himmel. Gott *Min*, der Gott des Donners, wird ebenfalls in den Zusammenhang eingebunden. Die Darstellung des Götterfahrzeuges wird mit seinem Abbild verknüpft, um so auf die ohrenbetäubenden, donnerähnlichen Geräusche einer Rakete bei Start und Landung hinzuweisen. Parallelen dazu existieren beispielsweise in den indischen »Veden« ebenso wie in den Texten des Alten Testaments. Auch dort werden die Starts und Landungen der »Himmelsfürsten« und *Jahwes* (Gott) mit Donner und Beben verglichen. Andere Völker, wie zum Beispiel die *Kafiren*, nennen dasselbe Objekt »Donnerkeil« und berichten gleichfalls, es sei mit Feuer und Donner aus dem Himmel gekommen, auf der Erde gelandet und ihm seien die Götter entstiegen. Oder nehmen wir Gott *Shiva*, von dem die Hinduisten erklären, er sei nach seiner Herabkunft aus dem Himmel dem »Lingam« entstiegen.

Gott *Ré*, nach dieser Interpretation eine extraterrestrische Intelligenz, war der Kommandant des Raumschiffes. Er landete in der später so bezeichneten »*jun*-Stadt«. Dort wird eine Art Hangar, das *benben*-Haus, für die Rakete gebaut. *Ré* regiert einige Zeit in Ägypten und gründet »aus dem Nichts« eine erste Hochkultur im Land am Nil. In der Mythologie wird *Ré* zu einem Gott, der in seinem *benben* zur Erde herabgekommen war, der »wie die Sonne strahlte«, wie sie »aufging«. Auch wird von seinen Flügen durch das All berichtet, die er mit seiner himmlischen »Barke«, seinem »himmlischen Sonnenboot«, seinen Fluggeräten usw. unternahm. Im »Ägyptischen Totenbuch« heißt es dazu:

117

»Ihr Sterngeister von Junu (Raketenstadt)
Seht, ein Gott wurde eben geboren!
Vollzählig ist das Tauwerk seiner himmlischen Barke...
Kräftig bin ich, um der Götter Waffen
Zu führen! Nun laß ich gleiten mein Boot, und sieh!
Ich bin schon inmitten des Himmels...
Fern halte ich vom Weltall die Übel.«

Die himmlische Flugbarke ähnelt übrigens verblüffend der
Dachkonstruktion der Toraja-Häuser. Auf Sulawesi entzündeten die Toraja die raumschiffartigen Totenhäuser zum Ende
der Zeremonie, damit der Verstorbene seine Sternenfahrt antreten konnte. – Der Rückstart *Rés* zu den Sternen erfolgte
von einer feurigen Plattform, der »Flammeninsel«. Um den
unbegreiflichen Vorgang festzuhalten und für spätere Generationen zu übermitteln, erdachten die Gelehrten, die Priester
und die Schreiber das Symbol des *ben*-Vogels (Phönix). Er
wird zum Sinnbild für die Auferstehung, das Wiedergeboren-
werden aus der Asche trotz der vorangegangenen Glut (Ver-
brennungsprozeß der Triebwerke). Gleichzeitig verweist der
Vogel auf das Fliegen des Raumschiffs. Selbst in unserer modernen Welt verwenden Fluggesellschaften Vögel als Symbol
ihrer Fluglinie oder bezeichnete die NASA Mondlandefähren
und Raumkapseln nach Vögeln.
Der Ort, an dem dieses wundersame und denkwürdige Ereignis stattfand, wird in Erinnerung an das Geschehen *»jwnw«*,
sinngemäß etwa »Raketenstadt«, genannt. Der spätere Name
des Ortes, Heliopolis, stammt von den Griechen. *Ré* ist das
ägyptische Wort für »Sonne« und für den Sonnengott. Auf
griechisch heißt die Sonne »Helios«, daher also die spätere Bezeichnung.
In Heliopolis sind kaum archäologische Grabungen getätigt
worden, denn das Grabungsfeld gehört zu den nordwestli-

chen Vororten von Kairo. Der Boden ist entweder landwirtschaftlich genutzt oder bereits überbaut. Außer wenigen, schlecht erhaltenen Ruinen und einem Obelisken des Pharaos *Sesostris I.* (1971–1926 v.Chr.) ist in Heliopolis nichts zu sehen.

Was wurde aus den Obelisken in späterer Zeit? Sie dienten wahrscheinlich den Minaretten und Kirchtürmen als Vorbild. Trotz des Wechsels der Religionen blieb ein ursprünglicher Symbolgehalt somit bis in die heutige Zeit erhalten: Obelisk – Kirchturm – Minarett: Finger, die zum Firmament weisen, Orte, von denen »göttliche Worte« kommen.

Die Entstehung der ältesten Mythen der Ägypter liegt viele Jahrtausende zurück. Sie entstammen vermutlich einer Zeit, als es noch keine Schrift gab oder gerade die Scheidegrenze zwischen prähistorisch und historisch überschritten wurde. Die Mythologie der Ägypter ist ebenso vielschichtig wie verwirrend, sie ist jeweils lokal entstanden, gegenseitig überlagert und überprägt worden und damit schwer faßbar. Dennoch gelingt es uns heute, aus den Überlieferungen der Ägypter, aus ihren Schriftzeichen, ihren Texten und Monumentalwerken heraus, schrittweise eine Entschlüsselung vorzunehmen. Dies ist nicht ganz einfach, aber allmählich formt sich ein Bild. Viele interessante Inschriften harren noch ihrer Entzifferung. Aber diejenigen, die bereits entschlüsselt sind, bergen Erstaunliches. Vieles muß dabei vorläufig Interpretation bleiben, aber vieles spricht auch dafür, daß diese Auslegung im Sinne der PaläoSETI-Hypothese erfolgen kann:

»Der Himmel spricht, die Erde bebt, die Erde zittert;
die beiden Gebiete der Götter rufen, der Boden bricht auf,
wenn er über das Gewölbe fährt.
Die Erde lacht, der Himmel lächelt,

wenn der König aufsteigt zum Himmel.
Der Himmel jubelt ihm zu,
die Erde bebt für ihn.
Der donnernde Sturm treibt ihn;
es donnert wie Seth.
Die Himmelswächter öffnen ihm die Türen...
Sie sehen den König wie einen Falken fliegen, wie einen Gott.
Zu leben bei seinen Vätern,
zu essen mit seinen Müttern.
Der König ist ein Himmelsstier,
dessen Bauch voller Magie ist von der Flammeninsel.
Er fliegt, dieser König...
weg von euch, von euch Sterblichen.
Er ist nicht der Erde,
er ist des Himmels.
Dieser König fliegt gleich einer Wolke zum Himmel,
gleich einem Vogel...«

Der Weltraumbahnhof von Uruk

Es gibt Orte, da geht die Zeit in Ewigkeit über. Eine solche Gegend breitet sich aus zwischen Euphrat und Tigris. Dort, in diesem heute menschenfeindlichen Gebiet, stand einst die Wiege unserer Zivilisation. Nahe dem Persischen Golf fand jene agrarische Revolution statt, an deren Ende die landwirtschaftliche Nutzung von Gräsern und Tieren stand, dort wurden die ersten Bewässerungskanäle angelegt, um aus einem trockenen, kargen Boden eine blühende Landschaft zu gestalten, dort entwickelte sich eine arbeitsteilige Gesellschaft mit unterschiedlichen Berufen, dort entstanden die ersten Städte der Menschheitsgeschichte und dort gaben Götter den Erdenbewohnern die Schrift, wie die Menschen glaubten, die damals dort lebten. Das alles passierte zu einer Zeit, als die meisten Menschen der Erde noch in Höhlen oder primitivsten Behausungen wohnten.

20 Kilometer vom großen Euphrat-Strom entfernt liegen zugeweht von Sand und Staub die Ruinen der einstmals bedeutendsten Königsstadt Mesopotamiens, Uruk. Über 5000 Jahre hinweg war sie bewohnt, und ihre Ursprünge reichen zurück bis ins Jahr 5900 v. Chr. Hohe Mauern umschlossen ein Areal von 400 Hektar zum Schutz gegen Angreifer. Aus ihrem Zentrum ragte unübersehbar eine gewaltige *Zikkurat*, ein terrassierter Tempelberg, aus gebrannten Lehmziegeln erbaut. *Inanna*, die Göttin der Liebe und des Krieges, wurde an diesem Platz verehrt. Schon vor 4000 Jahren schrieb ein unbekannter babylonischer Dichter über das prächtige Uruk:

»Schau seine Mauer an, die wie Kupfer strahlt, betrachte seine innere Mauer, die ohnegleichen ist. Berühre die Schwelle, sie ist uralt… Steig auf die Mauer von Uruk, beschreite sie, betrachte den Sockel und prüfe das Ziegelwerk.«[37]

Anfang des 20. Jahrhunderts erforschten deutsche Archäologen die Ruinenstadt. Sie stießen auf Verwaltungsgebäude, die mit vielfarbigen Mosaikornamenten verziert waren, auf erlesene Keramik, auf eleganteste Skulpturen und auf imposante Tempelreste. Zwei von ihnen waren vermutlich dem Himmelsgott *An* geweiht. Einer, der Weiße Tempel, stand auf einem künstlich aufgeschütteten, zwölf Meter hohen Berg und schien wie eine Leiter Erde und Himmel zu verbinden.

Und noch etwas lag unter dem Schutt der Jahrtausende vergraben: nach Hunderten zählende Notationstäfelchen aus Ton, abgezeichnet mit einem Rollsiegel, die ganze Listen von Personennamen, Handelsverbindungen, Tierbeständen oder Handelsgütern umfaßten.[38]

Die Sumerer hatten um das Jahr 3300 v. Chr. damit begonnen, Bildsymbole von Dingen, die sie darstellen wollten, in feuchten Ton einzuritzen. Daraus entwickelten sie durch Kombination und durch immer kompliziertere, abstraktere Piktogramme eine Schriftsprache, die sie mit abgestumpften Hölzern oder Schilfhalmen wie mit einem Keil in eine weiche Unterlage eindrücken konnten. Die Keilschrift war geboren. So gestatten uns ihre Aufzeichnungen einen überwältigenden Blick in ihre längst versunkene Kultur.[39]

Eine der ältesten und interessantesten Schriften der Sumerer ist die Überlieferung von »Bilgamesch und Akka«. *Bilgamesch* (oder auch *Gilgamesch*) war der historisch verbürgte König von Uruk, *Akka* (oder *Enmebaragesi*) der König von Kisch. Die Ereignisse, die uns auf unzähligen Tontafeln überliefert werden, trugen sich etwa um das Jahr 2850 v. Chr. zu, wie man aus den schriftlichen Quellen entnehmen kann.

Der deutsche Forscher Dr. Hermann Burgard[40] hat sich intensiv mit diesem altsumerischen Gedicht auseinandergesetzt und seine erstaunlichen Ergebnisse 1998 veröffentlicht. Er bezieht sich dabei insbesondere auf die Zeilen 30–35, die von dem Sumerexperten W. Römer[41] in einer ersten Fassung so übersetzt wurden:

»Von Unug, dem Handwerker(haus?) der Götter,
dem Eanna, das vom Himmel heruntersteigt,
haben die großen Götter die äußeren Formen geschaffen,
seine (Unugs) große Mauer,
eine Staubwolke (?), die die Erde berührt,
seinen (Ans?) erhabenen Wohnsitz in An gegründet,
hast Du betreut, Du bist der heldenhafte König!«

Dr. Burgard hat Wort für Wort und Schritt für Schritt die mit Fragezeichen versehenen Stellen der Römer-Übersetzung, an denen W. Römer sich nicht sicher war, nach den neuesten Erkenntnissen bearbeitet. Demnach ergibt sich dieses Bild:

- *Unug* ist eine andere Lesart für *Uruk*.
- »Handwerkerhaus« ist genauer mit »Waffenschmiede« oder »Brennofen« zu übersetzen und kann im Kontext als eine »Art Ingenieursoldat« bezeichnet werden.
- Weiterhin gelangt Dr. Burgard zu dem Ergebnis: »Die Übertragung des Schriftzeichens ›DINGIR‹ mit ›Götter‹ ist zwar landläufig üblich, entspricht aber nicht den Wortwurzeln. Wir haben es dem Wortsinn nach vielmehr mit einer Gruppe von ›Entscheidungsträgern‹ aus ›Flugkörpern‹ zu tun.«
- *Eanna* ist normalerweise der Eigenname eines Tempels in Uruk. Dieser gehörte dem *An*, also dem höchsten aller DINGIR (Entscheidungsträgern aus Flugkörpern). Im Original stehe daher nicht unbedingt, *Eanna* sei vom Himmel heruntergestiegen, vielmehr sei anzunehmen, der Schreiber wolle mitteilen, daß *Eanna* der Ort sei, »wo vom Himmel herabgestiegen wird«. »Und dies macht deshalb Sinn«, so Burgard, »weil ein anderer Text[42] davon erzählt, daß die DINGIR-Dame namens Inanna einen ›Großen Weisen‹ dazu zwang, mit ihr ›in die Mitte dieses Heiligtums vom Himmel auf die Erde hinabzusteigen‹. Und dort, wo Römer ›große Götter‹ findet, steht das sumerische Wort für groß/lang im Original zweimal. Das aber sind nicht doppelt lange Götter, sondern die ›wichtigsten‹ DINGIR, ihre Befehlshaber ...«
- Wenn von den »äußeren Formen« die Rede ist, die die DINGIR schufen, so sei dies genauer mit »Bauplänen« zu übersetzen.
- Als Römer das sumerische Wort »muru« mit »Staubwolke« übersetzte, zog er offensichtlich nicht die fünf weiteren bekannten Textfassungen heran.[43] Nach diesen wären folgende Varianten für den Gesamttext möglich:

»Für Uruk, für die feurige Waffenschmiede der Ingenieursoldaten der Entscheidungsträger aus Flugkörpern, für den Tem-

pel des An, des obersten Befehlshabers dieser Flugkörper, wo
vom Himmel herabgestiegen wird, haben die Befehlshaber der
DINGIR die Baupläne angefertigt. Dieses große Bauwerk,
- *wo eine Wolke sich auf der Erde ausbreitet...*
- *Basis des An, wo von der Erde gestartet wird...*
- *wo die ›Herrlichkeit von An‹, (dem obersten Befehlshaber*
der Flugkörper) von der Erde startet...
- *einen auf der Erde liegenden Flugapparat-Lagerplatz...*
Den erhabenen Wohnsitz des An, von diesem selbst gegründet,
hast Du betreut. Du bist ein heldenhafter König!«

Nach dem, was Dr. Hermann Burgard durch neue Analysen
aus den Keilschrifttäfelchen herausgearbeitet hat, läßt sich
deutlich die Nachricht dieses Textes nach 5000 Jahren her-
auslesen. Im sumerischen Uruk, dort wo die Wurzeln unserer modernen Zivilisation lagen, existierte eine Anlage, die
nach den Plänen von DINGIR-Wesen erstellt wurde, die
Flugapparate besaßen. Diese Bauwerke hatten etwas mit
Hitze und Feuer zu tun, und von dort wurde der »aufsteigende und absteigende Verkehr (in den ›Himmel‹) abgewik-
kelt. Wir dürfen von Start- und Landeplatz sprechen, müssen
aber offen lassen, was mit ›Himmel‹ gemeint ist: Flugbestim-
mungen irgendwo sonst auf dem Planeten oder der Weltraum.«[44]
Die Flugkörper starteten von einer erhöhten Basis aus, wobei
sie mit einer Wolke umgeben waren. Bilgamesch war um 2850
v. Chr. Verwalter des Komplexes in Uruk. Dies alles hat eine
verblüffende Parallele zum Bibel-Bericht des Propheten Eze-
chiel, der die »Herrlichkeit des Herrn« mit ähnlichen Attri-
buten und so detailliert beschreibt, daß der NASA-Ingenieur
Josef Blumrich eine Raumschiff-Landeeinheit rekonstruieren
konnte.
Alle diese Punkte zeigen eine ganz frappierende Ähnlichkeit

zu der von mir vorgenommenen Analyse des *benben*-Steines und seiner Funktion in Heliopolis, der »Raketenstadt« mit der »Flammeninsel«. Beide große Hochkulturen der Geschichte überliefern uns somit unabhängig voneinander, aber den selben zeitlichen Horizont betreffend, die gleiche Ursprungsgeschichte. Wesen, die mit Fluggeräten aus dem Weltraum kamen, landeten auf der Erde, errichteten eine künstliche, erhöhte Plattform, von der aus sie starten und landen konnten. In diesen oder späteren Zeiten übernahmen die Könige des Landes von dem obersten Befehlshaber der Flugapparate (*Ré/An*) die Aufsichtsfunktion über die Anlage und begründeten so ihre Macht.

»Die vorstehende Analyse dürfte gezeigt haben, warum Übersetzer an für sie unverständlichen Stellen Zuflucht zu unsinnigen Bildern nehmen, die irgendwie Naturereignisse ins Spiel bringen… Unsere technologisch inspirierte Interpretation aber besteht den sogenannten Kohärenztest, d. h. sie ist in sich schlüssig – und dies für alle in sumerischer Sprache gefundenen Fassungen!«, resümiert Dr. Burgard. Hinzuzufügen ist, daß dies ebenso für die ägyptische Variante gilt.

Die Gemälde der »Anderen«

Neben dem Raum der ägyptischen und sumerischen Hochkultur existiert im indischen Kulturkreis eine ungewöhnlich hohe Dichte an Informationen über mögliche Kontakte zu den »Anderen«, den Intelligenzen von außerhalb unserer Erde. Lutz Gentes[45], der aus seinem beruflichen Tätigkeitsbereich heraus ein Vergleichsverfahren zur Psychologie einer plötzlich eintretenden Interaktion zwischen technologisch hoch überlegenen Kulturen mit weniger weit fortgeschrittenen erarbeitet hat, analysierte unter diesem Gesichtspunkt auch die epische Literatur Indiens. In seinem Werk »Die Wirklichkeit der Götter« zitiert er eine Stelle des *Purâna-Epos'*. Offenbar wird hier ein Kampf (oder etwas, was sein Beobachter so interpretierte) gegen einen sogenannten *Saubha*-Flugkörper des *Shâlva* beschrieben:

>*»Der von Mâyâ erbaute Luftwagen Saubha*
>*war jedoch ein so wunderbar konstruierter Apparat,*
>*daß er manchmal als vielzählig, manchmal als einzeln erschien*
>*und zeitweise unsichtbar war.*
>*Für die Feinde (die Yâdavas) war es daher sehr schwierig,*
>*ihn auszumachen oder seine Eigenschaften zu erfassen,*
>*und wo er sich denn nun befand.*

>*Manchmal war das Saubha am Boden,*
>*manchmal flog es zum Himmel;*
>*zeitweise ruhte es auf dem Gipfel eines Berges,*
>*manchmal schwamm es auf dem Wasser.*
>*Zuweilen wirbelte es herum wie ein Feuerbrand*
>*Und hielt an keinem Ort inne.«*[46]

Dieses seltsame Fluggerät »*Saubha*« wird immer wieder beobachtet, wie es fast unangreifbar am Himmel in einigen Meilen Entfernung hängt. Schließlich gelingt dem göttlichen *Krishna* ein Volltreffer; die fliegende Festung droht abzustürzen. Das »Mahâbhârata« kommentiert die Ereignisse wörtlich so:

>*»Als Shâlva, der Herr von Saubha,*
>*die getroffenen Insassen fallen sah,*
>*verwickelte er mich in eine Zauberschlacht...*
>*Er schleuderte auf mich Raketen, Wurfgeschosse...*
>*Flammenwerfer – pausenlos.*

Der Himmel, großer König, schien einige hundert Sonnen,
einige hundert Monde zu enthalten ...,
und einige hundert Myriaden Sterne.
Weder Tag noch Nacht waren zu erkennen,
noch die Himmelsrichtungen; ...«[47]

Aus unserer eigenen militärischen Realität sind uns solche Kampfsituationen bekannt. Daß ein technologisch unwissender Eingeborener vor einigen Jahrtausenden dieses himmlische Inferno nur unter magisch-zauberischen Perspektiven sehen konnte, kann wohl vom verhaltenspsychologischen Standpunkt aus kaum verwundern.

Ein Besucher hinduistischer Heiligtümer Indiens wird etliche Darstellungen solcher oder ähnlicher Fluggeräte kennen. Als der deutsche PaläoSETI-Forscher Horst Dunkel[48] 1995 im indischen *Meenakshi*-Tempel von Mandurai eine Fotobildserie über alte Malereien anfertigen durfte, stieß er auf dem hölzernen Tempelfries auf eine ganze Galerie von schwebenden Vehikeln. Die Bilder stammen aus dem 16. Jahrhundert und zeigen Szenen aus der *Shiva*-Legende. In dem »geflügelten« göttlichen *Vimâna*, das herab zur Erde schwebt, thront Gott *Shiva* oder steht erklärend davor. Wie in einem modernen Comic-Strip sieht der Betrachter auf diesen Miniaturen Götterflugzeuge sich in einer Flamme erheben, kann er gleitende, herabsinkende und abstürzende Luftschiffe mit ihren »göttlichen« Fluggästen studieren (s. Bildteil in diesem Buch).

Wenn wir an einen Düsenjäger im Tiefflug oder einen Raketenstart in Cape Canaveral denken, können wir erahnen, wie sich ein solches Ereignis auf die unbedarften und völlig verschreckten Zuschauer vergangener Epochen ausgewirkt hat. Sehr anschaulich schildert uns das Geschichtsepos »Mahâbhârata« dieses »akustische Erlebnis der unheimlichen Art«:

*»In dieser Zeit gab es am Himmel den tumultartigen Schall
aller musikalischen Instrumente der Himmlischen,
den Lärm von Wagenrädern und das Läuten von Glocken,…
Raubtiere, Kleinwild und alle Arten von Vögel
brachen überall in Schreie aus, und* Gandharvas *und* Apsarâs
*folgten von allen Seiten dem Feinde bändigenden König der
Götter (*Indra*) in ihren sonnengleichen Wagen (*vimânaih*)…«*

Galerie der Bilderrätsel

Sehr alte Darstellungen solcher Raumflugkörper findet man
auf Felsbildern im Indus-Tal unweit des Nanga Parbat. Während des Baues des Karakorum-Highways, der Pakistan mit
China verbindet, wurden im Indus-Tal an die 30000 Einzel-
zeichnungen entdeckt, eingraviert in eine gigantische Felsbild-
Galerie. Schon kurze Zeit später rüstete Professor Karl Jettmar von der *Heidelberger Akademie der Wissenschaften*, dem
erste Spuren der Felsritzungen schon um 1955 aufgefallen
waren, zusammen mit dem pakistanischen Archäologen Prof.
A. H. Dani von der *Quaid-i-Azam*-Universität (Islamabad)
eine Expedition in den *Diamir*-Distrikt aus. Trotz der Gefahr, die sie eingingen, als sie in das Krisengebiet zwischen
Kaschmir und Afghanistan reisten, sollte sich die Expedition
lohnen. Sie fanden Tausende Petroglyphen und 5000 Inschriften in zehn verschiedenen Sprachen, die das weite Gebiet
östlich und westlich der Stadt Chilas bedecken. Systematisch
wird seit 1982 das Gebiet abgesucht und werden die Zeichnungen und Schriften dokumentiert.[49]
Jahrmillionen hatte es gedauert, bis sich über die Granitfelsen
des Tals eine dunkle Mangankruste gelegt hatte. Dann kamen
die Menschen, die in braunes Gestein in der Nähe des Flusses
und hinauf zu den Terrassen des Tales mannigfache Symbole

eingravierten. Ihre Arbeiten können zum Teil bis in prähistorische Zeiten zurückdatiert werden, etwa 8000 Jahre weit. Sie zeigen Jagdszenen, stilisierte Tiere – Bergziegen und Wildschafe –, schwarze Fuß- sowie Handabdrücke und »dämonenartige Kreaturen« in unterschiedlichen Stilen. Vom ersten nachchristlichen Jahrhundert an bis um das Jahr Tausend, entstanden zahllose buddhistische Symbole, vor allem aber »*Stupa*«-Darstellungen. Die jüngsten stammen aus der prä-islamischen Periode des 14. und 15. Jahrhunderts unserer Zeitrechnung; hier ist ein Wechsel hin zu Sonnensymbolen festzustellen. Viele Zeichnungen und Inschriften, darunter chinesische, indische, persische und sogar hebräische, wurden von Reisenden und Pilgern angelegt, die Höhenunterschiede bis zu 4500 Meter überwinden mußten, wenn sie die gigantischen Berge des Himalajas auf dieser Route überwinden wollten. Andere Illustrationen wiederum stammen von der einheimischen Bevölkerung, die sich im Indus-Tal trotz der brutheißen 55 Grad Tagestemperatur angesiedelt hatte. Sie bildeten wahrscheinlich auch die waffenstarrenden westpersischen Krieger in Graffiti-Manier ab.[50]

Die Felsbild-Galerie bietet Raum für einzigartige sozio-religiöse und multikulturelle Geschichtsstudien. Für uns aber besonders interessant sind die Abbildungen fremdartiger Wesen, die offenbar an diesem Ort als göttlich und heilig verehrt wurden. Die ältesten aufgefundenen Motive von Prof. Harald Hauptmann, der seit 1989 das Projekt leitet, sind die sogenannten »Riesen«. Diese Bezeichnung wurde lediglich wegen der Größe der Einzeldarstellungen gewählt, nicht etwa, weil es mythologische Anhaltspunkte gebe. Einer dieser »Riesen« wurde in einem Beitrag in der populärwissenschaftlichen Zeitschrift »Bild der Wissenschaft« publiziert und im Begleittext kurz erläutert: »Über zwei Meter mißt der von den Heidelberger Wissenschaftlern nachgezeichnete Riese (Alter: mindestens 6000 Jahre)... Die Deutung der scheinbar helmbewehrten und antennenbestückten Wesen ist noch unklar.« Noch erstaunlicher ist die Beschreibung im laufenden Text selbst: »Die Riesen indessen geben Rätsel auf. Ebenfalls aus den frühen Jahren der Wanderkultur stehen sie mit gespreizten Beinen weitab allein und ohne Zusammenhang mit den Strichtierchen. Als ›höhere Wesen‹ interpretiert sie der Forscher – und das sind sie mit ihrer Größe von zweieinhalb Metern schon rein äußerlich. Nie wurde ihr Nimbus angekratzt, denn um sie herum verkniff sich jeder spätere Graveur das sonst übliche Beiwerk. Diese Giganten auf Granit würden Däniken wunderbar ins Konzept passen. Tragen sie doch Helme, aus denen – fragt man dazu den Fantasy-Geschichtler – deutlich Antennen ragen. Die Astronauten-abholden Archäologen sehen da eher einen Haar- oder Strahlenkranz, aber bizarr ist der Kopfputz allemal. Hintersinn und Schöpfer der bislang dreißig Riesen bleiben im dunkel.«

Klammern wir einmal die völlig unnötigen, weil überflüssigen ironischen Bemerkungen gegen Erich von Däniken und die Sichtweise der PaläoSETI-Hypothese aus, bleibt folgendes vorläufig festzuhalten:

1. Die etwa dreißig »Riesendarstellungen« gehören zu den ältesten Abbildungen im Indus-Tal überhaupt.

2. Sie zeichnen sich durch ihre besondere Größe (über zwei Meter) aus.

3. Sie wurden im Laufe der nachfolgenden Jahrtausende nie »angekratzt« oder anderweitig beschädigt, nie »übermalt«, nie »ausradiert«, man beließ sie immer allein und in weiter Ferne von anderen Darstellungen.

4. Sie sind mit gespreizten Beinen und mit weit ausgestreckten, geöffneten Armen gezeichnet.

5. Sie tragen »Helme« mit »Antennen«.

6. Ihre Schöpfer, ebenso wie das Motiv der Darstellung, sind unbekannt.

Abb. 7: Eine der etwa dreißig riesenhaften Gestalten aus dem Indus-Tal zwischen Chilas und Shatial. Umzeichnung nach »bild der wissenschaft«.

7. Von den Archäologen werden sie wegen der Einzigartigkeit ihrer Darstellung und der Isolierung von anderen Zeichnungen als »höhere Wesen« klassifiziert.

»Höhere Wesen«, die sich mit ihrer dominanten Gestik wie »Götter« gebärden und durch ihre Abgrenzung von anderen Motiven auch so verstanden wurden, die man als riesige Geschöpfe darstellte und die Helme mit Aufsätzen wie Antennen tragen – wie würde man solche Gestalten wohl bezeichnen, wüßte man nicht, daß die Zeichnungen 6000 Jahre alt sind?

Die Frage ist im Grunde einfach zu beantworten. Wenn man sich trotz dieser Eindeutigkeit lieber in ironische Angriffe und in Erklärungen wie »bizarrer Kopfputz« flüchtet, ist dies weniger ein Zeichen für die offene Haltung, die Wissenschaftlern zu eigen sein sollte, als für die ziemlich eingeschränkte Blickrichtung, in der selbst die ungewöhnlichsten und gleichzeitig aussagekräftigsten archäologischen Funde eingeordnet werden müssen. Lieber zieht man die absurdesten Erklärungsmodelle heran oder beläßt das Rätsel im dunkeln – solange all das im Bereich des bestehenden Paradigmas verbleibt, ist es in jedem Fall akzeptabler als Interpretationen, die sich auch nur um Millimeter vom Tellerrand der vorgeschriebenen Sichtweise entfernen. Mit Wissenschaft hat das freilich wenig zu tun.[51]

So werden wohl auch die Gestalten vom Indus-Tal als »symbolische«, »kultische« oder mit sonstigen nichtssagend-überdeckenden Wortschöpfungen belegte »Riesen« in die Literatur übernommen und damit festgeschrieben werden. Jegliche Benennung ist ja bereits bewußt oder unbewußt vorgenommene Klassifizierung, die sprachlich, gedanklich und thematisch das eigentlich Unerklärliche einordnet und damit die Grenzen für zukünftige Interpretationen festlegt. Da weder über die steinzeitlichen Künstler noch über ihre zeichnerischen Vorbilder Näheres zu erfahren sein wird, dürfte das Thema damit als abgeschlossen betrachtet werden. So verhindert man von vornherein eine Analyse auch unter anderen Blickwinkeln – und läßt still und heimlich all jene Indizien »unter den Tisch fallen«, die zusammengenommen inzwischen eine recht erstaunliche Anzahl beweiskräftiger Aussagen liefern könnten.

Wie um den ohnedies schon beeindruckenden Darstellungen eine Krone aufzusetzen, zeichneten Künstler auf die Altarfelsen von Karakorum »Stupas«. Sie sind buddhistische Symbole für das Ende der Lebensreise, aber auch Beförderungsmittel zur Welt der Götter. Schon früher[52] hatte man in den steinernen Stupas des Tempels von Borobudur auf der Insel Java eine Ähnlichkeit mit Raumflugkapseln erkannt – was sowohl äußerlich wie aus Überlieferungen abgeleitet werden kann. Doch was die »Open-Air-Galerie« von Karakorum[53] zeigt, übertrumpft selbst noch das überwältigende Borobudur. Hunderte von *Stupas* wurden in die Steinwände des Karakorums ziseliert. Wie fliegende Raumschiffe kommen sie daher oder gleichen gelandeten Mondfähren mit Antennen auf ihren kuppelförmigen Aufbauten, Landebeinen, Ausstiegsluken und zum Boden führenden Leitern. Daneben stehen übergroße Gestalten – und von oben herab schweben seltsame Geräte, kopf-überhängende Satelliten mit Sendeantennen.

Was mag sich hier, an diesem Schmelzpunkt der Religionen und Kulturen, vor Äonen ereignet haben, daß derartige Bildnisse in dieser Fülle über solch lange Zeiträume entstanden? Vielleicht wird man eines Tages dem Rätsel von Karakorum ein wenig näher kommen, falls doch – nach über 20 Jahren internationaler Forschungsarbeit – endlich auch Ausgrabungen von der Pakistanischen Regierung erlaubt würden. Zu hoffen ist, daß die dann tätigen Archäologen ihre Scheuklappen beiseite legen und ihre alten Vorurteile gegen neue Geschichtsmodelle mit den braunen Strömen des Indus hinweggerissen werden. Ob *Stupa*, *Vimâna* oder *Obelisk*: immer steht derselbe Grundgedanke hinter den heiligen Abbildern. Denn wie

Abb. 8: Ein gelandetes Raumschiff mit Antennen, Ausstiegsluke, Leiter und Landebeinen im Indus-Tal? Zum Vergleich die russische Mondlandefähre in der Montagehalle von Bajkonur.

heißt es doch schon im indischen »Mahâbhârata« (Text 1) oder den ägyptischen *Unas*-Schriften (Text 2):

»*Und es wünschte* Arjuna, *daß ihm nahen möge der Wagen* Indras, *des Herrn der Himmel, damit er ihn besteige wie einst sein Vorfahr* Duschmantas, *um ihn, die Sternenbahnen durchmessend, heimzubringen in seinen himmlischen Palast. Und mit* Mâtali, *Indras Wagenlenker, kam plötzlich im Lichtglanz der Wagen, Finsternis aus der Luft scheuchend, anfüllend all die Weltgegenden mit Getöse, donnergleich.*«[54]

»*Geschlagen wird ihm,* Unas, *eine Rampe, daß er darauf aufsteige zum Himmel. Und er steigt hinauf auf dem ›Rauch‹ der großen ›Räucherung‹. Er fliegt und läßt sich nieder auf dem leeren Thron, der in deinem Schiffe ist, o* Ré! *Es stößt sich dieser* Unas *ab von der Erde. Der ›Wegöffner‹ hat* Unas *zum Himmel fliegen lassen in die Gemeinschaft seiner Brüder, der Götter. Es fliegt, wer fliegen kann, ihr Menschen, es fliegt* Unas *von euch weg!*«

V

Die Söhne der Sonne

»Denn der Zauber ist wirklich da. Das auf-
regende Erlebnis einer Entdeckung kehrt immer
wieder, dieses plötzliche Aufleuchten unglaub-
licher Freude, wenn man erkennt, daß der Ge-
genstand, den man in der Hand hält oder gerade
mit einer Kelle dem Boden entreißt, wieder
ein Stück des Puzzlespiels ist, das das Bild des
schon Bekannten erweitert und auf neue, weiter-
gehende Ausblicke weist.«

Goeffrey Bibby,
Entdecker des Reiches von Dilmun

Weltweit haben alte Kulturen Objekte hinterlassen, die
uns an heutige Raketen und Landefähren und Flugzeuge
erinnern. Mythen, Legenden und Symbole ergänzen
diese Vermutung eindrucksvoll. Handelt es sich dabei nur
um eine zufällige Ähnlichkeit? Können wir wirklich behaupten, hier handele es sich um die Abbildung eines Fluggerätes? Ja, behaupten die Experten. Die Fährte der Sternengötter führt uns nach Südamerika, wo wir auch auf
andere interessante Ereignisse stoßen.

Auf alten Spuren durch Südamerika

Vor gut einem Jahrhundert, 1893, segelte die Nachbildung des Gokstadt-Schiffes, das vor langer Zeit einmal Wikinger gebaut hatten, von Norwegen aus quer über den Atlantik zur Weltausstellung nach Chicago. Die Geburtsstunde einer neuen archäologischen Sparte war geboren: die experimentelle Archäologie. Man hatte bewiesen, daß es den Wikingern mit ihren Schiffen möglich gewesen wäre, solche weiten Strecken zu überwinden. Schneller sogar noch als dies Kolumbus gelungen war.

Fünf Jahrzehnte später nahm Thor Heyerdahl[1,2] mit der aufsehenerregenden Fahrt der »Kon Tiki« über den Pazifik diesen Gedanken erneut auf. Mit einem Floß bewies er, daß die Besiedelung der pazifischen Inseln von Südamerika aus praktisch durchführbar war. Genau das hatten Archäologen zuvor immer bezweifelt, ohne es je ausprobiert zu haben. Auch was eine Überquerung des Atlantiks mit Papyrusbooten von Ägypten aus betraf, mußte die offizielle Archäologie mit den Fahrten der »Ra I« und »Ra II« eine empfindliche Schlappe einstecken. Das soeben noch »Unmögliche« war eben doch möglich.

Erfreulicherweise haben Archäologen auf diesem Sektor dazugelernt. Nicht so spektakulär wie die Fahrt des Thor Heyerdahl sind ihre Unternehmen, aber mit Erfindungsreichtum versuchen sie, durch Materialbearbeitung nachzuempfinden, wie Menschen im Neolithikum Steinwerkzeuge herstellten, wie in der Bronze- und Eisenzeit Waffen geschmiedet, in der griechischen Antike Töpfe geformt wurden oder zur Zeit des Römischen Imperiums Statuen und Bauwerke entstanden. Kurz, man stellt die einstigen Lebensbedingungen möglichst detailliert nach, um Rückschlüsse ziehen zu können, wie der menschliche Alltag ablief, welche Hürden und Schwierigkeiten täglich zu überwinden waren und wie funktionell Gerätschaften eingesetzt wurden.[3]

Die Techniken der Vorzeiten sind oft so total aus dem Bewußtsein verschwunden, daß es den Archäologen schwerfällt nachzuahmen, was für unsere Ahnen gang und gäbe war. Dänische Experimentatoren mühten sich beispielsweise wochenlang ab, um mit einem 2500 Jahre alten hölzernen Hakenpflug auch nur *eine* gerade Furche zu ziehen; nach altirischem Vorbild Wildbret in der eigenen Haut zu schmoren, mißlang gänzlich. Vom Nachbau japanischer Archäologen einer nur elf Meter hohen Pyramide ganz zu schweigen. Nachdem ihr Ziel, das Bauwerk zusammen mit 110 ägyptischen Arbeitern aufzuschichten, kläglich scheiterte, kamen moderne Kräne zum Einsatz. Aber der Teufel steckte wohl nicht nur im Detail, denn die Minipyramide sackte schon bald in sich zusammen.

Um es unseren eigenen Nachfahren einmal leichter zu machen, erkunden zu können, wie wir im Jahre 2000 lebten, haben sich die Wissenschaftler die *Industriearchäologie* erdacht. Sie wollen Techniken und Verfahren konservieren, indem sie technische Denkmäler unter Schutz stellen: Bohrmaschinen, Eisenbahnen, Brücken, Modelle, Konstruktionspläne, ja sogar Abfälle von Familien aus unterschiedlichen sozialen Schichten.[4]

Auch die PaläoSETI-Forschung versucht mit den Methoden der modernen Archäologie, neue Erkenntnisse zu gewinnen. Drei flugbegeisterte Forscher aus dem ostfriesischen Leer haben in den vergangenen Jahren den Versuch unternommen, durch experimentelle Arbeiten Belege für die Richtigkeit der Annahme zu finden, eine weit fortgeschrittene Weltraumzivilisation habe alten Völkern technisches Wissen hinterlassen. Zu ihrer Überraschung waren sie nämlich in einem Bremer Museum auf ein ihnen sehr vertrautes Objekt gestoßen. Wie ihnen schien, lag vor ihnen, gesichert durch Panzerglas, ein goldenes Modell eines Flugzeuges.

Eigentlich beginnt die Geschichte des kleinen Artefaktes und die Geschichte der drei norddeutschen Museumsbesucher Dr. A. Eenboom, P. Belting und C. Lübbers vor 1500 Jahren in einem dicht bewaldeten Taleinschnitt des mittleren Magdalena-Flusses im heutigen Kolumbien. Dort und im parallel verlaufenden Nachbartal, dem Cauca-Graben, hatte sich eine erstaunliche Indianerkultur entwickeln können. Ein geschickt geknüpftes Handelssystem reichte bis hinein nach Peru, nach Panama und Costa Rica. Wanderungsbewegungen verstärkten die kulturellen Kontakte der dort lebenden Clans. Diese, von den Archäologen als *Tolima*-Kultur bezeichnete Gesellschaft besaß einen »Export-Hit«: filigranste Goldarbeiten. Als »mythische Wesen« werden die Motive der Indianer von den Archäologen unserer Tage nichtssagend bezeichnet.[5]

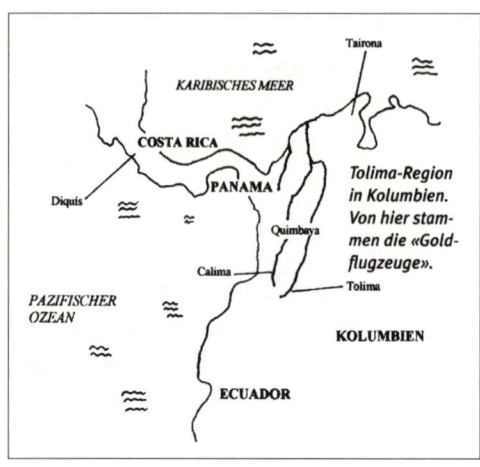

Abb. 9: Tolima-Region in Kolumbien.

Seit kurzem wissen wir, daß Metallverarbeitung in Südamerika bereits seit 1410 v. Chr. praktiziert wurde. Zu dieser erstaunlichen Erkenntnis gelangte ein Ausgrabungsteam unter dem Archäologen Richard L. Burger und dem Geologen Robert B. Gordon, als sie im November 1998 im Lurin-Tal (südlich von Lima) in der Nähe eines alten Tempels auf hauchdünn gearbeitete Miniatur-Goldflorette stießen, Folien, die zwischen 0,1 und 0,05 Millimeter maßen. »Ich war schockiert«, schreibt Burger, »denn diese frühen Metallarbeiten sind charakteristisch für die Tradition der nächsten drei Jahrtausende.«

Metall wurde im Zentralen Andengebiet während des »Frühen Horizontes« (900–200 v. Chr.) immer stärker zum Träger für religiös-künstlerischen Ausdruck. Im Süden Kolumbiens kommt Goldverarbeitung zuerst in der *Ilama*-Phase (ab 800 v. Chr.) vor. Ihren Höhepunkt erreicht die Gestaltung von Edelmetallen schließlich zwischen 300–1000 n. Chr. in der Calima-Region und im mittleren Cauca-Tal. Beide Kulturen liegen in unmittelbarer Nähe zu den *Tolima*-Indianern. Von der verwendeten Motivik und technischen Verarbeitung her gesehen, besteht zwischen ihnen ein enger Zusammenhang.

Wesen mit Helmen wie von Astronauten tauchen in ihrer Kunst auf. Sie werden dargestellt in dem wertvollsten Material, das die Indianer kannten: in Legierungen aus Gold-Silber bzw. Kupfer-Silber oder Gold-Platin. Ein typisches Mischungsverhältnis in Tairona lag bei 36,6 % Gold, 39,7 % Kupfer, 3,6 % Silber.[6] Noch heute ist erstaunlich, daß die sonst technisch so primitiv lebenden Stämme hier offenbar auf elektrochemischem Wege ihre heiligen Objekte mit einer entsprechenden Legierung überziehen konnten. Man vermutet, daß sie durch Pflanzensäfte die Oberflächenleitfähigkeit verstärkten und so einen Ionenstrom zum Fließen brachten, der die Veredelung bewirkte. Ihren Niedergang erlebte die Metallbearbeitung aus noch ungeklärten Gründen ab 1100 n. Chr.[7]

Die Indianerkulturen gewannen das Edelmetall, mit dem sie »göttliche Schöpferkräfte und kosmische Kräfte«[8] in Verbindung brachten, aus Flüssen durch Auswaschen und den Abbau von Depots in den Sedimenten früherer Flußläufe. Zur Herstellung von Gold-, Kupfer oder Tumbaga-Objekten (Gold/Kupfer) wurden z. T. »Patrizen« benutzt, harte Steine mit einem positiven, erhabenen Modell des zu fertigenden Gegenstandes auf der Oberfläche. Für den Guß nahmen sie davon Tonformen ab (»verlorene Form«). Diese wurden mit Wachs überzogen und mit Lehm umhüllt. Während das Wachs ausfloß, verflüssigten die geschickten Goldschmiede das Metall in einem kuppelförmigen Holzkohlenbecken bei Temperaturen bis zu 1250 Grad und füllten es sodann in den Hohlraum der Gußform. Auf diese Weise konnte eine vorindustrielle Serienproduktion von plastischen Artefakten erfolgen. Andere Verfahren waren die Technik des Lötens und Feuerschweißens, des Hämmerns sowie der offene Guß.[9]

Und genau aus diesem Kulturkreis von Tolima stammen die merkwürdigen Hinterlassenschaften aus dem 6. Jahrhundert unserer Zeitrechnung, die wie kleine goldene Flugzeuge aussehen.[10] Die Objekte sind prä-kolumbianische Schachtgrabfunde (z. B. in Pijaos) der Jahrhundertwende. Eine genaue Dokumentation über ihre Herkunft ist nicht vorhanden, da sie zumeist in Raubgrabungen geborgen wurden. Von Archäologen werden sie bezeichnet als »Tairona, zoomorph« (mit tierischen Merkmalen) oder »biomorph« (aus verschiedenen Lebensformen zusammengesetzt), als Insekten, Fischdarstellungen oder sogar geflügelte Krokodile.[11] Dieses Sammelsurium an Titulierungen läßt eher auf phantasiebeflügelte Wissenschaftler schließen, denn auf eine Erfassung der wirklichen geistig-religiösen Hintergründe der Objekte. Ergänzt werden die Aussagen frei nach dem Motto: »Und was man nicht erklären kann, das sieht man als symbolisch an!«

140

Derzeit kann jeder Besucher des *Überseemuseums* fünf dieser kostbaren Exponate in der Goldkammer sehen. Sie wurden nach Raubgrabungen von dem kolumbianischen Sammler Vicente Restrepo (Medellin) erworben, dann dem Bremer Kaufmann C. Schütte (1839–1917) abgetreten und von diesem schließlich im Jahre 1900 dem *Bremer Museum für Natur-, Völker- und Handelskunde* übereignet. Der Fund geriet trotz seines hohen ideellen wie finanziellen Wertes (es handelte sich um ca. acht Pfund künstlerisch bearbeitetes Gold) in einem Tresor in Vergessenheit, bis er 1996 »wiederentdeckt« wurde. Ein weiteres Objekt befindet sich im *Völkerkundemuseum*, Berlin. Dieser »Goldflieger« wurde allerdings 1300 km entfernt von den anderen aufgefunden, in Costa Rica. Offensichtlich hat die dort ansässige *Diquis-Veraguas*-Kultur dieselbe Vorlage besessen. Datiert wird er auf etwa 700–800 n. Chr. Die größte Kollektion besitzt aber das *Museo del Oro* (Goldmuseum) von Bogota.

Fliegende Grabfunde

Tatsächlich war die unglaubliche Ähnlichkeit der goldenen Gegenstände zu modernen Flugzeugen zuvor auch anderen aufgefallen.[12] Der Autor Erich v. Däniken hatte schon in den siebziger Jahren derartige Funde aus Südamerika präsentiert. Wissenschaftlich hatte sich Dr. Arthur Poyslee vom *Aeronautical Institute*, New York, als erster mit diesen goldenen »Himmelsfliegern« beschäftigt. Er führte im Strömungskanal Versuche durch und bestätigte die eindeutigen aerodynamischen Eigenschaften. Sein Resümee:
»Die Möglichkeit, daß der Gegenstand einen Fisch oder einen Vogel darstellen soll, ist höchst unwahrscheinlich. Nicht nur, daß dieses goldene Modell tief im Landesinneren Kolumbiens

gefunden wurde und der Künstler nie einen Meerfisch zu Gesicht bekommen hat, sondern auch, weil man sich Vögel mit derart präzisen Tragflächen und senkrecht hochgestellten Spannflossen nicht vorstellen kann.«

Dr. Algund Eenboom, der Radar-Luftwaffenleitoffizier Peter Belting und Conny Lübbers[13] nahmen nun ebenfalls intensiv die »Goldflieger« unter die Lupe. Ihre Idee war: Wenn dies wirklich Abbilder einmal real existierender Flugzeuge gewesen wären und sie nicht nur so aussahen »als ob«, müßten sie ohne Manipulationen in einem übertragenen Maßstab auch tatsächlich flugfähig sein.

Anfangs noch sehr kooperativ und aufgeschlossen für den neuen Ansatz, erteilte die Museumsdirektorin Dr. Viola König die Genehmigung, die kostbaren Stücke für eine exakte Vermessung kurzzeitig den sicheren Vitrinen zu entnehmen. Die neuerliche Analyse an den in Deutschland befindlichen präkolumbianischen Grabfunden zeigt hochmoderne aerodynamische Konstruktionselemente. Dr. Eenboom[14] faßt sie zusammen:

»1. Die Deltageometrie der Tragflächen in konsequenter Tiefdeckerposition.

2. Das exakt dazu dimensionierte Leitwerk mit der hochaufragenden rechtwinkligen Seitenruderflosse sowie dementsprechend horizontal angeordnetem Höhenruder.

3. Der dazugehörige Rumpf mit einem Tierkopfsymbol an der Spitze und einem vertikalen Spalt von etwa zwei bis drei Millimetern zum anschließenden Rumpfsegment. Dieses ist in zweckmäßiger Blasenstruktur gestaltet, einer Konstruktionsform, die uns bei Transportflugzeugen sowie beim *Space Shuttle* hinreichend geläufig ist.

4. Besonders signifikant ist die nach neuesten aerodynamischen Erkenntnissen korrekte Zuordnung der oben beschrie-

benen Einzelelemente in bezug auf den Schwerpunkt und die Manövrierfähigkeit der Konstruktion. Diese Tatsache findet ebenfalls in der korrekten Dimensionierung und Proportionierung von Tragflächen, Rumpf und Leitwerkflossen ihren Ausdruck. Zusammengefaßt entsprechen diese Details dem ›Einmaleins des modernen Flugzeugbaus‹ und nicht etwa Konstruktionen aus dem Ersten oder Zweiten Weltkrieg.«

Ich traf die drei Forscher 1996 auf dem Flughafen in Bremen. Zusammen mit Ingenieuren sprachen wir die verschiedenen Gesichtspunkte durch und überlegten, wie der Beweis für die Flugzeug-These angetreten werden könne. Peter Belting ist nicht nur ein begeisterter Segelflieger und Ballonfahrer, er ist auch ein hervorragender Flugzeugmodellbauer. Belting und Eenboom war es 1995 gelungen, nach Plänen des 19. Jahrhunderts ferngesteuerte Ballon-Großmodelle zu konstruieren und der Öffentlichkeit zu präsentieren. Sie konnten damit eine antriebslose Steuertechnik rekonstruieren, die seit einem Jahrhundert nicht mehr zum Einsatz gekommen war. Peter Belting schlug also vor, exakte Modelle der Goldfunde in Leichtbauweise anzufertigen, um so für den bereits »unumstößlichen theoretischen Beweis durch die problemlose mathematisch-physikalische Berechnung dieser Objekte« den praktischen Beleg zu erbringen.
Wochenlange Arbeiten folgten. An einem Sonntag rief mich Dr. Eenboom an. Enthusiastisch konnte er verkünden: »Sie fliegen wirklich!« Und sie flogen nicht nur irgendwie, sie zeigten höchst erstaunliche Flugeigenschaften. Zusammen mit einem NBC/RTL-Filmteam verfolgte ich schon wenig später die phantastischen Gleit-, Start- und Landeeigenschaften des rekonstruierten Miniflugzeuges, das die Archäologen bislang unter anderem als »geflügeltes Krokodil« bezeichnet hatten. Über dem Flughafen von Emden, auf dem das Flugzeugmo-

dell eine Starterlaubnis erhalten hatte, absolvierte der funkferngesteuerte Flieger ein komplettes Kunstflugprogramm. Loopings, Rollen und Turns konnten problemlos durchgeführt werden. Nicht eine aerodynamische Schwäche zeigte sich selbst während der extremsten Flugmanöver. Dr. Eenboom kommentiert:

»Nirgendwo kann man dermaßen hieb- und stichfest ein gestalterisches Phänomen in seiner Form und Funktion mit Hilfe etablierter naturwissenschaftlicher Methoden beweisbar interpretieren – um sich im gleichen Atemzug der ›absoluten Absurdität‹ seines korrekt ermittelten Ergebnisses bewußt zu sein! Die anerkannten Datierungsmethoden der Historiker lassen mit übergewichtiger Dominanz derartige Beweisführungen als indiskutabel erscheinen.

Es gab nun einmal vor etwa 1500 Jahren keinerlei wissenschaftliche Grundlagen für eine derartige Technologie. Erst in unserer jüngsten Vergangenheit konnte von hochqualifizierten NASA-Ingenieuren ähnliches realisiert werden. Dazu benötigten diese klugen Köpfe allerdings zahllose Windkanalversuche sowie Millionen Computerrechenoperationen.«

Haargenau das ist der entscheidende Punkt. Bis das Space Shuttle zum ersten Mal fliegen konnte, hatte die Luft- und Raumfahrt eine Geschichte zurückgelegt, die bei den Gebrüdern Wright und Otto Lilienthal ansetzt und zuvor schon unzählige mißglückte Versuche – wie die des »Schneiders von Ulm« – mit oft tödlichem Ausgang zu verbuchen hatte. Luftpioniere wie der Atlantiküberquerer Charles Lindbergh und Konstruktionen vom Doppeldecker bis zum Düsenjet folgten. Selbst nach all dieser Flugerfahrung fällt es noch immer Raumfahrtingenieuren schwer, den russischen *Buran*-Shuttle oder den japanischen Weltraumgleiter *Hope* zum Einsatz zu bringen. »Die kleinen goldenen Objekte aus Kolumbien werfen damit jegliche Chronologie naturwissenschaftlich-technischer Entwicklung buchstäblich über den Haufen!«, schreibt Dr. Eenboom. Experimentelle Archäologie kann augenscheinlich zu erstaunenswerten Ergebnissen führen. Die drei »Wiederentdecker« des antiken Flugzeuges sind sich durchaus der »grotesk-schizoiden Situation« bewußt. Da gibt es das mehrfach bestätigte hohe Alter von 1500 Jahren. Da gibt es aber auch die aerodynamischen Berechnungen und die Funktionsbeweise, daß eine Indianerkultur der südamerikanischen Anden hervorragende, flugfähige Modelle gegossen hat.

Solch eine widersprüchliche Sachlage gab und gibt es immer wieder in den Wissenschaften. Ein bislang gültiges Erklärungsmuster, ein sogenanntes wissenschaftliches Paradigma, zeigt Anomalien. Solche Abweichungen von dem bestehenden Auffassungssystem werden sehr häufig einfach ignoriert. Das ist zwar überhaupt nicht wissenschaftlich, dient aber dem Selbstschutz der eigenen Theorie. Ein Beispiel: Als Astronomen eine unregelmäßige Bahn bei dem Planeten Merkur feststellten, paßte dies nicht in das Weltbild der Newtonschen Physiker. Sie stellten sich einfach dumm und ignorierten das Phänomen, damit sie nicht in die Gefahr kamen, ihre ganze Arbeit, die sie in den Beweis ihrer Physik hineingesteckt hatten, zunichte zu machen. Mittlerweile haben sich die Anomalien in den Geschichts- und Altertumswissenschaften summiert und halten sich hartnäckig. Vieles deutet darauf hin, daß unsere Vergangenheit in entscheidenden Abschnitten anders verlaufen sein muß. Wie lange müssen wir noch warten, bis Korrekturen am herkömmlichen Geschichtsbild vorgenommen werden?

Noch versuchen die alten, die konservativen Vertreter der einzelnen Fachbereiche, Scheuklappen anzulegen. Im Falle der »Goldflieger« ziehen sie sich zurück auf unhaltbare, manchmal sogar reichlich lächerlich wirkende Ausflüchte. Fliegende Fische, Insekten, Vögel und geflügelte Krokodile werden heranzitiert. Doch wer sich nur ein wenig in der Biologie unseres Planeten auskennt – und das sollte man eigentlich auch von Archäologen und Ethnologen erwarten können – weiß, daß alle flugfähigen Spezies, die jemals auf der Erde gelebt haben, Hoch- und Schulterdecker sind. Dr. Eenboom[15] dazu: »Flügel sind stets dort positioniert, wo wir Menschen unsere Arme haben. Ähnliche Anordnungen finden wir bei Insekten oder fliegenden Fischen. Tiefdeckerformen sind absolut widernatürlich. Insekten scheiden beispielsweise als ›Vorlage‹ aus, da sie ein hyperinstabiles Flugverhalten aufweisen, also permanent gegen ihren Absturz anrudern müssen. Die Goldobjekte zeigen hingegen selbst im Gleitflug hervorragende Flugeigenschaften, wie wir sie sonst nur von modernen Flugzeugen kennen. Ferner gibt es nirgendwo in der Natur eine derartige Schwanzflossenanatomie in Kombination mit Seiten- und Höhenruder. Jeder Skeptiker kann sich davon überzeugen, daß die prä-kolumbianischen Indios bei allen Verfremdungsvarianten stets die anatomische Grundstruktur der jeweiligen Tierarten (wenn sie welche darstellen wollten) beibehalten haben.«

Ob solcher Resultate bekam die Leiterin des Bremer Museums, Frau Dr. König, offenbar Angst vor ihrer eigenen Courage. Ihr mehr als peinlicher Interpretationsversuch vor laufenden Fernsehkameras des NDR (Norddeutscher Rundfunk): »Schamanen haben im Kokarausch derartige skurrile tierische Mischwesen geschaffen.«

Hätte V. König sich – wie es gute Wissenschaftler zu tun pflegen – einmal bei ihren Fachkollegen von der Neurologie oder Psychiatrie erkundigt, ob dies überhaupt möglich ist, hätte sie sehr schnell herausfinden können, daß eine derartige Äußerung medizinisch unhaltbar ist. Im Drogenrausch verändern sich Empfindungen unserer Sinnesorgane. Visionen unter Drogen können aber nur auf der Basis der jeweiligen kulturellen Entwicklungsstufe in Erscheinung treten. Anderenfalls wäre dies eine phantastische Möglichkeit, Erfindungen fix und fertig aus dem Jahre 3000 oder 3500 in unsere Zeit zu holen. Ein kleiner Drogenrausch genügt, und die Großkonzerne der Welt könnten Milliarden und Abermilliarden Entwicklungskosten einsparen. Der »Königsweg« in die Zukunft wäre gefunden.

»Magische« Vehikel

Anläßlich der Jahrestagung der *Deutschen Gesellschaft für Luft- und Raumfahrt* 1998 präsentierten die Forscher aus Leer die Ergebnisse ihrer experimentellen Archäologie. Die anwesenden Wissenschaftler – Luftfahrtingenieure, Raumflugtechniker und Physiker –, zeigten ein hohes Maß an Zustimmung für den neuen Interpretationsansatz. Nahezu einstimmig attestierten diese Koryphäen, für sie stellten die Konstruktionselemente ein unerklärliches Phänomen dar und hätten nichts mit Formen der Natur gemeinsam.

Dr. Algund Eenboom zieht aus dem Diskussionsstand den Schluß, daß die prä-kolumbianischen Indios, ausgehend vom Stand ihrer naturwissenschaftlichen Erkenntnisse, diese hochmodernen aerodynamischen Formen mit ihren spektakulären Flugeigenschaften, die nirgends in der Natur auftreten (und auch nicht im Kokarausch), nicht haben konstruieren können.

»Die logische Folgerung daraus ist, daß Eindrücke und Beweggründe, die zur Fertigung eben dieser Formen führten, von außerhalb ihres Kulturkreises gekommen sein müssen. Können wir also ein anderes, inzwischen in Vergessenheit geratenes, Kulturvolk der Erde als Urheber ausmachen? Ein Volk, das bereits vor 1500 Jahren eine Flugtechnologie entwickelt hatte, die dem heutigen Stand zumindest entspricht? Das kategorische *Nein* der etablierten Wissenschaft aller übergreifender Fachrichtungen wäre vorprogrammiert – und sicher auch berechtigt!«

Dann aber bliebe nur der außerirdische Faktor als brauchbare, logische Alternative, denn vor 15 Jahrhunderten müssen von den Indianern der *Tolima*-Kultur Flugzeuge über den Talfurchen der Anden beobachtet worden sein. Anschließend muß sich genau dasselbe abgespielt haben, wie wir es von den Cargo-Kulten her kennen. Die schockierten, bestürzten, panisch erschreckten Eingeborenen interpretierten ihr Erlebnis als eine göttliche Begegnung. Sie verstanden die Technik nicht, die sie dort gesehen hatten, und verstanden auch die Hintergründe nicht, aber ihre Beobachtungsgabe muß hervorragend ausgeprägt gewesen sein, und scharfsinnig übertrugen sie das Gesehene in kleine Amulette, die sie mit Elementen ihrer Mythologie ausschmückten. Denn nur so konnte diese Anomalie in *ihr* Weltbild eingepaßt werden, ohne daß ihre sozio-kulturelle, religiös-mythologische Weltsicht an der offensichtlichen Realität zerbrach. (Die Verhaltensweisen unserer Wissenschaftler scheinen manchmal ironischerweise noch immer auf einem ähnlichen, zeitübergreifenden Verhalten zu basieren.)

Mit Hilfe der Kommunikationswissenschaft können wir tiefer in den Ablauf der Geschehnisse eindringen. Wir alle wissen, daß ein Übermittlungskanal zwischen der visuellen Wahrnehmung eines ungewöhnlichen Ereignisses und einem späteren Empfänger eine bildliche Darstellung sein kann. Im Prinzip ist dies eine Wiederholung in zwei- oder dreidimensionaler Form als Zeichnung, Relief, Plastik oder ähnliches. Dazu wird ein »Datenträger« benötigt, der möglichst zeitresistent ist.

Ein Indianer (der *Sender*) wird vor eineinhalb Jahrtausenden bei seiner Mitteilung kaum einen »Briefempfänger« (bzw. eine

Zielgruppe) vor Augen gehabt haben, der Jahrtausende in der Zukunft seine Botschaft erhalten werde. (Allerdings sind uns auch solche Nachrichten bekannt; Pharao Ramses II. hat beispielsweise bewußt einen Papyrus-Brief an zukünftige Generationen verfaßt.) Die Intention des »Künstlers« dürfte in erster Linie eine Mitteilung gegenüber seiner eigenen Umwelt, für seine Mitmenschen oder seine Götter gewesen sein, vielleicht auch zur Selbsterinnerung und -bewußtmachung eines unglaublichen, göttlichen Vorganges. Wurde seine »Nachricht« öffentlich gemacht, zum Beispiel an Tempelwänden, in Büchern, als sichtbar getragenes Amulett, erzielte sie eine Wirkung beim Empfänger. Das kann sein König gewesen sein, von dem er vielleicht den Auftrag erhalten hatte, die Priesterschaft, die über sakrale Gegenstände wachte, oder einfach nur sein Nachbar, der ebenfalls das Ereignis gesehen hatte. Der Künstler bekam also Reaktionen zu spüren. Wir würden heute von einem »Feedback«-Effekt sprechen, eine Rückkopplung. Entweder wurde die Arbeit gelobt, weil sie genau das abbildete, was alle wahrgenommen hatten, oder sie wurde wegen der Fehler getadelt. Es ist somit von einer »stabilisierenden Wirkung« durch andere Beobachter auszugehen, bis sich das Abgebildete dem Original möglichst stark angenähert, also seinen »Sollwert« erreicht hatte.[16]

Im Zusammenhang mit den Cargo-Kulten bedeutet dies nach Dr. Friedrich Steinbauer[17], daß die künstlerischen Aktivitäten Schlüsselszenen nachzeichnen und magisch-rituelle Imitationen des äußeren Erscheinungsbildes der Ankömmlinge und deren Funktionen nachvollzogen, ihre Geräte nachgebaut werden. Dabei wäre dann der »Hersteller« bemüht (und stünde unter dem gesellschaftlichen Zwang), das Gesehene so genau wie irgend möglich abzubilden, um dessen Wirkung zu erzielen. Eine gewisse »poetische« Ausformung und Einpassung in den eigenen Kultur- und Verstehenshorizont ist dabei nicht ausgeschlossen, wobei der pragmatische Aspekt der tragende bleibt.

Ein hervorragendes – und für jeden einsichtiges – Beispiel, wie unverstandene Technik ins Magische und Religiöse hin interpretiert wird, gibt uns ein Relief auf Bali.[18] In *Kubutambahan* steht der *»Pra Meduwe Karang«*, der *»Tempel des Herrn des Landes«*. Hier verehren die Balinesen eine männliche Fruchtbarkeitsgottheit. Am Sockel der mittigen Terrasse im dritten Innenhof befindet sich das berühmte »Blumenfahrrad«. Auf den ersten Blick nichts Besonderes. Wir erkennen einen von Blüten umrankten Radfahrer. Betrachten wir das Tempelrelief jedoch näher, so wird deutlich: Hier handelt es sich um ein magisches Vehikel. Dieses Gerät fährt nämlich ohne Antriebskette. Die Zahnräder laufen in die falsche Richtung. Angetrieben wird es nicht durch Muskelkraft, sondern durch die göttliche Kraft des Gottes *Vishnu*. Dies wird durch die religiöse Symbolik vermittelt. Reifen und Speichen sind durch Ranken, den göttlichen Dreizack *Shivas* und die heiligen Lotusblüten ersetzt.

Möglicherweise hatte ein einheimischer Künstler des 19. Jahrhunderts eine Begegnung mit einem Kolonialherren. Er sah ihn auf einem Fahrrad sitzen, prägte sich die Details fest ein und versuchte, das wundersame Ereignis im Tempel der Götter möglichst getreu wiederzugeben. Dabei war ihm allerdings das eigentliche technische Prinzip entgangen. So interpretierte er den Vorgang aus seiner religiösen Weltsicht heraus: Nur die übernatürliche Kraft *Vishnus* und *Shivas* war dazu in der Lage, das Gefährt ohne Zugtiere anzutreiben. Und genau das stellte er da. Dennoch ist es jedem von uns, der dieses Relief betrachtet, möglich, trotz der religiösen Überprägung, wieder ein funktionierendes Fahrrad zu rekonstruieren.

Analog zu den Cargo-Kulten und ihren Darstellungen des 19. und 20. Jahrhunderts ist es somit ein legitimes Vorgehen der

PaläoSETI-Forschung, ein solches Kulturverhalten auf Menschen früherer Zeiten zu übertragen. Eine Rekonstruktion, wie sie Dr. A. Eenboom, Luftwaffenoffizier P. Belting und C. Lübbers an den »Goldflugzeugen« vornahmen, läßt uns lediglich die technische Realität unter der religiösen Oberfläche erkennen.

Wer den kultischen »Zierat« wegpustet, wird mit Gewißheit einige Damen und Herren in ein mittelschweres Husteninferno stürzen. Da sei ein guter »Hustensaft« empfohlen, bei dem man einen klaren Kopf behält, und nicht die Flucht zum »königlichen Koka-Rausch«. Denn mit einem rationalen Verständnis sollten wir auch andere Aspekte der südamerikanischen Vergangenheit aufschlüsseln. So zum Beispiel die Geschichte der Inka, deren Reich nur wenige hundert Kilometer von dem Gebiet der *Tolima*-Indianer entfernt lag.

Die Stäbe der Götter

Das »Meer der Anden«, der Titicaca-See, schimmerte wie ein grüner Smaragd, als die »Sonnenkinder« der *Inca*, die Priester und die Adligen, in einer Prozession hinauf auf die bergige Sonneninsel zogen. Die auserwählte Gruppe versammelte sich auf einer kleinen Plattform. Hier wollte sie den Sonnenuntergang miterleben. Langsam senkte sich der glühende Himmelskörper herab zum See und umstrahlte die Pilger mit einem feurigroten Glanz. Die Untertanen des *Inca*, die jenseits der Terrasse standen, sahen, wie die Sonne genau zwischen zwei Säulen auf den Horizont zuschwebte und ihren Herrscher, der vor den Säulen stand, in ihre untergehenden Strahlen einschloß. Ihr König hatte sich ihnen erneut als legitimer Sohn der Sonne präsentiert, als Sohn ihrer Gottheit.

Der Ursprung der Inka, so wissen wir aus verschiedenen spa-

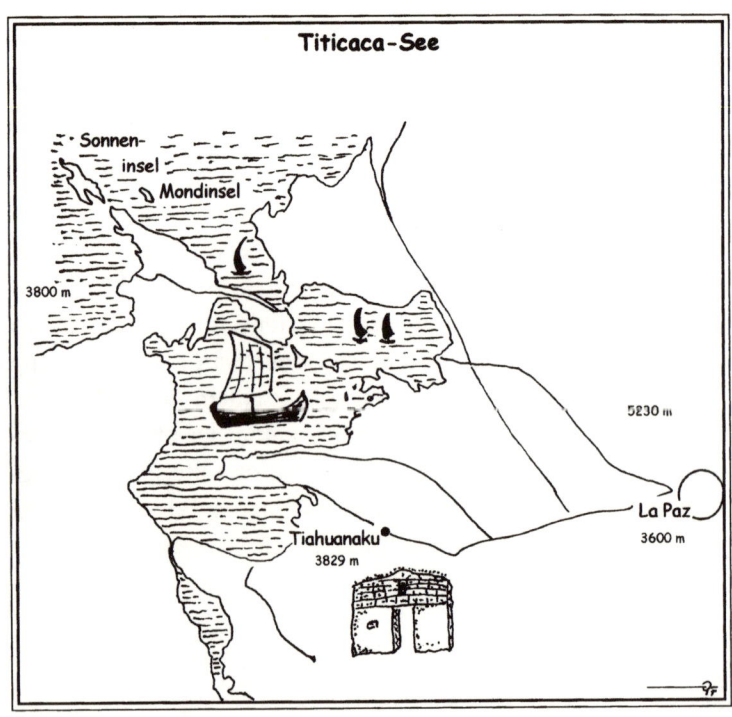

Abb. 10: Titicaca-See und das Zentrum der Tiahuanaku-Kultur.

nischen Quellen, wurde von den Indianern auf die Inseln des Titicaca-Sees verlegt. Zum einen wird berichtet, wie der Schöpfer der Welt, *Viracocha*, den Himmelskörpern befahl, sich hinunter zur großen Insel im Titicaca-See zu begeben. Dabei sah die Sonne merkwürdigerweise wie die Erscheinung eines hellstrahlenden Mannes aus. Diese glänzende Gestalt rief *Manco Capac* und seinen Bruder herbei und prophezeite ihnen eine Zukunft als Herrscher. Dann erhielten sie verschiedene Gegenstände, bevor die seltsame Lichterscheinung zum Himmel zurückflog. Die beiden »Söhne der Sonne« aber gründeten das Reich der Inka.[19]

152

An diese Epiphanie, diese Gotteserscheinung, scheint auch das beschriebene Ritual der Inka zur Sonnenwende im Winter und Sommer auf der Insel zu erinnern, von dessen Existenz wir seit einer Ausgrabungskampagne der amerikanischen Universität von Illinois (Chicago/USA) wissen, die 1998 an der wichtigsten Pilgerstätte des Inka-Reiches stattfand.[20]

Eine andere Erzählung besagt, daß damals die Menschen noch in Roheit und Barbarei lebten. Dies sah der göttliche Vater, die Sonne, und beschloß, zwei seiner Kinder zur Erde zu senden, um das Volk zu lehren. Sohn und Tochter erhielten einen goldenen Stab. Dort, wo dieser Stab in die Erde eindringe, sollten sie ansässig werden.[21,22]

Das Paar wanderte nach Norden, wobei es immer wieder das Experiment mit dem goldenen Stab vornahm. Aber erst nach sehr langer Wanderung gelangten sie zu einer Stelle, wo der Stab sofort in die Erde eintauchte und für alle Zeit verschwand.

Was könnte dies für ein seltsamer Gegenstand gewesen sein? Nun, es gibt eine ähnliche Legende aus einem ganz anderen Teil der Erde, aus Europa.

Im Jahre 4 v. Chr. wurde einer der faszinierendsten Männer der Weltgeschichte in Kappadokien, dem Lande Alexanders des Großen, geboren: Apollonius von Tyana.[23] Er führte ein abenteuerliches Leben, das mit dem der Patriarchen und Propheten der Bibel vergleichbar ist. Bereits um seine Geburt ranken sich zahlreiche Erzählungen. Wie Buddha, Jesus und Mohammed soll er durch eine Jungfrau zur Welt gebracht worden sein. Dabei sollen sich drei »Donnervögel« in die Luft erhoben und im Firmament verschwunden sein.

Seltsam ist auch, daß der Kappadokier bereits im Kindesalter alle damals bekannten Sprachen beherrschte und mit zwölf Jahren auf die Universität von Tarsus in Cilicia geschickt wurde. Schon zwei Jahre später verließ er das Lehrgebäude wieder, da ihm »Lehrer nichts mehr beizubringen vermochten«. Es folgten zahlreiche Jahre, in denen sich Apollonius in den verschiedensten Tempeln und Heiligtümern unterrichten und einweihen ließ. Dort erwarb er medizinische Kenntnisse, die ihn als Heiler weltberühmt werden ließen.

Die wohl wichtigste Reise Apollonius' und seines Begleiters Damis führte ihn nach Indien, in die »Stadt der Götter«. Flavius Philostratus, der im dritten Jahrhundert in seinem achtbändigen Werk »Das Leben des Apollonius von Tyana« die Reisen und Taten des seltsamen Mannes erstmals schriftlich aufzeichnete, berichtet von dem schwierigen Weg ins Himalaja-Gebirge, wo er in eine mysteriöse Stadt gelangte. Dieser Ort beherbergte zahlreiche »Wunderdinge«. Man zeigte den beiden Entdeckern »leuchtende Steine«, die die Stadt taghell erleuchteten, »Brunnen«, aus denen Licht wie von Scheinwerfern in den Himmel strahlte, Menschen schwebten durch die Luft, und metallene Gestalten auf drei Füßen, die »durch Intelligenz, verbunden mit Geist in diesen gesegneten Behausungen von Platz zu Platz rollten, eigenbewegt, gehorsam dem Zeichen der Götter«, trugen beim Gastmahl Speisen und Getränke auf.

»Ihr seid zu Menschen gekommen, die alles wissen«, betonte der Herrscher während des Gesprächs mit Apollonius, nach dessen Aussage »die gelehrten Männer auf der Erde und gleichzeitig doch nicht auf ihr lebten«.

Eine ganz ähnliche Erzählung von der »Stadt der Götter« haben wir bereits bei den *Kafiren* kennengelernt, deren Ursprünge ebenfalls in Indien liegen. In Asien berichten verschiedene Völker in ihren Legenden von der geheimnisvollen Stadt *Agarthi*, einer weltentrückten Wohnstätte im Himalaja, in der weiße Menschen leben, deren Vorfahren einst von den Sternen gekommen seien. Sie bestimmten im geheimen die Geschicke der Menschheit.

154

Apollonius erhält in der »Stadt der Götter« jedenfalls einen Auftrag: Er soll »Talismane« – was immer dies gewesen sein mag – an verschiedenen Punkten der Erde vergraben, an Punkten, die später in der Weltgeschichte eine bedeutende Rolle spielen würden. Kommt uns das nicht sehr vertraut vor? Die Inka, die »Söhne der Sonne«, wie sie sich bezeichneten, scheinen eine ganz ähnliche Aufgabe erhalten zu haben. Übrigens: *Apollonius* bedeutet: »Sohn des Apoll«, also »Sohn der Sonne«.

Fassen wir noch einmal zusammen, was uns hier berichtet wird:

• Apollonius wird durch eine Jungfrauengeburt zur Welt gebracht. Mit heutigen Mitteln ist dies gut möglich. Wurde also eine künstliche Befruchtung – vielleicht mit genmanipulierten Zellen – vorgenommen? Eine Manipulation, die den Werdegang Apollonius' vorprogrammierte?

• Ein Hinweis auf einen solchen Eingriff, der zur damaligen Zeit nur von Intelligenzen vorgenommen werden konnte, die nicht von unserem Planeten stammten, könnten die drei »Donnervögel« sein, die zum Firmament aufstiegen, eine Metapher, die, wie wir gesehen haben, vielfach im Zusammenhang mit raketenähnlichen Flugkörpern Verwendung fand.

• Für einen Eingriff spräche auch die außerordentlich hohe Intelligenz des Jungen, seine erstaunliche Sprachbegabung und sein enormes Wissen, das nicht nur erheblich über dem Durchschnitt, sondern schon mit vierzehn Jahren über das seiner Lehrer hinausging.

• Apollonius scheint genau zu wissen, wo sein Ziel liegt: die »Stadt der Götter«. Was damals wie Zauberei erscheinen mußte, ist uns heute aus dem täglichen Leben bekannt, so wie diese »Wunderdinge« für die »Götter« etwas Alltägliches waren: Glühlampen und Roboter.

• Die »Götter« bezeichnen sich selbst als »Menschen, die alles wissen«, also eben nicht als Götter. Genau dieses Verhalten treffen wir heute bei Ethnologen an, die in Kontakt mit neu entdeckten Stämmen treten, die noch in der Steinzeit leben.

• Diese sonderbaren Wesen behaupten, sie lebten auf der Erde und doch nicht auf ihr. Ein Hinweis vielleicht, daß sie jederzeit mit ihren Raumschiffen die Erde verlassen können, ein Hinweis vielleicht auch auf eine Parallelwelt oder gar auf Zeitreisende?

• Offensichtlich vermögen diese weisen Bewohner der rätselhaften Stadt in die Zukunft zu schauen, denn ihr Auserwählter soll rätselhafte Gegenstände an bestimmten Orten deponieren, an denen sich einmal weltgeschichtlich bedeutsame Ereignisse abspielen werden.

Wo Apollonius seine mysteriösen Gegenstände vergrub, wissen wir nicht. Aber wir können es vielleicht erahnen. Welch phantastische Vorstellung, daß vielleicht mit einer Art Fernsehkamera das Apostelkonzil in Jerusalem gefilmt, der Untergang des Römischen Reiches dokumentiert wurde, genauso wie die Krönung Karls des Großen, die Kreuzzüge, die Verkündigung der »Magna Charta«, Leonardo da Vinci, wie er die »Mona Lisa« malt, Kolumbus, wie er nach Amerika aufbricht, der Dreißigjährige Krieg, Napoleons Aufstieg, die Fahrt der ersten Eisenbahn usw.

Was wir hingegen ziemlich genau wissen, ist, wo der goldene Stab der Inka von der Erde verschluckt wurde: auf dem heiligen Hügel von Hanacauri, dem »Nabel der Welt«, unweit der Reichshauptstadt Cuzco (Peru). Es könnte sich lohnen, hier einmal eine umfangreiche Grabung vorzunehmen. Denn wie schrieb der Direktor für *Prä-kolumbianische Studien* der Harvard-Universität sehr richtig, als 1998 seine Kollegen südlich von Lima auf die seltsamen, hauchdünnen goldenen Ritualobjekte aus dem Jahre 1410 v. Chr. stießen? »Dieser Vorgang zeigt erneut, wie wenig wir über die Vergangenheit wissen und welche Überraschungen sie für uns unter jedem Stein bereithalten kann.«

Sagenhafte Zeiten

Ein beliebter Einwand ist der, daß man doch Legenden und Mythen nicht einfach glauben könne; die seien doch sowieso nur erfunden. Die Historie lehrt uns das Gegenteil. Gerade auch in Fällen, die einst als zu phantastisch, als »geradezu lächerlich« bezeichnet wurden. Nehmen wir als Beispiel die Gründung von Weltreichen. Sie sind häufig mit Mythen verbunden, so wie dies für Rom der Fall ist.[24] Schon für die Römer selbst, die im 1. vorchristlichen Jahrhundert Julius Cäsar zujubelten, war das Herzstück des Imperiums, das Forum, ein sagenumwobener Ort. Die Geschichte von den Gründern der Ewigen Stadt am Tiber, Romulus und Remus, die als Neugeborene von einer Wölfin gesäugt und aufgezogen wurden, war bereits zum Gegenstand des Spottes gebildeter Römer geworden. Der Historiker Livius gar bemerkte, die Frühzeit sei »mit dichterischen Erfindungen verbrämt und beruhe (keineswegs) auf zuverlässigen historischen Berichten«.

Bis in die letzten Winkel hinein schien dann in unserem Jahrhundert das Forum Romanum archäologisch durchforscht zu sein. Der Gründungsbericht wurde fern in das Reich der Fabel verwiesen. Die Überraschung sollte noch kommen. Seit Mitte der achtziger Jahre verfügen die Archäologen über völlig neue Methoden und Technologien. Professor Andrea Cardini von der Universität Pisa begann 1985 am nordöstlichen

Hang des Palatin zu graben. Dort führte im Altertum die Heilige Straße, die berühmte Via Sacra, ins Forum. Er stieß auf die Grundmauern von Steinbauten und konnte sie ins 7. Jahrhundert der vorchristlichen Zeit datieren. Es stellte sich schnell heraus, daß man es hier mit einer Mauer zu tun hatte. Dr. Cardini erlebte nun einen unglaublichen Moment. Er erinnerte sich daran, daß der Geschichtsschreiber Tacitus berichtet hatte, daß Romulus das sakrale Gebiet Roms durch die Ziehung einer Grenzlinie abgesteckt habe. Sie solle rings um den Palatinhügel verlaufen sein, einen der Sieben Hügel Roms, zu dessen Fuß das Forum liegt. Die Grenze soll durch einen Graben und einen aufgehäuften Wall markiert und später durch eine Befestigungsmauer unterstrichen worden sein. Weitere Ausgrabungen erbrachten schließlich Tonscherben aus dem 8. Jahrhundert vor Christus, also nur wenige Jahre nach der sagenhaften Gründung Roms. Der Archäologe Albert Ammerman von der *American Academy Rome* stieß wenig später mit geophysikalischen Methoden und Bohrkernen unterhalb des Wasserspiegels tatsächlich auf einen Graben von drei bis zehn Metern Breite, der durch gezielte menschliche Arbeit ausgehoben worden war.

»Cardinis und Ammermans Arbeiten und Erkenntnisse haben zu einer radikalen Neubewertung der römischen Frühgeschichte geführt und heftige Debatten in der Fachwelt ausgelöst. Nicht nur könnte das Rom der Königszeit technologisch erheblich weiter entwickelt gewesen sein, als bislang noch immer vorausgesetzt wird; es ist außerdem möglich, daß die alten Sagen, die um die Gründung und Frühzeit der Stadt kreisen und die schon von vielen römischen Chronisten als bloße Märchen abgetan wurden, durchaus einen historischen Kern erhalten.«[25]

Rom ist eben nicht nur *eine* Reise wert. – Und wie sieht es mit der Sage von der Wölfin aus, die die beiden ausgesetzten Brü-

der Romulus und Remus säugte, bis sich der Hirt Faustulus
der Zwillinge annahm und sie großzog? Wenigstens das –
wir wissen es genau – wird wohl in der Kategorie »sagenhaf-
ter Blödsinn« verbleiben müssen. Wirklich? Keineswegs. Das
lateinische Wort für Wölfin ist »lupa«. »Lupa«, so wurde aber
auch eine Prostituierte bezeichnet. Und siehe da, der antike
Mythos erscheint in einem anderen Licht.

Manchmal gestattet aber auch ein unerwarteter Fund einen
Blick durch ein Fenster hinein in eine ganz und gar phantastische Antike.
Einen solchen Sensationsfund machte im März 1998 eine Ar-
chäologiestudentin bei Ausgrabungen in den Trajanthermen
unweit des römischen Kolosseums. Dort stand einst auch
Neros »Villa Domus Aurea«. In ihren Ruinen hat sich ein nun
wieder freigelegtes Fresko 2000 Jahre lang erhalten. Darauf
abgebildet ist eine Stadt. Es ist der erste große Stadtplan der
Antike, der jemals gefunden wurde. Aber niemand weiß, welche antike Stadt das Wandgemälde wiedergibt.
»Es ist mit Sicherheit nicht Rom, weil der Charakter der Stadt
nicht paßt«, kommentiert der römische Chefarchäologe Eu-
genio La Rocca.[26] Oder ist es ein Rom, wie wir es nicht kennen? »Es könnte die Stadt vor dem großen Brand zeigen, den
Kaiser Nero im Jahre 64 nach Christi legen ließ.«[27] Doch eher
noch sähe es wie London aus, aber das könne schließlich nicht
sein. Die mystische Stadt ist schlichtweg unbekannt und
äußerst ungewöhnlich. Große Gebäude spiegeln sich im Wasser wider, eine Stadtmauer ist zu sehen, und viele Türme und
ein halbrundes Theater muß die Metropole besessen haben.
Besonders faszinierend sind die Formen der Brücken und der
Wachtürme: »Es ist, als wäre ein kleines Fenster in die Antike
aufgestoßen worden. Wir hätten nie gedacht, daß die Gebäude
im Altertum so seltsame Formen haben konnten. Sie sehen

ganz anders aus, als wir es uns vorgestellt haben«, fügt Dr. La Rocca hinzu.

Welche Stadt wurde hier also gezeigt, so daß selbst die Altertumswissenschaftler, die viele und genaue Beschreibungen antiker Städte vorliegen haben, ratlos vor dem Wandgemälde stehen? Ist es eine Phantasiestadt? Dazu La Rocca: »Dies ist alles viel zu präzise, deshalb nehmen wir an, dies ist eine real existierende Stadt.« Wäre es denkbar, daß hier ein Sensationsfund in doppelter Weise gelungen ist? Handelt es sich vielleicht um die »Stadt der Götter«, die von Apollonius beschrieben wurde?

Dies ist nicht auszuschließen, zeigt der Plan doch noch eine fast unglaubliche Tatsache. Die Stadt wurde aus der Vogelperspektive gezeichnet, so als schwebte der Zeichner oberhalb der Stadttore. Er verwendete damit eine Technik, die ansatzweise 1500 Jahre später von Leonardo da Vinci wiedererfunden wurde.

Historiker aus unterschiedlichen Fachbereichen haben sich nun an die Arbeit gemacht, ein dreidimensionales Abbild der Stadt herzustellen, was ihnen auf Grund der gestochen scharfen Vorlage nicht sonderlich schwerfällt.

»Viele Wege führen nach Rom.« Manche Wege aber führen, wie schon Apollonius wußte, weit über ihren Horizont hinaus.

Himmlische Erscheinungen im Lande der Inka

Kommen wir zurück nach Südamerika und zu seinen Mythen, die den selben wahren Kern besitzen wie die Überlieferungen von Rom oder von Troja.

La Paz, Bolivien. Unser Jeep fährt durch abfallende, rechtwinklig verlaufende Gassen. Schmale Häuser, gedrungen und mit blättriger Farbe getüncht, schlängeln sich in pittoresker Formation bis hinunter zu den eleganten Boulevards. Die Gehsteige sind mit Verkäufern gesäumt, die in leuchtend farbigen Kleidern zwischen dunkelglänzenden Apfelsinen, großköpfigen Melonen, intensiv duftenden Gewürzen und unzähligen Kartoffelsorten, rund, oval, knorrig wie eine Baumwurzel, sitzen. Am »Zaubermarkt« umstehen gespannt dreinblickende Indios die Feuerstellen der Bleigießer, die aus den schimmernd-grotesken Gebilden die Zukunft weissagen, Menschen mit scheuen Blicken kaufen getrocknete Lama-Föten oder Talismane aus Stein, um vor Verwünschungen und bösen Geistern sicher zu sein. Der *Pacha Mama*, Mutter Erde, wird wie vor Jahrhunderten geopfert, hoch in den Bergen oder in den großen Städten zwischen modernen Wolkenkratzern oder ärmlichen Hütten und natürlich in der Nähe der alten, der heiligen Plätze ihrer Vorfahren. Der Glaube an die Macht der Götter ist noch existent in Bolivien, in Chile und Peru, dem alten Territorium von Tiahuanaco.[28]

Tiahuanaco, dessen frühe Spuren auf das dritte Jahrhundert vor unserer Zeitrechnung verweisen, war zwischen dem 6. und 12. Jahrhundert nach Christus zu einem Reich expandiert, das eines der beeindruckendsten religiös-herrschaftlichen Zentren besaß, das je Menschen gesehen haben.[29] Pyramidale Bauten, monolithische Mauern, wuchtige, sieben Meter große Steinfiguren, dazwischen in die Erde eingesenkte Plätze prägten die Metropole, die sich in 4000 Meter Höhe auf der Altiplano-Hochebene ausdehnte. In der Ferne türmten sich die gletscherbedeckten Bergriesen der Königskordilleren in den azurblauen Himmel auf. Bis an die Stadtgrenze heran reichte das Ufer des riesigen Titicaca-Sees, der mit seinem Wasser und mit Hilfe eines intelligent geplanten Kanalsystems eine trockene, staubige Wüstenlandschaft in ein grünes Anbaugebiet verwandelt hatte. Seine Bewohner verwendeten ein Konservierungsverfahren für ihre Lebensmittel, das wir heute als Dehydrieren kennen, schmolzen Erze bei 1700 Grad und schufen eine Textilproduktion bester Qualität.

Wenig ist von der einstigen Pracht und Größe geblieben, weil Tiahuanaco 400 Jahre lang schamlos als Selbstbedienungsladen für Haus-, Eisenbahn- und Straßenbau mißbraucht wurde, Monolithstatuen zerteilt oder ihnen die Köpfe abgeschlagen wurden, und mit dem Einverständnis der Regierung wurden Mauern und Standbilder noch im 20. Jahrhundert mit Dynamit zersprengt. Doch stolz und ehrfurchtgebietend empfängt noch immer das »Sonnentor« der toten Stadt seine Besucher. Aus einem einzigen Steinblock wurde es herausgearbeitet: drei Meter hoch, zehn Tonnen schwer. Auf seiner Vorderfront abgebildet sehen wir die geflügelten Götter der einstmaligen Bewohner mit ihrem helmähnlichen Kopfschutz und merkwürdigen Stäben in den Händen, Zepter, die in zwei Kondorköpfen auslaufen. Sollten es die gleichen sein, die die ersten Inka von ihren Göttern erhielten? Tiahuanacos ursprünglicher Name nämlich könnte »Inti Huahuan Haque« gewesen sein, was »Ort der Söhne der Sonne« bedeutet oder »Ewige Stadt«.

Seit im mystischen Tiahuanaco Fürsten aus allen Gebieten des Reiches ihren Tribut darbrachten und vor den gigantischen Skulpturen den »himmlischen Wesen« huldigten, scheint die Zeit stehengeblieben zu sein. Fast vermeint man noch durch den Wind der Zeit alte Indianergebete an ihren Gott-Schöpfer zu hören, wie sie die spanischen Chronisten notierten:

»Wo bist Du, Viracocha?
Hoch oben im Himmel oder tief unten?
Wohnst Du in den Gewitterwolken
Oder im Grollen des Donners?
Erhöre mich! Gib Antwort mir!
Erhöre meine Bitten, Viracocha!«

Zwei Kilometer abseits der touristischen Route liegt das rätselhafte Puma Punku, das Erich von Däniken[30] durch seine Berichte weltweit bekannt machte. Er bezeichnete es als »das wirkliche Rätsel der Anden«, weil in Puma Punku, dem »Tor des Puma«, eine Tempelanlage erstaunlicher Gigantik liegt. Bis zu 130 Tonnen wiegen die Steinblöcke, die über eine Entfernung von etwa zehn Kilometern herantransportiert und geschliffen, poliert und mit feinen, linealgeraden Rillen versehen wurden. Im »Lego-Baustein-System« wurden die Blöcke miteinander durch Kupferklammern – etwas Einmaliges in Altamerika – exakt verbunden und geben so noch heute der Nachwelt ein unlösbares Rätsel auf.

Nach den Legenden der Anden-Indianer soll an diesem Ort der Schöpfer *Con Ticci Viracocha* die Welt erschaffen haben. Die Ahnen der Indios, die an den Ufern des Titicaca-Sees beheimatet waren, berichteten schon den ankommenden Spaniern 1533 von weißen, bärtigen Menschen oder Riesen, die in Tiahuanaco lebten, von Sternengöttern, wie sie auf dem Sonnentor abgebildet sind. Sie sollen es gewesen sein, die die riesige Stadt erbauten und den Eingeborenen die Zivilisation brachten.[31] Aus dieser Quelle heraus erblühte eine der frühesten gesamtandinen Kulturen, die ihre Macht von der peruanischen Küste bis in entlegene Urwaldregionen vorschob und schließlich ein Gebiet von über 275 000 km² umfaßte, das vom 64. bis zum 71. Längengrad und vom 14. bis zum 23. südlichen Breitengrad reichte. Ihr Wissen, ihre Kunst und ihre religiösen Vorstellungen exportierte diese Kultur noch weit darüber hinaus. Welchen historischen Kern mag eine solche Ursprungslegende haben? Ich denke, die Aussage ist eindeutig. Wie so oft zu Beginn eines Entwicklungsprozesses einer Kultur, so stehen auch hier wieder Wesen, die nicht von dieser Erde kamen. Warum sollten diese weltumspannenden Überlieferungen weniger real sein als die Legende von der Gründung Roms oder dem Stadtstaat Troja?

Die Nicht-Menschen

In der Tiahuanaco-Region lebten einst die *Uru*, auch *Kot-Sun* genannt, die von manchen Forschern als die interessantesten Indianer der Anden bezeichnet werden. Heute sind sie »eine im Aussterben begriffene kleine Gruppe von Menschen, die – und das ist das merkwürdigste – es entschieden ablehnen, zu den Menschen gezählt zu werden«.[32] Weit draußen auf dem heiligen Andensee haben sie sich auf künstlichen, schwimmenden Schilfrohrinseln niedergelassen. Auch heute sind sie nur mit Booten erreichbar und bereiten den Bürokraten Perus und Boliviens manche schlaflose Nacht, weil die Uru nach einem Unwetter in den Kordilleren von einem Tag auf den anderen ihre Staatszugehörigkeit wechseln, wenn ihre Inseln zum Nachbarstaat hinübergetrieben werden. Bis vor einigen Jahrzehnten sah man die Männer der Uru fast niemals das Land betreten. Mit anderen Indianern wollten diese »Nicht-Menschen« nichts zu tun haben, obwohl ihr Volk früher bis hinunter zur Pazifikküste ansässig gewesen ist.

Ihre Erinnerungen an die Wellen neuer Einwanderer, die sie schließlich in den See zurückdrängten, sind vage, aber deutlich sind ihre Mythen um eine steinerne Stadt: Tiahuanaco. Dem französischen Ethnologen Jean Vellard sind einmalige Aufzeichnungen dieser Erzählungen zu verdanken.

»Wir, die anderen, wir die Seebewohner – die Kot-Sun –, wir sind keine Menschen«, berichten sie. »Wir waren eher da als die Inka, und noch bevor der Vater des Himmels Tatiú die Menschen erschaffen hat, die Aymara, die Ketschua, die Weißen. Wir waren sogar schon da, bevor die Sonne die Erde zu erleuchten begann … Damals, als der Titicaca viel größer war als heute … Schon damals haben unsere Väter hier gelebt. Nein, wir sind keine Menschen … Wir sprechen keine menschliche Sprache, und die Menschen verstehen nicht, was wir sagen. Unser Kopf ist anders als der Kopf der Indianer. Wir sind sehr alt, wir sind die Ältesten ... Wir sind keine Menschen.«[33]

Als noch keine Menschen auf der Erde lebten, nur die Uru, das war die Zeit, als die Städte des Altiplano erbaut wurden, besonders das ruhmreiche Tiahuanaco. Damals, so behaupten sie, hätten sie noch anders ausgesehen als heute, ähnlich wie die Figuren in Tiahuanaco. Erst nach und nach hätten sie sich verändert, bis sie ihre jetzige Form angenommen haben und nun menschenähnlich seien. In der zweiten Geschichtsepoche seien die Uru dann in Ungnade gefallen, die Menschen der Erde bewohnten nun die Anden, und alles Leben erlosch in Tiahuanaco.

Es ist eine eigenartige Geschichte, die die Uru da über sich selbst erzählen. Sie sagen nicht, sie hätten Tiahuanaco erbaut, aber sie sagen, daß sie die Stadt einmal besiedelt haben. Sie sagen, sie seien keine Menschen. Aber was sind sie dann? Und warum behaupten sie dies? Welches ist der reale Kern dieser Erzählung? Gibt es eine Möglichkeit, ihre Aussagen zu überprüfen?

Überall in Altperu waren die Menschen der Ansicht, daß sie einst unmittelbaren Kontakt mit Wissensbringern aus dem All gehabt haben. Deshalb verehrten sie die Himmelskörper, die in der dünnen, klaren Luft funkeln wie kaum irgendwo auf der Erde, und deshalb stellten sie Sonnen, Monde und Sterne in ihren Tempeln oder auf ihren profanen Keramiken dar. Es ist ein weit verbreiteter Irrtum, daß die altindianischen Völker »Sonnen- und Sternenanbeter« waren. Nein, sie beteten nicht die Himmelskörper selbst an, sie verehrten die Kraft, die Wesen, die sie »dort«, dort bei den Sternen vermuteten. Besonders deutlich wird dies, wenn wir uns die Überlieferung der *Chimú* ansehen. Die Chimú-Indianer glauben ähnlich wie die Uru und Toraja, daß die Menschen selbst von den Sternen auf die Erde gelangt seien. Noch lange nach der Eroberung Perus durch die Konquistadoren und die christliche Missionierung mußte der Erzbischof von Lima eine strenge Instruktion erlassen, in der die Priester seiner Diözese angewiesen wurden, in ihren Gemeinden die Überzeugung der zum Christentum bekehrten Indianer zu bekämpfen, daß die Vorfahren der Menschen aus dem Weltraum, von den Sternen gekommen wären.[34]

Wie blind und taub müssen eigentlich einige Archäologen, Anthropologen, Religionswissenschaftler und Ethnologen sein, wenn ihnen nicht auffallen will, was so offensichtlich zu allen Zeiten und von allen Völkern der Erde – und wohnten sie auch noch so fern voneinander – überliefert wird? Wie blind und taub muß man sich stellen, wenn man Schriften über Raumschiffe und Rekonstruktionen von Flugzeugen nicht zur Kenntnis nehmen will? Wie grenzenlos borniert muß man sein, wenn man all dies auf Phantasie, Drogenkonsum und Naturereignisse abschieben will!

Professor Rolf Ulbrich[35] aus Berlin gehört nicht zu dieser Kategorie von prä-galileischen Wissenschaftlern. Er hat den Mut, das Problem beim Namen zu nennen:

»Seitdem wir alles, was wir brauchen und fürchten, mit Hilfe der Technik selbst herstellen können, schwand unser Interesse an den materiellen und geistigen Einwirkungen von außen, und die Götter und die anderen seltsamen Wesen, die früher aus unbekannten Gründen zur Erde herabstiegen und mit den Menschen redeten, gehören jetzt nur noch der Welt der Sagen und Märchen an. Seitdem wir sie als bloße Erinnerung in Tempeln, Domen, Säulen, Tabernakeln, Klöstern und Schlössern eingemauert haben, dürfen sie nur noch dort wohnen,

166

aber uns nichts mehr sagen. Nicht mal mehr ›geistig‹ will man diese Wesen bei uns landen lassen.

Da in unserer Zeit kein wissenschaftlich erkennbarer Kontakt mit außerirdischen Wesen besteht, folgern die Vertreter der geozentrischen Logik, es habe auch früher keine solchen Annäherungen gegeben und es könne auch daher in Zukunft nicht dazu kommen. Die Götter vieler Religionen werden im Rundumschlag ins Reich der Mythologie verwiesen...

Der Mensch negiert seine Geschichte, seine Erfahrungen und seine Religionen, weil er modern sein möchte. Er vergißt dabei, daß es ohne Vergangenheit keine Zukunft gibt.«

VI

Der prä-irdische Mensch

»Ist der Mensch auch für außerhalb der Erde
gemacht? Das ist eine der spannendsten Fragen.
Und diese spannende Frage geht natürlich
an das Selbstverständnis von Menschen.«

Prof. Reinhard Furrer,
Physiker und Astronaut (1940–1995)

Das Gehirn des Menschen verfügt über »kognitive Karten«.
Sie repräsentieren ihm neuronal seine Position in Gegenden,
die er bereits kennt. Wenn ein Astronaut nun die Erde
verläßt, gerät er in einen Zustand, in dem die sensorischen
Informationen der Außenwelt durch die Schwerelosigkeit
völlig andere sind. Auf der Erde benötigt der Mensch zwischen 10 und 15 Jahre, um seine »kognitive Programmie-
rung« abzuschließen. Warum gelingt es ihm dann aber
im Weltall, sich nach unglaublich kurzer Zeit problemlos
zurechtzufinden? Ist der Mensch also bereits genetisch so
angelegt, auch die Zustände im All und nicht nur die Umgebung auf der Erde zu begreifen? Nach der Evolutionstheorie aber wäre dies unmöglich. Es sei denn, es habe eine
gezielte, künstliche Genmanipulation stattgefunden.

Unheimliche Begegnung der vierten Art

Die Bezeichnung »Begegnung der ersten, zweiten, dritten und vierten Art« wird für das Phänomen der heutigen UFO-Sichtungen gewählt. Die Kategorien stellen eine Abstufung der sogenannten CE-Kontakte (Close-Encounter oder Nahbegegnungen) dar. CE-I wäre demnach die Begegnung mit einem nicht zu identifizierenden Objekt, das am Boden oder in unmittelbarer Nähe eines Beobachters gesehen wurde. CE-II bezieht sich auf eine Sichtung mit physikalischen Effekten oder Spuren. Bei CE-III-Fällen werden Wesen/Insassen wahrgenommen, und in die Kategorie der Abteilung CE-IV gehören alle Vorgänge, bei denen Zeugen behaupten, sie seien in ein UFO entführt worden und deren Insassen seien in eine Interaktion zu ihnen getreten.

Die Toraja und andere Völker rund um den Globus haben immer wieder die Auffassung vertreten, sie seien von Wesen aus dem Weltraum besucht worden, diese wären in Kontakt mit ihnen getreten, manchmal sei sogar Geschlechtsverkehr praktiziert worden. Die Bibel berichtet von sexuellen Kontakten zwischen Engeln und Frauen, die Hopi zwischen den Weisen aus dem All und Indianermädchen, himmlische »Drachen« entführten junge Chinesinnen zu ihren göttlichen Herren. Dieses Verhalten scheint bis heute bei vielen sogenannten UFO-Entführungsfällen noch immer eine wesentliche Rolle zu spielen. Johannes Fiebag[1] hat in den vergangenen Jahren Hunderte von Zeugenaussagen hierzu analysiert und systematisch mit Wissenschaftlern verschiedener Richtungen ausgewertet. In seinen Büchern »Die Anderen«, »Kontakt« und »Sternentore« zeigt er das weite Spektrum dieser unmittelbaren Kontakte mit einer außerirdischen Intelligenz in unserer Zeit.

Sollte solcher geschlechtlicher Verkehr zwischen außerirdischen Wesen und Menschen stattgefunden haben, könnte eine exakte *Gen-Analyse* uns den Beweis dafür in die Hände legen, daß tatsächlich kosmische Eingriffe auf der Erde stattgefunden haben. Die Chance, tatsächlich im menschlichen Genpool etwas zu finden, das auf außerirdische Besuche hindeutet, ist möglicherweise größer, als viele denken mögen.

Die Königsfamilien der Toraja von Sangalla, Mengkendek und Ma'kale behaupten, in ihren Adern fließe noch immer das »weiße Blut« ihrer himmlischen Vorfahren. Die Toraja wissen natürlich, daß es nicht tatsächlich weiß ist; sie wissen, daß es sich trotz der *adat*-Regeln im Laufe der Jahrhunderte durch Heiraten mit »normalem« menschlichem Blut vermischt hat. Ähnliches gilt auch für die Uru, die »Nicht-Menschen« und ihr »schwarzes Blut«. In der Anthropologie und Archäologie ist die Gen-Analyse heute eine gängige Methode, um menschliche Abstammungslinien weit mehr als 100 000 Jahre zurückzuverfolgen. Sollte es nicht realisierbar sein, mit Hilfe einer solchen modernen Technik mögliche Abweichungen im genetischen Material festzustellen?

Mitte der 80er Jahre entwickelte der spätere Nobelpreisträger Kary Mullis ein Verfahren zum Kopieren von Erbmaterial, das zu einer der wichtigsten Erfindungen des zwanzigsten Jahrhunderts wurde. Nachhaltig hat es die Biomedizin, die Evolutionsbiologie, die Archäologie, die Gerichtsmedizin und viele andere Wissenschaftszweige beeinflußt. Erbmoleküle lassen sich in kürzester Zeit milliardenfach vermehren, mit »maßgeschneiderten Sonden« kann ein ganz bestimmter Abschnitt des Erbmaterials aufgefunden werden, man kann sogar bestimmen, wie aktiv ein Gen in einem Gewebe ist. Beim Erkennen unbekannter Gene hat sich mittlerweile die Polymerase-Kettenreaktion als höchst nützlich erwiesen. Mit diesem

Verfahren können Spezialisten die Erbanlagen sogar an einer genau definierten Stelle manipulieren.[2] In den USA gibt es schon seit einigen Jahren PCR-Baukästen, mit denen die Polymerase-Kettenreaktion, also die Vervielfältigung von Erbmaterial, Kindern und Jugendlichen in den Schulen ermöglicht wird. Die Firma Hoffmann-La Roche verwendet inzwischen ein Enzym, das unerwünschte Erbmoleküle vor dem Kopiervorgang des Erbmaterials ausschaltet und vernichtet.

Dies ist in mehrerlei Hinsicht interessant. Nehmen wir an, Außerirdische hätten tatsächlich mit irdischen Frauen oder Männern Nachkommen gezeugt, dann ist wohl nicht davon auszugehen, daß die genetische Erbmasse der beiden Eltern identisch war. Dazu liegen im Verlaufe einer evolutionären Entwicklung zu viele spezifische Einflüsse vor. Denken wir nur einmal daran, wie sich bestimmte genetische Merkmale bereits bei den unterschiedlichen Ethnien auf der Erde entwickelt haben. Den Wissenschaftlern hilft aber genau dies, um beispielsweise die Einwanderung der Indianer auf dem amerikanischen Kontinent, die Völkerzüge Europas oder gar die »Ur-Eva«, die Mutter aller Menschen aus einer Population in Afrika »errechnen« zu können. Damit läßt sich ein »chronologisches Notizbuch« anlegen, aus dem sich Mutationen im Erbgut erkennen lassen und Aufschluß über den Zeitpunkt geben, zu dem eine Genbaustein-Kombination erstmalig auftrat. Bis zum Ende des ersten Jahrzehnts des 21. Jahrhunderts rechnen viele Genomforscher damit, das menschliche Erbmaterial vollständig offengelegt zu haben.[3] Dieser »gläserne Mensch« sollte uns die Möglichkeit eröffnen, mögliche genetische Spuren außerirdischer Wesen zu erkennen. Hier wäre der Mut einiger Wissenschaftler und die finanzielle und materielle Unterstützung durch ein Institut gefragt. Der Erfolg einer solchen Arbeit würde diesen vergleichsweise geringen Einsatz wohl allemal rechtfertigen.

Heimliche Begegnung der fünften Art

Wonach könnten Genforscher konkret suchen? Prinzipiell nach Genen, die urplötzlich im menschlichen Genbausatz auftraten, Gene, die im tierischen oder pflanzlichen Sektor ebenfalls keine Vorläufer kennen. Die Forschungsarbeit der letzten Jahre hat bereits den ersten vollständigen genetischen Informationstext eines Organismus' offenlegen können. Einem internationalen Projekt gelang es, die Bäckerhefe *Saccharomyces cerevisiae* mit einer Bausteinreihenfolge von etwa zwölf Millionen Basenpaaren zu entschlüsseln. Über 6000 Gene konnten bis 1996 identifiziert werden, wobei einem Drittel der Erbanlagen genaue Funktionen zugewiesen werden konnten, einem weiteren Drittel vermutete Wirkungen. Eines der wichtigsten Ergebnisse des Hefegenom-Projektes war, daß jede dritte bis vierte Erbanlage der Hefe einem Gen im Erbgut des Menschen ähnelt.[4] Je mehr einzelne Gene oder Gengruppen in den nächsten Jahren Entwicklungsvorgängen zugeordnet werden können, desto schneller könnten mögliche außerirdische Gene ohne Vorläufer erkannt werden.

Gen-Sonden könnten weiterhin gezielt nach Genen suchen, die inaktiv sind. Es kann nämlich davon ausgegangen werden, daß ein Gen, das unter anderen evolutionären Bedingungen selektiert wurde, in der »neuen« planetaren Umgebung keine unmittelbare Verwendung mehr findet, also »ruhend gestellt« wird. Diese Vorgehensweise, im recht komplexen menschlichen Genom nach »abgeschalteten« Genen zu suchen, ließe sich leichter handhaben als die Zuordnung jeder einzelnen Funktion zu einem einzelnen Gen.

Die generelle Frage ist, wie ist es dem hypothetischen außerirdischen Gen überhaupt gelungen, in das Genom des Menschen einzudringen, sozusagen eine »heimliche Begegnung der fünften Art« durchzuführen? Geht denn das überhaupt? Wir alle wissen doch, daß, selbst bei evolutionär gesehen so engen Verwandten wie es Menschen und Affen sind, keine gegenseitige natürliche Befruchtung stattfinden kann.

Um diese Frage zu beleuchten, begeben wir uns zusammen auf eine kleine Reise in die Welt der Gene, der DNS, RNS und der Chromosomen: Jede Doppelspirale der DNS, in der menschliches Erbgut verschlüsselt ist, wird Chromosom genannt. Wir Menschen haben 23 solcher unterschiedlicher Chromosomenpaare. Ein jedes DNS-Molekül besteht aus kleinen Bausteinen, die dann die typische leiterförmige Struktur eines sich windenden Doppelstranges ergibt. Ihre Bausteine nennt man Nukleotide, die in vier Formen auftreten. Aus der Kombination dieser vier Nukleotide besteht die gesamte Sprache des Lebens. Allein ein einziges menschliches Chromosom besteht aus etwa fünf Milliarden Nukleotidenpaaren. Über diese verschlüsselten genetischen Instruktionen sind wir zwar mit allen Lebewesen der Erde verwandt – mehr oder weniger –, doch fehlt auch nur ein Chromosom, so ist eine gegenseitige Befruchtung nicht mehr möglich. Wie sehr würden wir uns dann von nichtirdischem Leben unterscheiden? Wäre die Zeugung neuen Lebens durch zwei so verschiedene Wesen überhaupt möglich? Ja und nein.

Eine natürliche Fortpflanzung würde doch wohl nur dann eintreten, wenn beide dieselben genetischen Voraussetzungen hätten. Dies aber wäre nur anzunehmen, wenn die uns besuchenden Außerirdischen und wir dieselbe stammesgeschichtliche Vergangenheit hinter uns hätten, wenn also der Mensch nicht von dieser Erde oder aber der Außerirdische ursprünglich aus irdischem Leben hervorgegangen wäre. Beide hypothetischen Möglichkeiten können wohl aus guten Gründen ausgeschlossen werden. Irdische Raumfahrer müßten dann nämlich vor vielen hunderttausend Jahren in den Weltraum aufgebrochen sein, um in geschichtlichen Zeiten zurückzukehren. Für eine solch frühe technische Zivilisation auf unserem Planeten spricht indes nichts. Weder wurden bislang entsprechende archäologische Funde präsentiert noch stießen Forscher auf abgebaute Rohstofflager, alte Satelliten im stationären Erdorbit oder ähnliche Hinweise einer Raumfahrt betreibenden Menschheitsrasse. Auf der anderen Seite ist der Inhalt des menschlichen Genoms evolutionär so stark mit den Lebewesen der Erde verwandt, unsere »Genbücherei« enthält viele gleiche Sätze und Seiten, daß eine ausschließlich außerirdische Herkunft schlechterdings unmöglich ist.

Aber das alles schließt nicht aus, daß künstliche Eingriffe in die menschliche Existenz stattgefunden haben. Aus der modernen UFO-Forschung sind uns genau solche Berichte bekannt. Dr. J. Fiebag[5] hat etliche Fälle von Embryonendiebstahl und die Erschaffung von Hybridkindern im Zusammenhang mit dem UFO-Phänomen ermittelt. Beispielsweise dokumentierte er den Fall der Franziska Sutter, die in den 70er Jahren möglicherweise von Außerirdischen Eizellen aus den Ovarien entnommen bekam und künstlich befruchtet wurde. Ähnliche Vorgänge haben mittlerweile viele Frauen berichtet. So auch Monika Goldmann aus dem thüringischen Meiningen, die traumartige Erinnerungen an eine künstliche Geburt hat: »Ich bekam von dem Eingriff nichts mit, sah das Kind aber später. Es war klein und hatte große dunkle Augen. Man hatte es in ein weißes Tuch gehüllt, so daß nur der Kopf zu sehen war. Eigentlich war es ein normales menschliches Gesicht – bis auf die Augen.« Auch wenn Frau Goldmann deutliche Zeichen einer tatsächlichen Schwangerschaft aufwies, läßt sich freilich nicht mit Sicherheit sagen, ob das, was sie erlebt hat, »real« gewesen ist. Sollten diese Frauen wirklich Kontakt mit einer außerirdischen Intelligenz gehabt haben (das Phänomen selbst jedenfalls scheint sich über das Mittelalter bis hin in die

Frühzeit der Menschheit verfolgen zu lassen) und hat es tatsächlich einen Befruchtungsvorgang gegeben, müßten sich in den Genen Spuren davon nachweisen lassen.

Eine Fährte zu außerirdischen Genen

Die Wiener Humanbiologin Dr. Martina Steinhardt[6] hat sich in einem sehr beachtenswerten Aufsatz über Autoimmunkrankheiten die Frage gestellt, ob man einen Beweis für Genmanipulationen an unseren Vorfahren durch außerirdische Besucher finden könne. Sie führt aus: »Die manipulierten Gene selbst wird man vermutlich nicht wiederfinden, aber ihre Wirkungen, ober besser gesagt *Neben*wirkungen – nämlich unerwünschte – legen vielleicht eine Spur zu ihnen.«
Jedem Leser dürfte bekannt sein, daß es bei Organübertragungen immer wieder zu fatalen Abwehrreaktionen des Körpers kommen kann, die das neue Organ innerhalb eines ganz kurzen Zeitraumes zerstören. Insbesondere bei der Verpflanzung von Tierherzen oder -lebern tritt dieser Mechanismus sehr schnell ein, bei Primaten etwas langsamer, aber letztlich mit der gleichen Konsequenz. Doch durch die Gentechnik haben sich die Chancen einer solchen Xenotransplantation verbessert, da man nun versucht, das tierische Gewebe zu vermenschlichen. Der Körper akzeptiert das neue Organ nicht mehr als gänzlich artfremd. Und genau so müßten auch extraterrestrische Wesen vorgehen, wollten sie z.B. Hybridwesen (Mischwesen aus Mensch und Außerirdischen) herstellen oder auch nur ein einzelnes Gen einschleusen. Zusammenfassend stellt der Chemiker und Wissenschaftsjournalist Dr. Reiner Flöhl[7] die derzeitige Situation so dar:
»Die wichtigsten Ursachen für die schnelle Zerstörung der Organe genetisch mit dem Menschen nicht verwandter Tiere

sind weitgehend bekannt. Jeder Mensch verfügt über ständig zirkulierende Antikörper, die beim ersten Kontakt mit dem fremden Organ sofort reagieren. Die dabei ablaufenden Vorgänge aktivieren das eigentlich zur unspezifischen Abwehr von Krankheitserregern vorgesehene Komplementsystem. Dies führt zu inneren Blutungen und zur Bildung von Gerinnseln und damit letztlich zur Zerstörung des fremden Organs... Inzwischen ist es durch die Injektion entsprechender Gensonden in Embryos gelungen, die Gewebe einer ganzen Reihe von Tierarten zu vermenschlichen.«

Voraussetzung für einen Erfolg ist jedoch, daß eine konsequente Unterdrückung des Immunsystems betrieben wird. Dies ist übrigens selbst bei Organtransplantationen von einem Menschen zum anderen der Fall. Eine Alternative zur Bekämpfung der Antikörper ist die »Installation« eines speziellen Enzyms in der äußeren Schicht der Gefäße. Ziel sei es, so Dr. Flöhl, »zu Organen zu gelangen, die vom Menschen wie körpereigenes Gewebe toleriert werden. Dies will man unter anderem durch die Transplantation von Knochenmark der Tiere erreichen. Auf diese Weise soll ein chimäres (tierische und menschliche Komponenten umfassendes) Abwehrsystem entstehen.«

Doch veränderte Gene können noch immer eine Allergie im Wirtsorganismus auslösen. Dr. Steinhardt, mit der ich mehrmals über diesen Punkt diskutieren konnte, sieht nun den genetischen »Knackpunkt« in der Frage, ob man ein fremdes Gen auf Grund einer allergischen Reaktion erkennen könne.

»In diesem Zusammenhang bin ich auf die sogenannten Autoimmunkrankheiten *gestoßen*. Es handelt sich dabei meist um entzündliche Krankheitsprozesse, die dadurch entstehen, daß der Organismus plötzlich auf das *eigene* Gewebe allergisch reagiert! Warum geschieht das? Warum erkennt er plötzlich seine eigenen Eiweiße nicht mehr? Manche Menschen scheinen geradezu prädestiniert für Autoimmunkrankheiten zu sein, während andere davon nie befallen werden – genauso wie manche unter Heuschnupfen leiden und andere nicht. *Aber hier liegt der Hund begraben*: Bei Heuschnupfen weiß man, daß es Blütenpollen sind, die die Allergie hervorrufen. Bei der Katzenallergie weiß man, daß es Katzenhaare sind. Nach einer Organtransplantation weiß man, es ist das Eiweiß des fremden Organs. Und neuerdings weiß man, daß fremde Gene Allergien hervorrufen können.

Aber wie kommen die Autoimmunkrankheiten zustande? Genau das weiß man *nicht*. Es gibt bis heute keine Erklärung, warum der Körper das eigene Gewebe, das eigene Eiweiß, als fremd einstuft. Was ist also fremd am eigenen Gewebe?

Könnte es sein, daß die Autoimmunkrankheiten dadurch entstehen, daß wir gegen ehemals fremde Gene sensibilisiert werden, die auch nach Jahrtausenden noch fremd sind, weil sie immer fremd bleiben?«

Dies könnten *die* Gene sein, nach denen wir suchen müssen, wenn wir nachweisen wollen, daß Außerirdische genetische Manipulationen am Menschen durchgeführt haben.

Astronauten vor der Erde

Einen anderen höchst interessanten und geistvollen Einfall hatte der deutsche Astronaut Dr. Reinhard Furrer. Ich traf den polyglott gebildeten Weltraumfahrer wenige Tage vor seinem tragischen Flugzeugabsturz 1995. Wir waren beide als Referenten zu einer Konferenz der »*Ancient Astronaut Society*« in Bern eingeladen. Professor Furrer, damals Direktor des Instituts für Weltraumwissenschaften der Freien Universität Berlin[8], war sehr kritisch gegenüber der PaläoSETI-Theorie eingestellt. Und obwohl er eigentlich nie über solche »phantastischen« Vorstellungen zur außerirdischen Vergangenheit der Menschheit diskutieren wollte, sprang er doch über seinen eigenen Schatten, weil er plötzlich eine Idee hatte, die ihn nicht mehr losließ. Und dieser Gedanke hing eng mit seinem Aufenthalt im Weltraum-Forschungslabor *Spacelab* zusammen, der ihn so nachhaltig geprägt hatte.

Reinhard Furrers Ausgangsfrage war: »Was passiert mit der Biologie in der Schwerelosigkeit?« Hierbei interessierten ihn erst einmal die weißen Blutkörperchen oder *Leukocyten*. Gegenüber den roten erkennt man sie an ihrem farblosen Erscheinen im Blutbild. Sie untergliedern sich nach der Bauart in die *Granulocyten*, *Monocyten* und *Lymphocyten*, wobei letztere etwa 25–40 % aller weißen Blutkörperchen ausmachen. Sie sind unter anderem an den Abwehrreaktionen gegen körperfremdes Eiweiß beteiligt.[9]

In seinem denkwürdigen Vortrag, den ich hier zum ersten Mal in großen Teilen im Originaltext veröffentlichen kann, argumentierte der Space-Shuttle-Astronaut wie folgt:

»Nehmen Sie einen Astronauten und lassen Sie ihm Blut abnehmen, und schauen Sie nach, wie die Lymphocyten, weiße Blutkörperchen, sich teilen. Und dann stellen Sie fest: Wenn Sie in die Schwerelosigkeit gehen, hören die Lymphocyten fast im gleichen Augenblick auf, sich zu teilen. Sie teilen sich nur noch zu sieben Prozent!

Dieses Experiment machen wir permanent seit 1985. Der, der zuerst das Experiment durchgeführt hat, ein Kollege von der ETH Zürich, hat gar nicht gewagt, es zu publizieren. Nach der dritten Amplifikation (erweiterten Ausführung, Anm. d. Autors) haben wir es veröffentlicht. Heute sind wir bei Versuchen, um zu verstehen, warum sich die Biologie *schlagartig* ändert, wenn sie in die Schwerelosigkeit kommt.

Die Biologie scheint ziemlich davon abhängig zu sein, wo sie stattfindet. Erstens: In der Schwerelosigkeit teilt sich ein Bakterium in einem anderen Rhythmus. Fruchtfliegen entwickeln sich in 36 Tagen in einem natürlichen Lebensraum auf der Erde; im Weltall leben die Männchen 18 Tage und die Weibchen wie bisher 36 Tage. Sie sind genauso entwikkelt, sie haben keine Mißbildungen. Offensichtlich scheint der biologische Zyklus – geschlechtsspezifisch – dramatisch davon abhängig zu sein, ob er in der Schwerelosigkeit stattfindet.

Wenn denn Biologie so sehr davon abhängig ist, ob sie in der Schwerelosigkeit funktioniert: – was ist dann mit dem Menschen? Denn letztlich und endlich ist der Mensch ja Biologie. Was passiert mit einem Menschen, einem Lebewesen, das in die Schwerelosigkeit kommt?

Eine etwas provozierende Feststellung: Es hat noch niemals ein Mediziner beweisen können – vorher, meine ich –, daß Menschen im Weltall überleben können. Die Astronauten sind rausgegangen, haben überlebt, sie sind zurückgekommen und haben gesagt: ›So, jetzt überlegt mal, warum wir überlebt haben.‹«

Diese Feststellung, die Reinhard Furrer hier vorlegt, haben viele Menschen heute nicht mehr in ihrem Bewußtsein. Aber diese Problematik war eine der zentralen Überlegungen, bevor der Kosmonaut Juri Gagarin zum ersten Mal in den Weltenraum vorstieß. Warum hatte ein Mensch unter Bedingungen wie der Schwerelosigkeit überleben können, obwohl noch nie zuvor ein Wesen unseres Planeten dieses Phänomen erlebt hatte? Laut der Evolutionstheorie, die davon ausgeht, daß Lebewesen genetisch immer erst auf eine veränderte Situation reagieren – und zwar nie kurzfristig, sondern immer über sehr lange Zeiträume hinweg, hätte Juri Gagarin unweigerlich sterben müssen. Denn eine solche Situation hat in der irdischen Evolution ja nie geherrscht.

Dr. Furrer, der im Rahmen der deutschen *Spacelab-Mission-D1* selbst zahlreiche Versuche im Zustand der Gewichtslosigkeit ausführte, schlägt zur Betrachtung dieser erstaunlichen Tatsache einen gedanklichen Bogen:

»Wir fangen mit einer ganz simplen Sache an. Wenn Sie als Mensch auf der Erde leben, haben Sie Blut in sich, zirka sechs Liter. Nun hat das Blut ein Eigengewicht, es ist schwer, und so ist der mikrostatische Druck unten, also an den Füßen, viel höher als oben im Kopf. Da das Gewicht der Flüssigkeit nach unten drückt, kann das Blut nur gehalten werden, weil die Gefäße (Adern) elastisch sind. Nun stellen Sie sich vor, Sie kämen jetzt als Astronaut in die Schwerelosigkeit. Die Blutgefäße sind weiterhin elastisch. Was machen die Adern dann? Sie drücken das gesamte Blut aus dem Unterteil des Körpers nach oben. Innerhalb von einigen Stunden werden zwei Liter Blut aus den Beinen und aus dem Bauchraum umverteilt in die Brust und in den Kopf. Die Amerikaner nennen das *Baby-Gesichtssyndrom.* Sie haben keine Falten mehr im Gesicht, sehen aus wie Babys, haben lange Storchenbeine. Das gesamte Flüssigkeitsvolumen von zwei Litern verteilt sich nämlich im Gesicht. Ironisch gesagt: Im Gegensatz zu den meisten Menschen meint der menschliche Körper, daß es das wichtigste ist, daß das Gehirn funktioniert. Und deswegen sucht der Körper nach einem Mechanismus, die Funktionsfähigkeit des Gehirns aufrechtzuerhalten. Doch zuviel Blut ist genauso schlecht wie zu wenig. Was für einen Mechanismus gibt es, das Blut nun wieder aus dem Kopf herauszukriegen? Keinen. Also läßt sich der Mensch etwas einfallen – oder vielmehr der Körper des Menschen –, um die Blutmenge zu reduzieren. Nach drei oder vier Tagen, maximal nach einer Woche, lebt jeder Astronaut mit nur noch vier Litern Blut.

Ich komme zum zweiten Punkt meiner Überlegungen. Ein Mensch adaptiert an die Schwerelosigkeit, er paßt sich ihr also an. Zum Beispiel ändert sich das Gleichgewichtssystem, die roten Blutzellen verändern sich, der Calcium-Gehalt in den Knochen verändert sich, der Hormonhaushalt ändert sich. Und zwar dramatisch. Das bedeutet aber: Der Körper scheint Regulationsmechanismen zu haben, zu finden, zu wissen – und dies in einer Art und Weise, wie keiner es auf der Erde für möglich halten würde.

Viele innere Vorgänge müssen sich also im Weltraum anpassen. Das dauert eine Zeit. Und wenn der Mensch auf die Erde zurückkommt, dauert die Anpassung wieder eine gewisse Zeit. Doch fast alle Anpassungsstrategien sind reversibel, sie können wieder zurückgenommen werden (ausgenommen z. B. die Strahlenbelastung oder Teile der Knochen).«

Außerirdische Programme im Menschen

Was Professor Furrer ganz richtig erkennt, ist die Tatsache, daß für diese Vorgänge keine entsprechenden genetischen Instruktionen vorliegen können. Wir brauchen uns nur einmal einen recht »harmlosen« Vorgang und seine Auswirkungen auf einen Menschen wie eine plötzliche Druckänderung analog dazu anzusehen. Ein zu rascher Übergang von atmosphärischem Überdruck zu Normaldruck (Dekompression) beziehungsweise von Normal- zu Unterdruck (Depression) infolge eines schnell eintretenden Druckgefälles bewirkt, daß Stickstoff im Blut und Gewebe sowie in den Zellen entbunden wird. Gasblasen bilden sich in den Körperflüssigkeiten. Dies führt zu Juckreiz (was noch relativ harmlos ist), kann heftige Schmerzen verursachen, Atemstörungen, Nervenkrämpfe und Dauerschäden am Skelett hervorrufen, im schlimmsten Fall steht das Koma und der Tod. Durch eine Druckkammer, in der bis zu 10 atü erzeugt werden können, kann ein langsamer Übergang ermöglicht werden, der mehrere Stunden andauert. Den meisten dürfte dieses Verfahren bei Tauchern bekannt sein, die zu schnell aus der Meerestiefe aufsteigen mußten, oder bei Fliegern, die einem rasanten Druckabfall ausgesetzt waren. Wieso kann sich aber ein Astronaut ohne größere Probleme in der Schwerelosigkeit aufhalten? (Die Übergangsphasen betragen nur Sekunden: 1. normale Anziehungskraft der Erde, 2. erhöhter Andruck beim Startvorgang, 3. Gewichtslosigkeit.) Wieso wird die Produktion der Lymphocyten fast augenblicklich drastisch verringert, das Blutvolumen um ein Drittel vermindert, ein körpereigener Druckausgleich hergestellt und schließlich sogar das Orientierungssystem umgestellt? Es ist dasselbe biologische System und reagiert doch so unterschiedlich. Um so erstaunlicher ist dies, wenn man sich den Entwicklungsprozeß eines Menschen verdeutlicht, wie es Furrer tat:

»Der Mensch kommt auf die Erde, im Gegensatz zu vielen anderen Lebewesen in eine Situation, in der er unfähig ist zu überleben, es sei denn, man kümmert sich um ihn: fünf, sechs, sieben oder acht Jahre. Bei den meisten Tieren ist dies anders, das Tier hat ein Überlebensprogramm, das bereits genetisch einprogrammiert ist. Der Mensch dagegen kommt auf die Erde und ist nicht überlebensfähig. Aber es gibt in der Natur nichts ohne Grund. Warum ist es dann so? Die Antwort ist wahrscheinlich die: Wenn Sie ein festes Programm haben, dann können Sie das Programm sofort abspielen lassen, aber Sie sind unfähig, selbständig und bewußt zu handeln. Wenn Sie mit einer Fähigkeit auf die Erde kommen, die nicht programmiert ist, können Sie zu programmieren anfangen. Das heißt, daß Ihnen alle Möglichkeiten offenstehen. – Der Mensch braucht zehn Jahre, um sein *Softwareprogramm* zu starten. Nach diesen zehn Jahren ist er soweit programmiert, daß er halbwegs ausgelernt hat. Nach zehn Jahren kann er Sprache, nach zehn Jahren beherrscht er die Feinmotorik. Alles, was der Mensch dann macht, passiert auf einer anderen Ebene. Und jetzt meine Frage: Ein Mensch kommt auf die Erde und hat gewisse sensorische Organe, er hat zum Beispiel ein funktionierendes Gleichgewichtsorgan, wenn er geboren wird, er kann – etwas später – mit den Augen sehen, hat also rezeptive Reize, und er hat taktile Reize durch Berührung. Alle diese Informationen werden aufgenommen und permanent vom kognitiven System verarbeitet. Aber ein Kind braucht eben zehn Jahre, um diese Informationen (Gleichgewichtssinn, Tastsinn und Optik) miteinander zu verknüpfen. Doch das erste, was ein Kind lernt, ist, wo oben und wo unten ist, weil das Gleichgewichtsorgan ihm immer sagt, wo der Mittelpunkt der Erde ist. Ob es die Augen zumacht, ob es schläft, ob es steht oder ob es liegt.

Aber wie ist das nun bei den Astronauten? Der Astronaut geht in die Schwerelosigkeit, die Rakete schaltet sich aus, und das Gleichgewichtsorgan, das ihm Tag und Nacht sagt, wo der Mittelpunkt der Erde ist, liefert ihm keine Informationen mehr. Was denn nun? Das Wort ›unten‹ macht nun keinen Sinn mehr. Kann er, können Sie das Wort ›unten‹ überhaupt noch benutzen? Wenn Sie das Wort ›unten‹ nicht benutzen können, können Sie dann das Wort ›oben‹ noch benutzen? Macht ein Rechts und Links noch Sinn? Wenn Sie nicht mehr entscheiden können, wo unten, oben, rechts, links ist, können Sie sich dann noch einen dreidimensionalen Raum vorstellen? Können Sie sich dreidimensional zurechtfinden?

Wir haben solche Experimente im Weltraum durchgeführt. Das Ergebnis ist ganz skurril: Stellen Sie sich vor, Sie treiben im Weltraum entlang und Ihnen kommen im Labor zwei Kollegen verkehrt herum entgegen, dann sind Sie so demokratisch erzogen und sagen sich: ›Die anderen sind im Recht.‹ Also fühlen Sie sich sofort, als würden Sie auf dem Kopf stehen – mit allen Konsequenzen. Nach zwei bis drei Tagen sagen Sie: ›Wieso hat immer die Mehrheit recht? Warum soll immer der andere recht haben?‹ Also sagen Sie: ›Ich habe recht.‹ Dann passiert folgendes: In Ihrem gesamten mentalen Auge drehen Sie sich die Umgebung anders herum zurecht, und Sie haben das Gefühl, daß Sie im Recht sind. Am fünften Tag können Sie zwischen den Koordinaten der Achsen beliebig hin und her schalten. Innerhalb von wenigen Sekunden können Sie ›unten‹ dahin tun, wo Sie es wollen.

Die Informationen, die im Weltall ankommen, sind nicht mehr so, wie sie jemals auf der Erde waren. Gestik, Sprache, taktile Reizfunktionen, alles ändert sich im All, nichts paßt mehr zusammen. Es gibt keine Strategie, die Sie auf der Erde gelernt haben, wie Sie das alles passend machen können. Und weil nichts mehr paßt, entscheidet sich der Astronaut, daß ihm schlecht wird. Das nennt man Raumkrankheit. Das bedeutet: Alle Informationen, die im Gehirn ankommen, können nicht mehr erfaßt werden. Der Widerspruch kann nicht mehr gelöst werden. Und deswegen wird der Astronaut raumkrank. Aber es gibt nichts in der Natur ohne Grund. Der gleiche Effekt tritt ein bei Vergiftungserscheinungen oder bei der Seekrankheit. In der Entwicklungsgeschichte des Menschen hat er einen Genmechanismus dafür entwickelt, um die Ursache für die Dysfunktion loszuwerden: der Magen dreht sich um. Die Frage, die wir uns aber stellen müssen, ist folgende: Wenn ein Mensch auf ein Schiff in New York geht und in Bremerhaven ankommt, und es ist ihm übel, dann übergibt er sich in Bremerhaven; und wenn er nach New York zurückfährt, in New York – und das nächste Mal dann wieder in Bremerhaven. Das heißt, Sie können nicht lernen, die Seekrankheit zu überwinden. Dieses Defizit behalten Sie ihr ganzes Leben.

Dasselbe gilt für die Luftkrankheit. Im Weltall ist das anders. Nach etwa drei Tagen paßt zwar immer noch nichts zusammen, aber nach drei Tagen können Sie mit allem leben: daß das Sehen, alles Fühlen, alle Bewegungen anders geworden sind, und Sie können mit dem Oben und Unten umgehen. Nach drei Tagen haben Sie sich mental an eine Umgebung angepaßt, die Sie auf der Erde noch nie erlebt haben. Wie ist das gelungen?

Erste Antwort: Sie haben dies *gelernt.* Astronauten sind allgemein Menschen mit einem guten Selbstbewußtsein. Dennoch gibt es keinen, der von sich behauptet, in drei Tagen mit Dingen umgehen gelernt zu haben, die er noch nie auf der Erde erlebt hat. Und wenn Sie daran denken, daß Sie als Kind zehn Jahre gebraucht haben, um diese Grundprogramme einzustellen, dann ist dies nahezu unwahrscheinlich. Wenn Sie es aber nicht gelernt haben, dann ist die Frage: Woher kommt diese Fähigkeit? Und die provozierende These, die ich mit einer Kollegin, einer Neuropsychologin veröffentlicht habe, war: Könnte es sein, daß das zentrale Nervensystem des Menschen so gut ist, daß es auch in einer nicht-irdischen Umgebung funktionieren kann? Also: Ist die Grundtechnik des zentralen Nervensystems nicht notwendigerweise an die Besonderheiten der Erde gebunden, an ihre Schwerkraft?«

Professor Furrer hat hier die entscheidende Frage aufgezeigt. Der Mensch, der vom Tage seiner Zeugung an sich immer im Schwerkrafteinfluß der Erde befand und der mindestens zehn Jahre benötigt, um in einer Wechselwirkung mit seiner Umwelt sein zentrales Nervensystem selbst programmieren zu können, der auch evolutionsmäßig immer an diesen Planeten gebunden war, geht hinaus ins All und lernt innerhalb von Stunden Dinge, die weder genetisch noch »softwaremäßig« vorbereitet gewesen sein können. Selbst einem Astronauten wie John Glenn, der mit 77 Jahren noch einen Weltraumflug durchführte, gelang dies problemlos. Andererseits bewältigen wir Menschen noch nicht einmal die Seekrankheit. Genetisch läge dies ja viel näher, da unsere Vorfahren laut Evolutionstheorie aus dem Wasser an Land kamen, in unserem Genom also diese alten Informationen nur reaktiviert werden müßten. Dieser Widerspruch läßt sich logisch nur lösen, wenn wir den Mut haben, einzugestehen, daß in unserem genetischen Erbe Informationen über ein Leben im Weltall vorhanden sind, die offensichtlich innerhalb kürzester Zeit wieder aktiv werden können, wenn die entsprechenden Bedingungen eintreten.

Weltraumsamen

Zwei Möglichkeiten scheinen mir für eine Lösung in Frage zu kommen. Professor Furrer stellt die Hypothese auf, daß bereits im Schöpfungsakt des Universums alle Fähigkeiten, die einmal auf Planeten entstehen, angelegt gewesen sein könnten. »Wir wissen mittlerweile, daß es im Weltall Molekülfragmente gibt, von denen wir glauben, daß sie für organische Moleküle taugen könnten... Ich nenne es mal den Samen aus der Geburt des Universums. Und der fällt irgendwann im Universum irgendwo hin. Er fällt zum Beispiel auf so etwas wie eine erkaltete Masse wie die Erde, die sich neben einer Sonne befindet, die die richtige Energie hat. Könnte es nicht sein, daß dieser Samen, weil er auf die Erde gefallen ist – im richtigen Augenblick, an der richtigen Stelle, in der richtigen Umgebung –, so angegangen ist, wie er angegangen ist? Und das prinzipiell der gleiche Samen auch irgendwo anders aufgefallen und aufgegangen sein könnte? Und daß alles, was hinterher in der Evolution passierte, im Prinzip vorher schon als Potential mitgegeben worden war? Das könnte bedeuten, daß das kognitive System des Menschen mehr kann, als sich nur in einer irdischen Umgebung zurechtzufinden. Ich rede nicht vom Rückgrat, ich rede nicht von den Muskeln, ich rede vom zentralen Nervensystem.«

Diese Sichtweise von Reinhard Furrer hat prinzipiell schon vor über 2500 Jahren der Grieche *Anaxagoras* zum ersten Mal zur Diskussion gestellt. Er meinte, das Weltall wimmele nur so von Leben, und unser Planet sei nur ein Empfänger organischer Substanz aus dem Kosmos. Louis Pasteur, der Vater der modernen Biologie, nahm diesen Ansatz vor über einem Jahrhundert erneut auf. Der berühmte britische Astronom Professor Sir Fred Hoyle[10] und sein Kollege Professor Nalin Chandra Wickramasinghe (beide an der Universität Cambridge tätig) haben diese Theorie von der »Panspermie« dann vor einigen Jahren aktualisiert. Sie kommen zu dem Ergebnis, daß diese universelle Idee zumindest gleichberechtigt neben der Vorstellung einer auf unserer Erde begonnenen Evolution stehen muß. Sie sind sogar der Auffassung, daß die Annahme von der irdischen Evolution in ihrer Fragwürdigkeit mit dem ptolemäischen Weltbild wetteifern könne, in dem die Erde als Mittelpunkt des Universums gesehen wurde.

»Wir halten es dagegen für wahrscheinlich, daß die Erde von Anfang an mit lebenden Zellen berieselt wurde«, konstatieren Sir Hoyle und Dr. Wickramasinghe.[11] »Die steril gewesene Erde wurde sozusagen von Leben angesteckt: Leben, das sich danach mit weiteren sporadischen Beigaben kosmischer Gene gemäß der sich ständig verändernden örtlichen Bedingungen auf der Erde entfaltete… Im Weltall kann es an zahllosen Orten entstanden sein. Allein in unserem Sonnensystem befinden sich 1000 Milliarden Kometen. Vergleicht man die atomare Zusammensetzung von Kometen mit der von Lebewesen, stellt man eine bemerkenswerte Übereinstimmung fest.

Die chemische Zusammensetzung der Erdoberfläche ist dagegen von der der Lebewesen völlig verschieden.«

Der Molekularbiologe Professor Francis H. C. Crick[12], der 1962 den Nobelpreis für die Entdeckung der DNS-Struktur erhielt, vertritt sogar die Ansicht, bei der Entstehung des Lebens könne eine gezielte Besamung der Galaxis durch außerirdische Intelligenzen vorgenommen worden sein, die vor vielen Jahrmilliarden »ihre« – und damit heute unsere – Art von Leben über den Sternenraum ausbreiteten.

Gehen wir von Cricks, Hoyles, Wickramasinghes und Furrers Hypothese aus, so würde dies zwangsläufig bedeuten, daß alle irdischen Lebewesen außerirdische Ursprünge in sich tragen. Einen solchen »Ur-Samen« zu finden, wäre wohl möglich durch entsprechende Funde in Meteoritengestein oder durch Probenentnahmen auf anderen Planeten, eine Strategie, die von der NASA und anderen Institutionen bereits mit beachtlichen Ergebnissen verfolgt wird.[13] Eine solche eindeutige Entdeckung wäre der Beweis, daß Leben in der Tat universell ist.

Bei dieser Suche nach außerirdischen Lebenskeimen sollte gezielt auch die Möglichkeit berücksichtigt werden, daß Viren oder Bakterien aktuell, also heute, aus dem Weltraum bei uns eintreffen können. Viren haben die natürliche Fähigkeit, Erbmaterial in Zellen einzuschleusen und werden deshalb in der Gentechnik als »Gentransporter« vorgesehen. Bakterien gehören andererseits zu der ältesten nachgewiesenen Lebensform auf der Erde, obwohl sie niemals ihrer Umgebung bestens angepaßt sind. Professor Hoyle[14] merkt an, daß, sollten Bakterien tatsächlich auf der Erde entstanden sein, sie sich sicherlich – gegenüber anderen Lebewesen mit viel jüngerer Vergangenheit – einem Ort fast genau angepaßt hätten. Dies aber ist nicht der Fall. Bakterien weisen ferner den Vorteil auf, daß sie von ihrer Größe her in der Milchstraße durch den

Druck des Sternenlichtes explosiv weiterbefördert werden können. Sie überleben fast ohne zeitliche Begrenzung niedrige Temperaturen und niedrigen Druck, widerstehen ultravioletter Strahlung, Röntgen-, Gamma- und Teilchenstrahlung, und sie weisen zum Teil ferromagnetische Eigenschaften auf, für die es keine bekannte Verwendung auf der Erde gibt, wohl aber im Weltraum, um auf schwachen Magnetfeldern durch die Milchstraße gleiten zu können.

Wie würde sich ein solches Bakterium nach seiner Ankunft auf der Erde bemerkbar machen? Als die Astronauten von ihren Mondbesuchen zurückkamen, mußten sie für mehrere Wochen in Quarantäne gehen. Hermetisch waren sie von ihrer irdischen Umwelt abgeschlossen, weil man sich natürlich nicht sicher sein konnte, unbekannte Bakterien vom Mond eingeschleppt zu haben. Es stand zu befürchten, daß eine solche mikrobische Lebensform aus dem All verheerende Folgen für das gesamte biologische System der Erde haben könnte. Wie Versuchskaninchen in ihren Experimentierkäfigen saßen also die Astronauten hinter dicken Glasscheiben, mit der Außenwelt nur durch Mikrophone verbunden, und harrten der Dinge, die da kommen konnten. Sie kamen zum Glück nicht.

Wenn wir berücksichtigen, welche Folgen – nämlich tödliche – »einfache« Grippeviren, eingeschleppt durch spanische Kolonisatoren, auf die indianische Bevölkerung nach der Entdeckung Amerikas hatten, können wir uns vorstellen, was passieren könnte, sollten außerirdische Lebensformen bei uns ankommen.

Wichtig ist: Wir können es uns vorstellen! Was würde denn passieren? Einmal könnte es sein, daß kaum ein oder gar kein sichtbares Ereignis eintritt. Die Sicherheitsforschung in der Gentechnik hat aus der Angst vieler Menschen heraus, genmanipulierte Kleinstlebewesen könnten sich ungehemmt in der

Natur ausbreiten und existierende Lebensgemeinschaften vernichten, in den vergangenen Jahren aufwendige Teststudien durchgeführt. Großforschungseinrichtungen in Braunschweig und Jülich haben ein überraschendes Ergebnis gebracht. Man pflanzte beispielsweise dem Bakterium *Corynebacterium glutamicum* und dem Bakterium *Zymomonas mobilis* ein fremdes Gen aus der Erbanlage des Rindes ein. Weder in landwirtschaftlich genutzten Böden noch im Süß- oder Meerwasser oder in Schlammböden konnten sich die manipulierten Bakterien länger als ein paar Wochen, die meisten nur Tage halten. Ein Vergleichsexperiment für gentechnisch nicht veränderte Bakterien und Hefen ergab, daß ortsfremde Mikroorganismen von der ansässigen Konkurrenz schon nach wenigen Tagen zerstört waren.[15]

Die zweite Möglichkeit ist: Urplötzlich tritt ein vernichtendes Virus, ein extrem aggressives Bakterium auf, das zu einer tödlichen Bedrohung für die irdische Biologie wird. Sehen wir uns unter diesem Blickwinkel die Vergangenheit an, so werden wir feststellen, daß tatsächlich solche biologischen Schnitte vorhanden sind. Denken wir nur an das große Dinosauriersterben zum Ende der Kreidezeit. Zusammen mit diesen riesigen Beherrschern unserer Welt starben aber nach Schätzungen an die 96 Prozent aller in den Meeren lebenden Arten.[16] Dies ist genau das, was man erwarten sollte, wenn ein fremdartiges Virus seinen vernichtenden Kampf auf einem Planeten durchführt. Dr. Johannes Fiebag[17], ein Spezialist für Planetengeologie, hat darauf hingewiesen, daß sich diese Vorgänge viele Male in der Geschichte der Erde wiederholt haben und – anders als beispielsweise das Sauriersterben – mit keinem natürlichen Großereignis (z. B. einem Kometeneinschlag) korreliert werden können. Die Schlußfolgerung daraus ist, daß davon ausgegangen werden muß, daß es in den knapp vier Milliarden Jahren Lebensentwicklung vor dem Auftreten des

Menschen ebenfalls Besuche und/oder eingreifende Manipulationen in die Biosphäre des Planeten gegeben hat. Doch vielleicht brauchen wir gar nicht Jahrmillionen zurückzugehen,
um solche Ereignisse aufzuspüren.

Viren aus dem All

August 1998: Wissenschaftler aus vier Ländern stapfen über
die gefrorenen Böden von Spitzbergen. Ihr Ziel ist der Friedhof von Longyearbyen. Sie tragen Schutzanzüge. Hermetisch wird der Platz abgeriegelt und mit einem Zelt über-
spannt. Wie aus einem Science-fiction-Thriller mutet die
Szenerie an und ist doch der Ernstfall. Das Forschungsteam
um die britische Medizingeologin Kirsty Duncan steht
schweigend vor der schlichten weißen Holzkreuzgruppe,
unter der die Leichname von sechs Bergleuten begraben liegen. Nach einer Gedenkminute für die Toten beginnen sie
damit, ihre »ewige Ruhe« zu stören, zu der sie 1918 gebettet
wurden. Die Wissenschaftler wollen die sterblichen Über-
reste der jungen Männer exhumieren, weil sie einem mysteriösen Erreger auf der Spur sind, der vor 80 Jahren 40 Millionen Menschen dahinraffte, weit mehr, als es Tote im Ersten Weltkrieg gegeben hatte.[18]
Das kollektive Gedächtnis der Menschheit hat diese grausame
Grippe-Pandemie erstaunlicherweise sehr schnell vergessen,
obwohl es sich noch gut an die Pest des Mittelalters erinnert
oder eben an die Weltkriege mit seinen Toten. 1917 trat in
Ft. Riley im US-Bundesstaat Kansas die später so genannte
»Spanische Grippe« auf. Von jungen Soldaten der amerikanischen Armee wurde sie dann nach Europa »exportiert« und
verbreitete sich rasend schnell über weite Teile der Erde. Ständig änderte sich das Virus, paßte sich neuen Gegebenheiten an,

23

24

22 Foto: Frank Hurley bei Experimenten mit einem Grammophon. Die Einheimischen glaubten, es enthalte die Stimmen der Verstorbenen.

23, 24 Die rätselhaften Ruinen der Pyramide von Tiahuanacu (Bolivien) und eine der gigantischen Statuen. Waren die Erbauer Götter von den Sternen, wie die Ureinwohner den Spaniern berichteten?

25

26

25, 26 *Der Titicaca-See ist die Heimat der Uru-Indianer, die auf schwimmenden Schilfinseln leben. Sie behaupten, sie seien ursprünglich keine Menschen gewesen.*

27 *Die Königin von Luwu mit ihrem Hofstaat im Jahre 1912. Hatte sie außerirdische Vorfahren?*

27

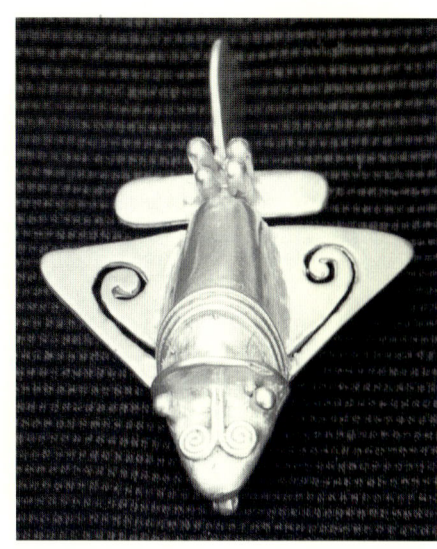

30

28, 29, 30   Eines der kolumbianischen »Goldflugzeuge« aus
dem 5.–6. Jahrhundert und zwei flugfähige Modelle.

31   E. v. Däniken (l.), P. Belting (r.) mit einem Modellflugzeug.

31

32

*32, 33, 34   Wenn Astronauten schwerelos im All schweben, scheint sich ein genetisches Pro-
gramm zu aktivieren. Prof. Furrer postuliert daher den prä-irdischen Menschen, dessen Gene
aus dem Kosmos stammen (v. l.: Dr. Furrer, Dr. J. Fiebag, E. v. Däniken). – Ein kleiner
schwacher Lichtpunkt am Ende einer leuchtenden Gasspur: Der Planet TMr-1C im Sternbild
Stier. Lebensentstehung außerhalb der Erde wird immer wahrscheinlicher.*

34

35

36

35, 36 Die Krönungsstätte der Könige von Gowa. Bis heute werden die Steine, auf denen die
Götter mit ihren Raumschiffen auf Sulawesi landeten, als nationales Heiligtum betrachtet.

37   Um 1940 entstand dieses Foto während der deutschen Himalaja-Expedition unter Leitung
von Dr. Frobenius. Ein Lama-Priester hält einen Dorje in seiner Hand, den seine Vorfahren
von kosmischen Besuchern erhielten.

38, 39   In der Atacama-Wüste haben sich die Mumien der Anden-Indianer hervorragend
konserviert. Hier entdeckte Pater Le Paige die Leichen außerirdischer Wesen. (O. r.: Der Auto
in einem geöffneten Andengrab.)

40

40 Inka-Tempel auf der Sonnen- und Mondinsel im Titicaca-See zeugen noch heute von dem
Glauben der Indianer, daß an diesem Ort die »Götter der Sonne« erschienen sind.

41 Die Dominikaner-Kirche von Cuzco wurde auf den Mauern des höchsten Inka-Heiligtums
errichtet. Im Kircheninneren befindet sich der Eingang zu einem unterirdischen Geheimgang,
in dem die Inka außerirdische Gegenstände versteckt haben könnten.

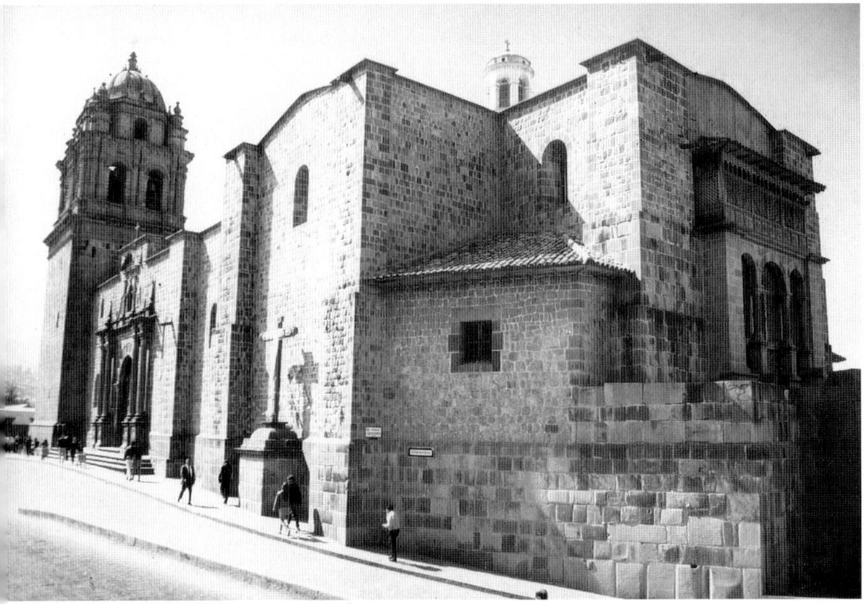

41

42

42 Bewahren japanische Götterschreine legendäre Artefakte der himmlischen Vorfahren auf? (Foto: um 1900)

43

43, 44 Die Kajang glauben, daß in einem heiligen Wald nahe ihres Dorfes das Ursprungsland der Menschheit liegt.

44

wurde immer gefährlicher. Doch im Verlaufe des Jahres 1919 verschwand es so schnell, wie es gekommen war.

80 Jahre nach dem mysteriösen Auftreten der Krankheit haben sich Virologen 1998 dazu entschlossen, nachzusehen, welch geheimnisvolles Virus damals über die Erde hergefallen ist. Obwohl die Chance, den Erreger noch lebendig zu finden, nur sehr gering war, gingen die Epidemiologen bei ihrem ebenso gefährlichen wie aufregenden Unternehmen »auf Nummer Sicher«. Und das ist wohl das beste, wenn man bedenkt, wie widerstandsfähig Viren sein können.

Ihre Hoffnung, in den Permafrostböden der Arktis habe sich der Erreger unversehrt in den Leichnamen erhalten, hat sich zwar nicht ganz erfüllt. Wie der Osloer Mikrobiologe Bergan[19] nach einer ersten Untersuchung mitteilte, hat das menschliche Gewebe in den Lungen der Bergarbeiter die acht Jahrzehnte nicht gänzlich intakt überstanden. Dennoch haben sich die Wissenschaftler daran begeben, das genetische Profil des Virus' zu erarbeiten.[20] Schon im Mai 1997 hatten Forscher um Dr. Jeffrey Taubenberger[21] (Washington/USA) und Dr. Robert Webster (Tennessee/USA) genetisches Material des Influenza-Virus identifizieren können, das sie einem 21jährigen Soldaten aus Fort Jackson in South Carolina, der 1918 an der Grippe gestorben war, entnahmen. Demnach ähnelt es Influenza-Viren des Schweines. Es ist jedoch unklar, woher die mit ihnen verschmolzenen neuen Erreger kamen, die sie auf Menschen übertragbar machten. Die Rekonstruktion der 15 000 Nukleotide umfassenden viralen DNA wird zeigen, welche Gen-Bausteine anders sind als bei »normalen« virulenten Influenza-Viren.

Dies wäre ein Ansatzpunkt: danach zu fragen, wie diese Bestandteile in das Erbmaterial »eingeschleust« wurden und woher sie stammen. Wäre es möglich, daß diese so mysteriösen Viren gar nicht irdischer Natur waren? Wäre es denkbar,

193

daß auch andere Seuchen durch biologisches Material von außerhalb unserer Biosphäre ausgelöst wurden?

Ein Blick in die Infektiologie zeigt, daß es solche geheimnisvollen Killer immer wieder gab. Das *Ebola-Virus* könnte dazugehören. Diese Viren wurden zum ersten Mal 1967 in Afrika aufgespürt und setzten in den 70er Jahren ihren zu 80 Prozent tödlich verlaufenden Siegeszug im Sudan und Zaire fort. Danach »tauchte« das Virus unter. Nur vereinzelt wurden Fälle einer Infektion seit 1980 bekannt. Gleichwohl brach es 1995 erneut aus. Und noch immer haben die Forscher nicht seinen natürlichen Lebensraum erkunden können.

Ähnliches gilt für die Infektionskrankheit des *Marburg-Virus* oder des *Lassa-Virus*, die bei 70 Prozent aller Erkrankten einen tödlichen Verlauf hat. Dr. Rainer Flöhl[22] stellt heraus, daß dabei besonders überrascht, daß alle drei Erreger nicht schon eher aufgetreten sind, obwohl sie ausnahmslos eine hohe Gefährlichkeit aufweisen.

Vor zehn Jahren kam ein neues Virus hinzu: das *Ebola-Reston-Virus.* Es wurde in den USA in der Nähe von Washington bei Makaken von den Philippinen aufgespürt und sogleich in einer Geheimaktion, wie sie später der Thriller »Hot Zone« aufgreift, vernichtet. Die US-Armee zeigte postwendend ihr Interesse an diesen Viren, um sie zur biologischen Waffe umzurüsten. Auch das aggressive *Aids-Virus* mag in die Reihe der »Verdächtigen« fallen, da seine Fährte bislang nur etwa 100 Jahre zurückverfolgt werden kann. Wenn es wesentlich älter wäre, so stellt sich die Frage, warum hat es dann nicht schon eher seinen ursprünglichen Lebensraum verlassen und sich global ausgebreitet?

Was hält virologische Labors eigentlich davon ab, mit geeigneten Strategien *Weltraumgene* zu suchen, die als »Nutzlast« auf Kometen oder kleinen außerirdischen Sonden unbeschadet in die Atmosphäre der Erde eingetreten sind? Es könnte ein interessanter Berufszweig werden. – Aber für einen ganz konkreten Eingriff Außerirdischer, wie er in den Mythen vieler Völker überliefert wird, erhielten wir natürlich auf diese Weise keine Belege.

Der zweite Ansatz, der das spezielle Problem der Anpassung irdischer biologischer Systeme, insbesondere aber des komplexesten, des Menschen, an die Gewichtslosigkeit noch besser interpretieren kann, ist dieser: Im Verlauf der Evolution wurde ein weiterer, diesmal gezielter Eingriff in die Erbsubstanz des Menschen (oder allgemeiner der Primaten) vorgenommen, der sein neuronales System auf einen Weltraumaufenthalt vorbereitet hat. Eine solche Manipulation könnte dann mit Hilfe der von Martina Steinhardt beschriebenen Autoimmunkrankheit aufgespürt werden. Vielleicht sind es genau *diese* Gene, die wir suchen. Gene, die es dem Menschen ermöglichen, in der Schwerelosigkeit des Alls zu überleben, die seinen gesamten »biologischen Apparat« – vom Blutvolumen über die Herztätigkeit, von den Lymphocyten bis hin zum komplexen Orientierungsvorgang im Raum – in dramatisch kurzer Zeit neu »programmieren«. Dieselben Gene nehmen dann eine weitere, unglaublich schnelle Modifizierung vor, wenn dies bei dem abrupten Beenden der Gewichtslosigkeit durch die Landung auf der Erde, dem Mars oder sonst irgendwo erforderlich wird.

Wir wissen jetzt, wonach wir konkret suchen können. Es sind diese Gene, die es Lebewesen ermöglichen, sich der Schwerelosigkeit anzupassen, Gene, die aber gleichzeitig keine Auswirkung auf analoge Prozesse wie See- oder Luftkrankheit zeigen. Wissenschaftler haben schon jetzt eigenartige Spuren in Organismen entdeckt, die auf fremdes Erbmaterial hindeuten. Heute kann bereits aus winzigen, Millionen Jahre alten Geweberesten – zum Beispiel eines Mastodon – Erbmaterial sozusagen wieder zum Leben erweckt werden. Mikrobiologen wie Dr. Raúl Cano[23] von der Kalifornischen Universität *San Luis Obispo* gelingt es, Bakteriensporen aus 40 Millionen Jahre in Bernstein eingelagerten Bienen als noch keimfähig zu identifizieren. Es ist möglich, Mikroben, eingelagert in Steinsalz aus dem Erdaltertum, 200 Millionen Jahre alt, zu reanimieren. Die rRNS, die *ribosomale Ribonukleinsäure*, kann bereits bei Bakterien dazu verwendet werden, Auskunft über den Verlauf der Evolution zu geben. – Wenn all dies heute möglich ist, dann sollte es doch auch realisierbar sein, die irdische Genbibliothek mit Gensonden nach charakteristischen Abschnitten zu durchforsten, die keine verwandtschaftliche Beziehung zu irgendwelchen Vorläufern aufweisen.

Gentechniker der Urzeit

Einem zentralen Ereignis sollten dabei die Genforscher besonderes Augenmerk widmen: der Menschwerdung. Wo ist das Wesen, das, als es geboren wurde, noch Tier – und als es starb, schon Mensch war? Auch in diesem Fall hat die Gentechnik bereits Bemerkenswertes leisten können. Die Wurzeln der Menschheit, so kristallisiert sich heraus, lagen tatsächlich in Afrika. Die Suche nach der Ur-Frau »Eva« und dem Ur-Mann »Adam« hat zumindest molekulargenetisch folgendes Ergebnis erbracht:
Bei 150 Menschen unterschiedlicher ethnischer Herkunft wurde die Erbsubstanz der Mitochondrien, die mütterlicherseits vererbt werden, für einen genetischen Stammbaum untersucht. Ihre Wurzeln liegen demnach bei einer gemeinsamen Ur-Mutter in Afrika vor 140 000 bis 290 000 Jahren. Ein Forschungsteam der Yale-Universität, der Universität von Chicago und der Harvard-Universität konnte auch das passende

Gegenstück, den Ur-Vater molekulargenetisch ausmachen. Sie analysierten die Y-Chromosomen von 38 Männern, Asiaten, Europäern, Indianern usw.; dieses Y-Chromosom wurde gewählt, weil es nur väterlicherseits vererbt wird. Erstaunt stellte man fest, daß es in den untersuchten Sequenzen keine Abweichungen gab (im Gegensatz zu anderen Primaten). Somit ließ sich auch über diese Methode ein Alter für den Homo sapiens von ungefähr 188 000 bis 270 000 Jahren errechnen. (Berechnungen von Peter Goodfellow von der Universität Cambridge, Großbritannien, ergaben sogar nur 37 000 bis 49 000 Jahre.)[24]

Die Ahnenreihe des modernen Menschen sei, so die Wissenschaftler, quasi durch einen »Flaschenhals« gegangen, sie sei aus einer ganz kleinen Population, nur einigen wenigen »Exemplaren« hervorgegangen, vielleicht sogar tatsächlich nur aus einer *Ur-Eva* und einem *Ur-Adam*. Aber wie konnte dies passieren? Wie konnte sich einmalig das Genom der Menschen so ändern, daß anschließend der Mensch entstanden war, wie wir ihn heute kennen? Und zwar beiderlei Geschlechts?

Der zweite interessante Beobachtungspunkt liegt vor vielleicht 150 000 Jahren. Im November 1997 gelang es Peter Oefner und Peter Underhill[25] von der Stanford-Universität, minimale genetische Abweichungen im Erbgut des Zellkerns für jene Menschen zu belegen, die vor etwa 150 000 Jahren begannen, sich auf eine weltumspannende Wanderung zu machen. Die entsprechende Stelle im Y-Chromosom ist durch einen Adenin-Baustein gekennzeichnet, einer der vier »Buchstaben« unseres genetischen Alphabets. Er wurde nach diesen Analysen anstatt eines Thymin-Bausteines »eingesetzt«; an einer anderen Stelle wurde ein Guanin-Baustein ebenfalls mit Adenin ausgetauscht. Was war der Anlaß für diese Veränderung? Wurde der Austausch vielleicht künstlich vorgenommen? Wer war vor 100 000 oder 200 000 Jahren dazu in der Lage? Hierauf gibt es wohl nur eine Antwort. Intelligente Raumfahrer von fernen Planetensystemen, deren Ahnen selbst einmal eine ähnliche Evolution – zufällig oder gezielt – durchgemacht hatten.

Viele Evolutionswissenschaftler haben bislang die eher naive Ansicht vertreten, die Menschwerdung habe durch den aufrechten Gang des Primaten eingesetzt. Doch der Irrtum ist immer offensichtlicher geworden. Millionen von Jahren verfügte der menschliche Vorfahre bereits über einen aufrechten Gang, sein Gehirn glich aber dem des heutigen Schimpansen. Im Sommer 1998 zerstörten dann die Anthropologen Glenn Conroy (Washington) und Horst Seidler (Wien) auch noch den letzten »Verbindungsanker«, die Vorstellung nämlich, ein 1989 in Südafrika gefundener 2,7 Millionen Jahre alter Schädel eines Australopithecus habe bereits 600 Kubikzentimeter Gehirnkapazität gehabt. An Hirngröße blieben nach Anwendung neuer Meßverfahren nur noch 500 Kubikzentimeter Inhalt, also 100 Kubikzentimeter weniger übrig. Vergleichsmessungen an anderen Australopithecinen ergaben sogar nur 370 Kubikzentimeter. Dr. Conroy[26]: »Ich war schockiert, denn eigentlich hätte es einen quantitativen Sprung in der Gehirngröße geben müssen, die die frühen Hominiden von den Menschenaffen unterschied.« Doch dieses Volumen hat auch ein Schimpansenhirn. Hat sich bei einigen Australopithecinen das Gehirn also sprunghaft vergrößert? fragt Conroy irritiert. Dies ist das nächste zu lösende Rätsel: Wann und warum fand dieser Sprung in der Hirngröße statt?

Wenn wir über derartige Manipulationen am menschlichen Genom reden, sollten wir uns abschließend eines klar machen: Unsere eigenen Genforscher sind jetzt genau an dem Punkt angelangt, über den wir in diesem Kapitel nachgedacht haben.

Dies alles ist keine Zukunftsmusik mehr. Es ist die absolute Realität. Das transgene Schaf »Polly« wurde im Gegensatz zu dem ersten geklonten Schaf »Dolly« bereits aus Erbmaterial eines zuvor gentechnisch veränderten Lebewesen erzeugt. Aus vielen künstlich befruchteten tierischen Eizellen entwickeln sich nur jene mit menschlichen Erbanlagen ausgestatteten, die über die gewünschten Eigenschaften verfügen.

Und am 14. August 1998 ging über Internet folgende Meldung der Redaktion von »bild der wissenschaft« heraus: »Eine erlesene Gruppe amerikanischer Wissenschaftler hat jetzt auf einem Symposium an der University of California in Los Angeles die Möglichkeit von Keimbahn-Therapien am Menschen propagiert. Durch ein ›germ line engineering‹ könnte man ... den Menschen generell optimieren. Das Ziel: Die dauerhafte Perfektionierung des menschlichen Erbguts ... So haben Wissenschaftler bereits eine gewisse Virtuosität dabei entwickelt, die Keimbahnen von Mäusen zu verändern und auf diese Weise wirtschaftlich wie wissenschaftlich nutzbringende Geschöpfe zu kreieren.«

Die Forscher vertreten die Ansicht, man könne die bestehenden Gene in den Chromosomensatz eines werdenden Menschen einbauen oder sogar künstliche Gene entwickeln, die sich in die menschlichen Eizellen einschleusen ließen. »Um eine unkontrollierte Ausbreitung dieser Gene zu verhindern, sollte man sie mit einer Art Schalter versehen, mit dem man sie je nach Belieben aktivieren oder deaktivieren kann.«

Künstliche Gene sollen das menschliche Erbgut dauerhaft perfektionieren. Die, die das vorschlagen, sind erstklassige Spezialisten wie der berühmte Mediziner French Anderson, die Molekularbiologen Leroy Hood und Daniel Kashland sowie der Nobelpreisträger James Watson. Der Genetiker Gregory Stock erklärte sogar: »Wir unterwerfen uns denselben mächtigen Kräften des bewußten Designs, die schon die Welt um uns herum komplett neu geformt haben.« Er mag damit die Sachlage genauer beschrieben haben, als er wollte. Der Mensch ist vielleicht schon vor Äonen bewußt gestaltet worden nach dem Plan eines »Designers«, ausgestattet mit künstlichen Genen, eingeschleust in seine Zellkerne, die sich selbständig aktivieren oder deaktivieren können – auf der Erde oder im All.

Prof. Furrer hat dem Wissenschaftsjournalisten Torsten Sasse[27] während eines Rundfunkinterviews sehr beachtenswerte Gedanken dargelegt:

»Wenn einer fragt: ›Was ist der Mensch?‹, dann sage ich: Der geht los! Der verläßt seinen Kontinent, der geht unter Wasser, über Wasser, zum Nordpol, er geht immer los. Er geht selbst dann los, wenn ihm ein anderer sagt, die Erde ist eine Scheibe, und du fällst hinten runter. Dann sagt er, das möchte ich sehen, glaube ich nicht. Geht los. Und jetzt sind wir so weit, daß wir die Erde im Griff haben, da sind wir überall herumgekrochen. Jetzt haben wir die Möglichkeit wegzugehen. Also geht der Mensch wieder weg, ins All. Warum sollte er plötzlich nicht mehr weitergehen?«

Vielleicht wurde auch dieser Samen dem »Ur-Adam« und seiner »Ur-Eva« mit in die genetische Wiege gelegt. Eine kleine Gruppe frühzeitlicher Menschen brach einst aus dem Süden Afrikas vor etwa 100 000 Jahren auf, um im Sturm die Welt zu erobern. Wohlgemerkt – eine sehr kleine Gruppe, deren Nachfahren jedoch so zahlreich werden sollten wie die Sterne am Himmel. Was trieb sie plötzlich dazu, durch die trockensten Sand- und Steinwüsten der Welt, durch lebensfeindlichen Dschungel und milde, herrlichste Frühlingstäler weiter und immer weiter zu ziehen, einige zurückzulassen, um erneut aufzubrechen in die Schnee- und Eisfelder der Erde, über riesige Ozeane hinweg, um eine Generation nach der anderen erneut in unwirtliche Gebiete oder schönste Landschaften der Erde zu ziehen? Hitze und Kälte, Gefahr und Krankheit ignorierend zog es den Mensch immer weiter fort, er machte sich auf, kulturelle und intellektuelle Leistungen unvergleichlicher Größe zu schaffen, um dann, nachdem er dies alles getan hatte, Jahrtausende später erneut aufzubrechen. Diesmal in die Weiten des Kosmos. Und genau in diesem Moment scheint sich ein weiterer Gen-Schalter angestellt zu haben, einer, der bislang nicht benötigt wurde, der es dem Menschen aber ermöglicht, sich in einer völlig fremden Umgebung – der Schwerelosigkeit im All – zurechtzufinden. Sollte dieser Genschalter jetzt in doppelter Hinsicht bei uns »klick« gemacht haben?

Arthur C. Clarke, der bekannte Science-fiction-Autor, erzählte folgende Anekdote: »›Eine Existenz auf dem Festland‹, könnten die konservativeren Fische vor einer Milliarde Jahre zu ihren amphibischen Verwandten gesagt haben, ›wird keine Ähnlichkeit mehr mit dem Fischleben haben. Wir bleiben, wo wir sind.‹ Sie taten es. Sie sind immer noch Fische.«

Die Toraja und andere Völker warten schon seit Jahrhunderten und Jahrtausenden darauf, endlich diese Erde verlassen zu können, um aufzubrechen in kosmische Weiten. Wie werden wir uns nun verändern, da wir uns anschicken, unseren Planeten tatsächlich zu verlassen? Aber vielleicht ist auch dieses »Endprodukt« schon seit langer Zeit geplant…

VII

Den Sternen nahe. Beweise

*»Man kann sogar die Vergangenheit ändern.
Die Historiker beweisen es immer wieder.«*

Jean-Paul Sartre (1905–1980)

Gibt es Beweise für die einstige Anwesenheit Außerirdischer auf der Erde? Greifbare Beweise? Die Antwort: Ja. Wir wissen sogar, wie sie aussehen, wir wissen, wo sie lagen, und wir wissen von einigen sogar, wo sie sich in diesem Augenblick befinden. Jetzt müssen Wege entdeckt werden, um sie zu bergen und sie zu untersuchen.

Vorstoß zu den Arsenalen der Götter

SETI, die Suche nach extraterrestrischen Intelligenzen, wurde 1959 eingeleitet von Philip Morrison und Giuseppe Cocconi mit den Worten: »Wir nehmen an, daß sie vor langer Zeit eine Nachrichtenverbindung eingerichtet haben, die wir unsererseits eines Tages entdecken werden, und daß sie geduldig vom Sonnensystem her auf Antwort warten, die ihnen anzeigt, daß eine neue Gesellschaft in die Gemeinschaft der Vernunftwesen eingetreten ist.« Seitdem haben Radioastronomen nach galaktischen Nachrichten geforscht und durchmustern das Spektrum möglicher Kanäle weiter, auch wenn die Chance, auf diese Weise eine Botschaft aus dem Kosmos zu empfangen, äußerst gering ist. Denn wir müssen davon ausgehen, daß eine technische Superzivilisation andere Kommunikationsmöglichkeiten als die langsamen Radiowellen nutzen wird.

Hat es aber bemannte oder unbemannte Besuche unseres Planeten gegeben, so ist anzunehmen, daß sich Hinweise nicht nur in den weitergegebenen Mythen, in den künstlerischen Darstellungen (Bildern, Reliefs, Schmuck) und abstrakteren Symbolen sowie Bauten auffinden lassen. Der Physiker und Spezialist für Weltraumrecht, Dr. Robert A. Freitas[1], hat als erster eine gezielte Suche nach außerirdischen Artefakten (SETA = Search for Extraterrestrial Artifacts) vorgeschlagen. Seine Hypothese lautet:

»Eine technologisch hochentwickelte außerirdische Zivilisation hat ein Langzeit-Programm interstellarer Erforschung unter Zuhilfenahme der Entsendung stofflicher Artefakte durchgeführt.«

Stimmt diese Annahme, müßte ein Beweis dieser außerirdischen Kundschafter innerhalb unseres Sonnensystems – vielleicht sogar direkt auf der Erde – bei entsprechender Anstrengung zu ermitteln sein.

Natürlich können wir über die Motive dieser Außerirdischen nur Vermutungen anstellen. Doch können wir wohl mit Recht davon ausgehen, daß eine technisch weit fortgeschrittene Aussenderzivilisation ein Tarnsystem für ihre Kundschaftersonden zur Verfügung hat, welches wir kaum zu durchdringen fähig wären. Es sei denn, dies wäre von der anderen Seite ab einem bestimmten Zeitpunkt ausdrücklich gewünscht. Für derartige Objekte – die der vollständigen Geheimhaltung unterlägen – wurden bereits einige logische Stationierungspunkte errechnet. Bestimmte Gebiete zwischen Erde und Mond wurden in die engere Wahl genommen, an denen sich die Schwerkraft beider Himmelskörper aufhebt und eine Sonde Millionen von Jahren fast ohne Kurskorrekturen ausharren kann, außerdem bestimmte exzentrische Kometen, Monde etc. Solche Artefakte würden aber vorläufig nur Zufallsfunde sein.

Für die Erde selbst ergeben sich drei Kategorien von Artefakten.[2] Die ersten wären unabsichtlich zurückgelassene Gegenstände, verlorengegangene, vergessene, unbrauchbar gewordene Geräte, ähnlich wie sie unsere Astronauten bei ihren Mondbesuchen zurückließen. In die zweite Kategorie könnte man bewußt zurückgelassene Artefakte einordnen, die den Menschen übergeben wurden, ohne eine unmittelbare Botschaft für spätere Zeiten zu enthalten. Auch unsere Forscher überreichen Eingeborenen Freundschaftsgeschenke; von Glasperlen bis zur Eisenaxt ist alles dabei. Zur dritten Kategorie zählen schließlich auf der Erde oder im Sonnensystem zurückgelassene Datenträger, die uns zu einem bestimmten Zeitpunkt (den die Besucher festgelegt haben dürften) über die Anwesenheit, Motive oder einfach nur deren Existenz informieren sollen. Wir selbst haben diesen Weg bei unserer Erfor-

schung des Alls eingeschlagen und senden Botschaften mit
Sonden zum Mars, den Saturnmonden oder sogar über die
Grenzen unseres Planetensystems hinaus.

Bei unserer Suche nach solchen Artefakten können wir recht
optimistisch sein. Denn auch in diesem Fall lassen sich
Vergleichsstudien mit den Cargo-Kulten anstellen. Als am
29. März 1777 Captain James Cook an der Küste von Man-
gaia anlandete, glaubten die Bewohner der *Cook-Inseln*,
»Besucher aus der Geisterwelt« seien erschienen, ja der
große Gott *Motoro* sei auf einem »mächtigen Kanu ohne
Ruder und Ausleger« zu ihnen auf einem »lebendigen Unge-
heuer aus der Tiefe« gekommen. Die Eingeborenen berieten,
was zu tun sei. Schließlich entschloß man sich, nachdem
man die Stellungnahme zweier Schamanen-Priester eingeholt
hatte, eine offizielle Delegation auf die »Götterschiffe« zu
entsenden.
Interessant ist, was der Missionar Williams Wyatt Gill[3] über
diesen Kontakt aufzeichnete, als er ein Jahrhundert später als
erster Weißer die Inseln erneut besuchte. Die Polynesier hatten die Geschichte vom Zusammentreffen mit *Motoro*/Cook
so genau von Generation zu Generation mündlich weitergegeben, daß sie bis auf wenige Kleinigkeiten mit James Cooks[4]
schriftlichen Bordbucheintragungen übereinstimmte. Außerdem hatte Captain Cook Gegenstände hinterlassen, die nun
als mit heiligem *Mana* geladene Reliquien galten und verehrt
wurden.
W. W. Gill[5] verfolgte die Spur dieser Objekte. Da hatte Cook
einem Stammesmitglied eine Axt geschenkt. Die Inselbewoh-
ner erzählten dem Missionar, wozu Cook die Axt gebraucht
hatte und zu welchen Arbeiten sie sein erster Besitzer auf der
Insel verwendet hatte, z.B. zum Entrinden der Bäume. Doch
die Axt wurde schnell auch kultisch integriert. Mit ihr brachte

man dem Gott *Rongo* Menschenopfer dar, und ihre »Taten« wurden poetisch in Liedern überliefert. Die Bewohner der Cook-Inseln schenkten sie schließlich W. W. Gill, da er ein Landsmann von *Motoro* (James Cook) war.

Neben der Axt konnte Gill auch ein Messer und Perlen ausfindig machen. Letztere wurden wegen ihrer Farbe, die dem »festen blauen Himmelsgewölbe droben« glich, als »Himmelssplitter« bezeichnet. Selbst ein Nagel wurde als Reliquie aufbewahrt. In einem dramatischen Wechselgesang, der mimische, gestische und andere theatralische Elemente enthielt, vergegenwärtigten sich die Insulaner auch in späterer Zeit den Besuch James Cooks. Der Chor ahmte dabei im Mollton den Rhythmus der Ruderschläge nach, steigerte sich wie bei einem voranstürmenden Boot und brach schließlich ab, so als wäre das Schiff in eine riesige Brandungswelle hineingefahren. Die verschiedenen Richtungen wurden angezeigt, die Lotsen Cook vorgegeben hatten, damit dieser in die Bucht einlaufen konnte. Sie sangen folgende Liedverse: »Sie sind weißgesichtig – weißgesichtige Männer und *Beretane*. Ein Volk von fremder Sprache kam an aus einem fernen Land.« Dabei wurde durch Lautmalerei versucht, die fremdartige Sprache der *Beretane* (Briten) wiederzugeben. Interessant ist dabei auch, daß die Eingeborenen relativ schnell erkannten, daß die Fremden wohl von einem »göttergleichen Stamm« waren, aber nicht wirkliche Götter, denn sie aßen, verletzten sich und waren sterblich.

Gleichwohl sprach sich die Kunde von der Cook-Expedition auch auf den Nachbarinseln herum. Die *Rarotonganer* richteten Bittgesänge an den götterähnlichen Cook:

»O großer Tangaroa, *sende dein großes Schiff zu unserem Lande, laß uns die Cookees sehen! Großer* Tangiia, *sende uns eine ruhige See, sende uns einen günstigen Wind, um die weitberühmten Cookees zu unserer Insel zu bringen, damit sie uns*

Eisen und Nägel und Äxte geben! Laß uns die auslegerlosen Kanus sehen!«[6]

Ironie der Geschichte: Die Gebete erfüllten sich, und die »Cookees« kamen zurück. Allerdings unter weit irdischeren Vorzeichen, als sich dies die Insulaner vorgestellt hatten. Wir aber finden hier noch einmal in einem zusammenhängenden Kontext die ganze Bandbreite der Cargo-Kulte bestätigt. Menschen werden auf Grund ihrer Technik und ihres Aussehens wie Götter angesehen, die gesamte Kultur assimiliert die unglaubliche Begegnung in ihre Kunst, Erzählungen und Lieder. Eine Religion beginnt sich um diesen Kontakt zu bilden. Und: Die zurückgelassenen Gegenstände werden zu heiligen Reliquien erklärt, man bewacht sie, und ihre Geschichte wird an die Kinder und Kindeskinder weitergegeben.

Genau so müßte es auch mit Gebilden passiert sein, die von kosmischen Besuchern zurückgelassen wurden, falls sie tatsächlich in vergangenen Zeiten auf unserer Erde landeten. Ein solches extraterrestrisches Artefakt muß, damit wir es auch als solches *erkennen* können, vor allem zwei Eigenschaften erfüllen:

• Es muß seine Entstehung zweifelsfrei der Technik einer hochstehenden Zivilisation verdanken.

• Es muß mit absoluter Sicherheit ausgeschlossen werden können, daß diese Technik irdisch ist und unserer heutigen Zeit entspringt.

Der 1998 verstorbene, große amerikanische Radioastronom Prof. Michael Papagiannis hatte schon 1982 festgestellt: »Wir würden für zukünftige Generationen eher dumm aussehen, wenn wir fortfahren würden, auf fernen Sternen zu suchen, während die Antwort hier, direkt in unserem Sonnensystem, zu finden war.« In der Tat gibt es einige hervorragende »Kandidaten« für ein solches »Projekt SETA«, die Suche nach außerirdischen Artefakten.

Fliegende Schilde über Rom

Italien. Als im Jahre 410 n.Chr. der westgotische König Alarich plündernd durch Rom zog, begann der Untergang eines der mächtigsten Staaten, die je Menschen auf der Erde gesehen hatten. Theoderich, ostgotischer Kaiser und neuer Eroberer Italiens, versuchte zwischen 493 und 526 sich noch einmal dem Zerfall der einst blühenden Hauptstadt des Römischen Imperiums entgegenzustemmen. Doch schon um 550 zeugten nur noch Ruinen von der umkämpften Ewigen Stadt am Tiber. Immer tiefer versanken die Triumphbögen glanzvoller Epochen im Schutt der Jahrhunderte, Erdbeben im 9. Jahrhundert brachten Tempel und Säulen zum Einsturz, und Plünderer zogen nach Beute suchend durch die Trümmer; Statuen wurden zu Kalk zermahlen, Bronzen eingeschmolzen, Villen ausgeräubert. Selbst die Androhung der Todesstrafe konnte die skrupellosen Beutezüge nicht mehr verhindern.

»Gewahrt das Werk der allzerstör'nden Zeit!
Ist Rom nicht seine eigne traur'ge Gruft,
voll schiefer Bogen, eingestürzter Tempel?
Mit ihren Toten sind jetzt selbst die Gräber fort.«
So dichtete im 18. Jahrhundert der Engländer Alexander Pope während seiner Italienreise über das verlorengegangene Rom. Doch mit der einsetzenden Hinwendung zu den klassischen Idealen in Italien, Deutschland, Frankreich, England und anderen europäischen Staaten, erlebte Rom trotz seines traurigen Zustandes eine Renaissance. Das »Kulturerbe Rom« begann aus seinem Dornröschenschlaf langsam zu erwachen. Römische Kunst und römische Geschichte rückten nachhaltig in die Gedanken- und Lebenswelt des aufgeklärten Bürgertums. Ernstzunehmende textkritische Untersuchungen und erste archäologische Ausgrabungen ließen aus den Ruinen

Roms wieder eine faszinierende Welt erstehen, die einmal vor bald 3000 Jahren ihren Anfang genommen hatte. Und das waren aufregende Zeiten.

»Aus den italischen Städten Ameria und Tuder... wurde gemeldet, man habe am Himmel feurige Lanzen und Schilde gesehen. Zuerst seien sie hin- und hergefahren, dann aufeinander losgestürzt in Formationen und Bewegungen, als ob zwei Heere miteinander kämpften; schließlich seien die einen zurückgewichen, die anderen hätten sie verfolgt und alles sei im Westen verschwunden.«[7]

UFO-Sichtungen gibt es nicht erst seit unserem Jahrhundert, wie dieser Bericht zeigt. Er wurde von dem weitgereisten griechisch-römischen Geschichtsschreiber und Delphi-Priester Plutarch verfaßt, der von 46 bis 119 n. Chr. lebte. Sein umfangreiches Werk, in dem er Parallel-Biographien griechischer und römischer Staatsmänner verzeichnete und verglich, notierte der Universalgelehrte in griechischer Sprache. In der Lebensgeschichte des römischen Konsuls Marius (156–86 v. Chr.) stoßen wir auf diese mysteriöse Begebenheit, die uns Plutarch indes völlig nüchtern und sachlich wiedergibt. Interessant ist, wie Jörg Dendl[8] in einer vergleichenden Arbeit über außergewöhnliche Himmelserscheinungen in der Antike feststellt, daß dieses Ereignis auch in zwei weiteren Quellen Erwähnung findet. Der römische Schriftsteller Julius Obsequens, der im 4. Jahrhundert nach Beginn unserer Zeitrechnung lebte, erstellte einen Katalog von »Wunderzeichen«, die in den Jahren 249–12 v. Chr. eingetreten waren. Er stützte sich dabei auf Livius (59–17 v. Chr.), den Historiker der Augustuszeit. Für das Jahr 104 v. Chr. verzeichnet dieser:

»Am Himmel schienen Waffen in eine Schlacht verwickelt zu

sein zu beiden Zeiten des Tages von Osten und Westen; die vom Westen schienen sich geschlagen zu geben.«⁹

Denselben Vorgang beschreibt der Anwalt, Konsul und Schriftsteller Caecilius Plinius Secundus (61–113 n. Chr.) in seiner »Naturalis Historiae« für das Jahr 103 v. Chr.:

»Im dritten Konsulat des Marius aber sahen die Bewohner von Ameria und Tuder Waffen am Himmel, die von Osten und Westen gegeneinander fuhren, wobei diejenigen, die von Westen kamen, in die Flucht geschlagen wurden.«¹⁰

Drei Quellen überliefern uns hier übereinstimmend dasselbe außergewöhnliche Geschehen. »Die beiden bei Plinius und Plutarch genannten Orte Tuder (heute Todi) und Ameria (heute Amelia) liegen in nächster Nähe zueinander, in der Antike verbunden durch die *Via Amerina*. Durch ihre räumliche Nähe ist die Möglichkeit, daß von beiden Städten aus dasselbe Geschehen am Himmel beobachtet werden konnte, gegeben«, kommentiert J. Dendl.¹¹ »Damit kann diese Sichtung als die erste Aufzeichnung einer Meldung angesehen werden, in die möglicherweise die Berichte unabhängiger Beobachter einflossen.«

In seiner Analyse weist J. Dendl auch darauf hin, daß Plutarch eine sehr differenzierte Zeugenaussage vorliegen gehabt hat. Er unterscheidet die gesichteten »Waffen« genau. Als »Schilde«, »*thyreous*«, bestimmt er die einen. Dies ist der Name für einen großen, rechteckigen Schild. Die zweite Art von Objekten vergleicht er mit »Lanzen«, also langgestreckten Artefakten. Beide Formen sind uns aus der modernen UFO-Literatur durchaus geläufig. Ob es sich bei den »himmlischen Vorgängen« tatsächlich um einen Kampf handelte, sei dahingestellt. Selbst Julius Obsequens relativiert seine Aussage und schreibt sachlich: »schienen zu kämpfen«.

Recht deutlich wird jedoch, daß die Römer kein meteorologisches oder astronomisches Vorkommnis beobachtet hatten. Denn uns ist bis heute kein natürliches Phänomen bekannt, das in der berichteten Art aus entgegengesetzten Himmelsrichtungen aufeinander zufliegt, am Himmel verweilt, sich zu einer Formation zusammenfügt und anschließend gemeinsam in Richtung Westen davonfliegt.

In den römischen Annalen treffen wir wiederholt auf solche eigenartigen Sichtungen. Livius, der erste bedeutende Historiker Roms, berichtet, im Jahre 218 v.Chr. seien »strahlende Schiffe vom Himmel herab erschienen«, für 174 v.Chr. gibt er an: »Man sagte, in Lanuvium sei die Erscheinung einer großen Flotte am Himmel gesehen worden.«

Die »klassische Fliegende Untertasse« taucht erstmals in einem Bericht desselben Geschichtsschreibers aus dem Jahre 217 v.Chr. auf: »... in Arpi seien Rundschilde (*parmas* = kleiner runder Schild) am Himmel gesehen worden«. Für das Jahr 100 v.Chr. lesen wir bei Julius Obsequens: »Bei Sonnenuntergang wurde ein rundes Objekt wie ein *clipeus* gesehen, das von Westen nach Osten über den Himmel eilte.« *Clipeus* bezeichnet einen runden, gewölbten Schild, der mit einem Griff versehen war, aus Metall bestand und knapp einen Meter Durchmesser aufwies. Plinius gibt zu demselben Vorfall an: »Ein funkelnder/brennender/glänzender Rundschild (*clipeus ardens)* fuhr bei Sonnenuntergang funkensprühend (*scintillans*) von Westen nach Osten im Konsulat des L. Valerius und des C. Marius (also 100 v.Chr., Anm. d. Autors).«

Jörg Dendl bilanziert: »Bei dem antiken Bericht ist, genauso wie in unserem Jahrhundert, zu fragen, wieso jemand einen derartig geformten Gegenstand an den Himmel phantasieren sollte. Die offensichtlich deutlich erkennbare Form des Objekts, das sich klar von etwa vorhandenen Wolken abgehoben haben muß, und seine Charakterisierung als kompakter Körper, sprechen eindeutig gegen eine Interpretation als Meteorit. Auch seine Flugrichtung und Geschwindigkeit lassen Zweifel an seinem natürlichen Ursprung aufkommen.«

214 v. Chr. werden laut Livius »bei Hadria ein Altar im Himmel und Menschengestalten (bzw. ›Gestalten in der Art von Menschen‹) ringsumher mit weißglänzenden Gewändern (bzw. glühenden Rüstungen) gesehen«.

Im Jahre 91 v. Chr. kommt es in der Nähe des heutigen Spoleto zu einer »Landung« mit anschließendem »Start«: »In der Nähe von Spoletium rollte ein goldfarbener Feuerball auf den Boden; nahm an Größe zu, (und) schien sich vom Boden weg in Richtung Osten zu bewegen, und war groß genug, um die Sonne zu verdecken.«

So nüchtern auch diese Berichte der Nachwelt übermittelt wurden, müssen wir uns dennoch darüber klar sein, daß eine dieser Sichtungen zu einem staatskonstituierenden Vorgang wurde. In der Frühzeit Roms wurde die »Siebenhügelstadt« von sieben aufeinander folgenden Königen regiert. Nach *Romulus* trat der Priesterkönig und Begründer der römischen Staatsreligion *Numa Pompilius* (715–672 v. Chr.) das herrschaftliche Erbe an. Unter seiner Regentschaft im achten vorchristlichen Jahrhundert kam es zu einem bedeutsamen Zwischenfall. *Mars*, eine Gottheit, welche die frühen Römer nicht in menschlicher Gestalt verehrten, soll an dem Ort, wo einst Rom entstehen würde, aus dem Himmel einen zu beiden Seiten ausgeschnittenen Schild herabfliegen lassen haben. Eine Orakelstimme habe verkündet, von dem Bestand des Schildes sei Wohl und Wehe des jungen Staates abhängig. Im Zusammenhang mit den geschilderten »UFO-Sichtungen« in der Zeit der römischen Antike liegt der Verdacht nahe, hier könne sich entweder zufällig ein Teil eines Fluggerätes gelöst haben oder absichtlich – warum auch immer – in Italien heruntergeflogen sein. Sollte die mysteriöse Stimme tatsächlich ihre Weissagung gemacht haben, ließe sich vielleicht an eine automatisch gesteuerte Sonde denken.[12]

Numa Pompilius war jedenfalls so sehr um dieses göttliche Artefakt besorgt, daß er unverzüglich einen Kultbau errichten ließ. Dieses schlichte Gebäude bestand anfangs nur aus Holz oder ungebrannten Ziegeln, wurde aber im Verlauf der nächsten 500 Jahre immer vorzüglicher ausgebaut und bildete den Anfang der *Via Sacra*, der *Heiligen Straße*. Denn dieser Tempel wurde zur »königlichen Residenz«, zur *Regia*.[13] Später nahm in der *Regia* der *Pontifex Maximus*, der »Große Brückenbauer«, seinen Sitz; er war die höchste religiöse Autorität im antiken Rom, und unter seinem Vorsitz tagte das *Collegium Pontificum*, das die Gesetze für die Tempel, die Opfergaben und Strafen für Vergehen gegen die Religion und das Kalenderwesen festsetzte.

König Numa Pompilius tat noch ein Weiteres: Er beauftragte den Waffenschmied *Mamurius Veturius*, elf identische Schilde anzufertigen, damit kein Feind je imstande wäre, das heilige Original zu entwenden.[14] Die ursprüngliche Aufgabe des *Collegium Pontificum* bestand deshalb darin, diese Schilder zu behüten. Livius vermerkt:

»Desgleichen wählte er für Mars Gradivus *zwölf Salier. Sie erhielten als Insignien eine buntbestickte Tunika und – über der Tunika zu tragen – einen ehernen Brustpanzer; und er wies sie an, die vom Himmel gefallenen Waffen, die sogenannten* ancilia, *zu tragen und durch die Stadt zu ziehen...«*[15]

Sollte dieses ominöse Artefakt, das vor ungefähr 2700 Jahren aus »heiterem Himmel« im Zentrum des entstehenden Roms einschlug, tatsächlich existiert haben – und in Anbetracht der Bestätigung anderer antiker römischer Legenden besteht kein Anlaß, dies zu bezweifeln – ist es wohl an der Zeit zu fragen, wo dieser Gegenstand, der am ehesten in die Kategorie II der

SETA-Forschung fällt (außerirdische Legate ohne oder mit nur wenigen Informationen) sich heute befinden könnte.

SETA 1: Der Beweis im Vatikan

Vatikanstaat. Drei Möglichkeiten scheinen plausibel zu sein. Als Rom im Jahre 410 n. Chr. unter König Alarich von den Westgoten geplündert wurde, zogen sie mit reicher Beute aus Tempeln und Palästen bis nach Carcassone in Frankreich. Definitiv wissen wir dies von dem goldenen »Siebenarmigen Leuchter«, den die Römer ihrerseits den Israeliten aus dem Jerusalemer Tempel gestohlen hatten. Es wäre denkbar, daß sie auch das heilige Schild aufgefunden und mitgenommen haben.

Die zweite denkbare Variante ist, die Priester haben noch vor der Erstürmung der Stadt, die seit Hannibal keine Bedrohung mehr erlebt hatte, ihren heiligsten Besitz, der ja den Bestand Roms gewähren sollte, in Sicherheit gebracht. Dies ist sogar sehr wahrscheinlich. Zum einen dauerte der Beutezug Alarichs nur drei Tage, so daß er sicherlich nicht gezielt bei seiner Plünderung vorging, zum anderen ist anzunehmen, daß schon seit frühestem Beginn für Zeiten der Bedrohung ein sicheres Versteck angelegt worden war.

Der letzte römische Kaiser trug wie zum Hohn des Schicksals noch einmal den Namen des ersten Königs der Stadt: *Romulus*. Ein Jahr nur, von 475 bis 476, dauerte seine untergehende Herrschaft, bevor er von dem Skiren *Odovakar* entthront wurde. Unter diesem erlosch das weströmische Kaisertum endgültig. Eine weltgeschichtliche Periode schloß ihre Pforten.

Aber fast zeitgleich erstarkte Rom in einer anderen Hinsicht. Das Christentum hatte begonnen, aus dem Schattendasein einer staatsgefährdenden Sekte in das Licht einer Staatsreligion aufzusteigen. Die großen Kirchväter *Ambrosius* (340–397), *Hieronymus* (um 345–420) und *Augustinus* (354–430) strahlten durch ihre gewaltige Rhetorik eine ungeheure Anziehungskraft auf die Menschen dieser und späterer Zeiten aus, und der Bischof von Rom hatte nach und nach seine Stellung in der jungen Kirche ausbauen können. Augustinus hatte den Gottesstaat verkündet. Die weltliche Macht, das Imperium Romanum, würde untergehen, auferstehen würde aus seinen Trümmern das Reich Gottes, d.h. die Herrschaft der Kirche würde anbrechen. Die Päpste wurden so zum legitimen Nachfolger der alten Macht. Sie erhielten den alten heidnischen Titel des *Pontifex Maximus* und waren nun nicht mehr für den Zustand der irdischen Brücken über den Tiber zuständig, sondern für den »großen Brückenbau« zu Gott. Bis heute ist dies die offizielle Bezeichnung des obersten Priesters der katholischen Christenheit geblieben. Die Päpste also traten das Erbe Roms an. Übernahmen sie nicht nur dessen Titulatur, übernahmen sie auch die heiligen Gegenstände des *Collegium Pontificum*, das heute seinen Sitz im Vatikan hat? Konnte der »himmlische Schild« über zwei Jahrtausende gerettet werden und liegt noch immer in den geheimen Archiven der Kirche, die tief in einen der sieben Hügel Roms getrieben wurde, in den »Vatikan«?

Sollte dies so sein, brauchen wir uns über seine Erhaltung auch für die nächsten Jahrtausende kaum Sorgen zu machen. Bloß werden wir ihn wohl kaum zu Gesicht bekommen. Ein heidnisches Insignium auszustellen ist eine Sache, damit dürfte die katholische Kirche keine Schwierigkeiten haben; ein außerirdisches Artefakt der Weltöffentlichkeit zu präsentieren, damit allerdings schon. – Denn möglicherweise bewahrt der Vatikan noch eine zweite, zielgerichtete Information Außerirdischer in seinen Archiven auf.

In unseren Büchern »Die geheime Botschaft von Fatima«[16] und »Zeichen am Himmel«[17] haben wir die auffallende Affinität zwischen UFO-Sichtungen und sogenannten religiösen Marienerscheinungen analysiert. Dabei ergab sich eine erstaunliche Korrelierbarkeit hinsichtlich der wahrgenommenen Geräusche, Temperaturwirkungen, elektromagnetischen Wechselwirkungen, Lichtphänomenen, dem Flugverhalten – sowohl der registrierten materiellen wie der Lichtobjekte –, den Angstzuständen der Beobachter, der Kommunikationsform zwischen Beobachter und Erscheinung/E.T. sowie den Botschaften an die Beobachter.

Eine dieser Botschaften erhielten drei Kinder im Jahre 1917. Sie hätten diese »göttliche Depesche«, so sagten sie, direkt von der Gottesmutter überbracht bekommen. Angeblich bezog sich die Mitteilung auf drei geheime, schreckliche Prophezeiungen für die Zukunft der Menschheit. Zwei davon verweisen auf den Ersten und den Zweiten Weltkrieg, weswegen viele vermuten, die dritte Botschaft enthielte Weissagungen zum Dritten Weltkrieg. Doch nie wurde deren wirklicher Inhalt veröffentlicht. 1943 fixierte die letzte Überlebende dieses »wundersame Ereignis« in einem Kloster schriftlich und ließ das Dokument Papst Pius XII. übergeben. Weil es die »Heilige Jungfrau« so wolle, sollte das »Dritte Geheimnis von Fatima« jedoch erst 1960 veröffentlicht werden. Unter dem Pontifikat Papst Johannes XXIII. wurde die geheime Botschaft tatsächlich im Beisein hoher Kirchenvertreter geöffnet, doch entgegen der ausdrücklichen Anordnung der Mutter Gottes versiegelten die Würdenträger das Dokument erneut und sahen von einer Bekanntgabe bis heute ab.

Es gibt nur zwei Gründe, eine solche Geheimhaltung vor den Gläubigen in aller Welt zu rechtfertigen. Entweder ist die Mitteilung so trivial oder unsinnig, daß eine Veröffentlichung dem Eingeständnis eines großen Irrtums in dieser von der

Kirche akzeptierten Erscheinung gleichkäme, oder sie enthält eine Information, die für die Kirche von so fundamentaler »negativer« Bedeutung ist, daß sie ebenfalls einen Irrtum offenbaren würde. Unsere These ist: Die sogenannte Botschaft von Fatima ist eine direkte Information über die wahren Hintergründe der Erscheinung von 1917 (Kategorie III der SETA-Forschung). Die vielfältigen Parallelen zu dem UFO-Phänomen lassen vermuten, daß diese Unterlagen den Eingriff außerirdischer Lebewesen in die Geschicke der Menschheit bestätigen. Aber der Vatikan schweigt.

SETA 2: Der Beweis an heiligen Orten

Mexiko. In einem anderen Fall schwieg die katholische Kirche dagegen nicht und gestattete sogar Untersuchungen an einem äußerst kuriosen Objekt aus dem Jahre 1531. Damals war dem zum christlichen Glauben bekehrten Azteken Juan Diego in Guadelupe vor den Toren von Mexico-City die »Heilige Jungfrau Maria« erschienen. Auf wundersame Weise wurde das Bild der Gottesmutter auf den Umhang des Mannes projiziert, ähnlich einer Fotografie. Echt oder Fälschung? Das war lange Zeit die Frage. Wissenschaftliche Untersuchungen zeigten jedoch, daß dieses Bildnis echt ist. Der Stoff stammt tatsächlich aus dem 16. Jahrhundert, und obwohl die groben Agavefasern längstens 20 Jahre überdauern, existiert dieser Mantel seit 450 Jahren ohne Auflösungserscheinungen. Der Nobelpreisträger Prof. Richard Kuhn erkannte, daß sich keinerlei Farbe in den Fasern befände und weder tierische noch pflanzliche, noch mineralische Farbstoffe verwendet wurden. Anschließende Untersuchungen zeigten, daß auch keine Pinselstriche zu erkennen sind. Leimungen, Lackierungen oder Grundierungen fehlen völlig. Schließlich zeigte sich ein ganz und gar phantastisches Phänomen: In den Pupillen der Augen der Madonna konnte durch Vergrößerung die Spiegelung der Umgebung gesehen werden, wie sie im Moment der Entstehung des Bildnisses ausgesehen haben muß. Mit Methoden der Kriminalistik, Computerauswertung und Raumfahrttechnik wurde das Gesicht eines Mannes identifiziert, das mit großer Wahrscheinlichkeit jenes von Juan Diego war, sowie weitere Gesichter bzw. Personen. Die Analyse zeigte, daß die Spiegelung genau in der Weise und in dem Winkel vorhanden ist, wie sie für eine Wiedergabe zwischen Augenlinse und Netzhaut typisch ist. Die Szene stimmt exakt mit dem historisch überlieferten Bericht überein. Es wäre selbst heute unmöglich, eine solche Szenerie in dieser miniaturisierten Dimension mit einer solchen Präzision zu »malen«.

Dieses Bild hängt bis heute in der Marienbasilika von Guadelupe in Mexiko. Jeder kann es dort sehen. In diesem Fall müssen nun die Konsequenzen gezogen werden. Wenn hinter dem Erscheinungsphänomen, das so viele Parallelen zu den heutigen UFO-Sichtungen ebenso wie zu antiken Göttererscheinungen aufweist, tatsächlich eine außerirdische Intelligenz steht, dann ist dies der *Beweis*, den wir für die Anwesenheit Außerirdischer auf unserem Planeten suchen.

Israel/Äthiopien. Einem weiteren heiligen Gegenstand sind J. Fiebag und ich in den Jahren 1982 – 1998 nachgegangen. In unserem Buch »Die Ewigkeits-Maschine«[18] belegen wir die außerirdische Herkunft des Inhaltes der Bundeslade: der »Manna-Maschine«. (Auf eine ausführlichere Darstellung wird deshalb hier verzichtet.) Sie könnte heute auf der Kanada vorgelagerten Insel Oak Island in einem sicheren Versteck vergraben sein. Das andere interessante Objekt, nämlich die »Heilige Lade Gottes«, befindet sich eventuell noch in einem Stollen unter dem Tempelberg in Jerusalem. Sollte dies der

Fall sein, stehen die Chancen, sie zu orten, gar nicht schlecht. Derzeit laufen archäologische Ausgrabungen, in deren Verlauf die Wissenschaftler bereits auf verschüttete Gangsysteme gestoßen sind.

Saudi-Arabien. Ein anderes interessantes heiliges Relikt ist der *Hadschar al-Aswad*, der »schwarze Stein« zu Mekka. Er wurde vor Jahrhunderten an der Südostecke eines würfelförmigen Gebäudes im Hof der Hauptmoschee, der *Ka'aba*, eingemauert. Seitdem wird er von allen Mohammedanern als das höchste Heiligtum ihres Glaubens angesehen. Die Überlieferung, die noch auf prä-islamische Zeiten zurückgeht, gibt einen kosmischen Ursprung dieses Gebildes an. Mag sein, es ist nur ein einfacher Meteoritenstein, wie viele vermuten, es könnte aber auch sein, daß der nach islamischem Glauben aus der Urzeit Adams stammende Gegenstand eine Botschaft im Sinne der PaläoSETI-Theorie beinhaltet. Die Öffnung der *Ka'aba* wäre jedoch ein Sakrileg, das derzeit wohl niemand lebend überstehen würde.

Guatemala. Eingefaßt in eine Landschaft aus dunklen Vulkanen glänzt tiefblau der Atitlán-See. An diesem Ort wird eine mysteriöse Rolle aufbewahrt, die mit Tüchern umhüllt wurde. Die *Quiché-Maya* erhielten diesen Gegenstand einst von ihren Göttern als »Zeichen des Bundes« und zur Erinnerung an ihr Hiersein, bevor sie zurück in den Himmel auffuhren. Dieses göttliche Bündel wird unter dem Namen *»Psióm K'ak'ál«*, (»Verhüllte Kraft«) noch heute von den Indios aufbewahrt und verehrt. Zur Zeit bringen die Quiché großes Mißtrauen den fremden Forschern entgegen, weil ihnen im Laufe der letzten Jahrhunderte viele ihrer heiligsten Reliquien gestohlen oder zerstört wurden. Aber wäre es nicht spannend, diesen Gegenstand behutsam mit modernsten Ultraschallgeräten zu durchleuchten? Denn vielleicht besitzen die Maya-Indianer eine außerirdische Datenkapsel mit gezielten Informationen für die Nachwelt.[19]

Tibet. In der rauhen Bergwelt des Himalaja ist zwischen heiligen Gipfeln und Tälern der buddhistische Lamaismus zu Hause, eine Mischreligion aus magischer und dämonischer Urreligion und der Lehre *Buddhas*. Stupas, Höhlenschreine, Tempel und Klöster weisen dem Pilger den Weg dorthin, wo das »Dach der Welt« in den Himmel überzugehen scheint. In dieser asketischen Mönchswelt existieren kleine geheimnisvolle himmlische Objekte mit zwei kronengleichen Enden, die von den Priestern zwischen ihren Fingern gedreht werden, wenn sie im Gebet versunken mit ihren Göttern kommunizieren wollen. Die *Dorje* werden heute in großen Mengen produziert, aber sie sind nur Nachbildungen von ursprünglich sieben Metallgegenständen, die vor vielen Tausend Jahren aus dem Himmel kamen.[20] Der Schriftsteller Andrew Tomas[21] berichtet, wie er auf seinen Reisen durch Tibet und Indien mehrmals von der »Wiederaufladbarkeit des *Dorje*« erzählen hörte. Überlieferungen schildern die mysteriösen Fähigkeiten der göttlichen Objekte. Sie erzeugten, so heißt es, »einen brillanten Schein«, sie »glühten«, produzierten einen »summenden Ton« und in ihrer Umgebung einen »lichterfüllten Nebel«. A. Tomas, der heute über neunzigjährig in den USA lebt, erzählte mir 1997, daß er auf Grund vieler Gespräche zu dem Ergebnis gekommen sei, der *Dorje* sei in der Lage, äußerst ungewöhnliche, technisch anmutende Phänomene zu erzeugen. Bereits in seinem Buch »Wir sind nicht die Ersten« zitiert er zwei sowjetische Wissenschaftler, die Anfang der sechziger Jahre einen der originalen *Dorjes* zu sehen bekamen und völlig verblüfft über dessen Fähigkeiten gewesen waren. Den tibetischen, indischen und kaschmirischen Legenden nach soll ein *Dorje* in dem bekannten Teeort Darjeeling zur Erde gebracht worden sein, von dem sich der Stadtname ableitet: Darjeeling gleich »Ort des *Dorje*«. Es gibt Vermutungen darüber, daß einer der heiligen Stäbe im Galdan-Kloster nahe der tibetischen Hauptstadt Lhasa aufbewahrt wird und wurde. Ein weiterer soll sich am Exilsitz des Gott-Königs der Tibeter, des Dalai Lamas, im indischen Dharamsala befinden. Einer seiner Titel ist »Träger des *Dorje*«. Die Hoffnung besteht, daß dieser geistig sehr offene Mann in absehbarer Zeit einen originalen *Dorje* zur Untersuchung freigibt. Dann würde er seinem zweiten Titel, dem des Dalai gerecht. Dieser bedeutet: »Meister im Meer der Weisheit«.

SETA 3: Der Beweis an königlichen Stätten

Ghana. *Ashanti* ist der Name eines Volkes, seines Königreiches und seiner Sprache. Die afrikanische Goldküste von Ghana ist ihre Heimat. In diesem Staat leben noch immer zwei Herrscher: Der eine ist der Präsident, der andere ist der *Asantehene*, König Opoku Ware II., dessen Einflußgebiet ein Viertel Ghanas umfaßt. Weites Grasland und steile, bewaldete Hügelketten prägen das Königreich. In Kumasi, der zweitgrößten Stadt des Landes, regiert Opoku Ware II. als geistiges und weltliches Oberhaupt. Begleitet von Musikern, Ausrufern mit Trommeln und etlichem Gepränge, ziehen mehrmals im Monat seine Häuptlinge zu ihm in den Palast, um über das Schicksal der Ashanti zu beraten.

Ihre Religion kennt einen höchsten Gott, den sie *Onyankopon*, der Große, nennen, oder *Otumfoo*, der Mächtige, der Ewige, der Erste und Älteste. Dieser höchste Gott hat keine Priester, denn der direkte Zugang zu ihm soll jedem Gläubigen möglich sein. Es gibt hierarchisch unter ihm jedoch weitere Götter, seine Kinder, die einst zur Erde kamen. Eine der Ashanti-Erzählungen berichtet, wie ein Mann namens Di Amono im Wald plötzlich auf einen lichterloh brennenden »Stein« traf. Dies war das Zeichen, daß die Götter gelandet waren.

Eine der zentralen Episoden ihrer Geschichte ereignete sich zu Beginn der Regierungszeit von König Osai Tutu (1695–1731). Der berühmte Medizinmann Anochi war zu Osai Tutu gekommen und sprach zu ihm: »Großer Häuptling Osai, es freut *Nyame* (Gott), dir das Königreich von Ashanti und allen Akan-sprechenden Völkern zu schenken. Wenn du den Großen Rat mit allen Clanoberhäuptern des Reiches einberufst, werde ich die Zeremonie vollziehen, mit der du als nationaler Monarch bestätigt wirst. Es ist Gottes Wille.«[22]

Der große Rat der Ashanti trat zusammen und Anochi flehte zu seinem Gott um ein Zeichen. In diesem Moment richteten sich die Blicke der Anwesenden zum Himmel empor. Aus der Höhe sank ein goldener »Stuhl« langsam zur Erde herab und berührte den Boden.

Anochi erfaßte in Sekundenschnelle die Situation und verkündete: »Dieser Stuhl enthält durch Gottes Willen die Seele der Nation Ashanti. Niemals darf ein anderer auf diesem Stuhl sitzen, und niemand darf ihn aus Ashanti entfernen, sonst wird allen Menschen großes Unglück widerfahren.«

Dank der Kräfte des »göttlichen Throns« besiegten künftig die Ashanti alle ihre Gegner. Erst als die Briten mit ihrer überlegenen Waffentechnik afrikanische Reiche zu Kolonien machten, wendete sich das Schicksal des Volkes. Nach einer Belagerung Kumasis und heftiger Gegenwehr übergab der *Asantehene* Prempeh sein Reich. Die Furcht, der *Goldene Stuhl* könne durch das Geschützfeuer beschädigt werden, war schließlich übermächtig geworden. Wir können uns noch heute bildhaft die Wut und Empörung der Ashanti vorstellen, als der englische Gouverneur, Sir Hodgson, sich auf diesen heiligen Stuhl setzen wollte.

Der himmlische Thron verschwand jedenfalls, und der König ging ins Exil auf die Seychellen. Nach dreißig Jahren gaben die Engländer den *Goldenen Stuhl* dem greisen König wieder zurück und setzten den Regenten noch einmal für kurze Zeit in sein Amt ein, bevor er verstarb.[23]

Mag sein, die Geschichte vom *Goldenen Stuhl*, der vom Himmel fiel, ist eine nette Erfindung der Ashanti-Könige, um ihre Macht zu legitimieren. Mag sein, der angesehene Medizinmann Anochi war ein Illusionist, der einem David Copperfield in nichts nachstand und den goldenen Gegenstand mit irgendwelchen Tricks im genau richtigen Moment scheinbar vom Himmel herabgleiten ließ. Mag sein also, das Ganze ist ein großer Bluff mit einer königlichen Legende, an die noch immer drei Millionen Ashanti felsenfest glauben. Aber wenn dies keine Erfindung ist? Wir sollten auf Nummer Sicher gehen. Vielleicht ist ja der regierende *Asantehene* Opoku Ware II. viel aufgeschlossener als so manche andere geistliche Oberhäupter der Welt und würde einer vorsichtigen Untersuchung seiner »Sitzgelegenheit« zustimmen. Es könnte sich für beide Seiten lohnen …

Japan, 1946. Der Kaiser von Japan, *tenno* Hirohito, entsagt während seiner Neujahrsansprache auf Druck der US-amerikanischen Regierung seiner eigenen Göttlichkeit. Für viele Japaner bricht eine Glaubenswelt zusammen. Seine Untertanen verstehen nicht, was dies bedeuten soll. Wie kann *tenno* Hirohito, den sie als Gott »im Innern der neunfachen Wolke« verehren, als Gott abdanken? Und so ziehen sie am 2. Januar des Jahres 1954, kurz nach dem Ende der amerikanischen Besatzung, wieder zur traditionellen Massenaudienz zu Hunderttausenden zum Palast. Der japanische »Chrysanthemen-Thron« hatte nur leicht gewackelt unter dem demokratischen Ansturm Amerikas. Natürlich ist im Verlauf der neuzeitlichen Weltöffnung auch das Kaiserhaus weiter zur profanen Welt herabgestiegen. Doch noch immer sind drei Viertel der japanischen Bevölkerung für das älteste Kaisertum der Erde unter Akihito, dem Sohn Hirohitos.

Als 1926 der letzte Gott und Kaiser zugleich inthronisiert wurde, da war das *tenno*-System bereits uralt. Kürzlich entdeckten japanische Archäologen östlich von Osaka im Dorf Asuka einen kreisförmigen Kitora-Begräbnishügel. 1300 Jahre hatte die Erdaufschüttung ein zwölf mal zwei Zentimeter großes Holzbrettchen in seinem Inneren aufbewahrt. In *Kanji*-Schrift war darauf das Wort »*tenno*« zu lesen. Dieser aus dem Jahre 677 n. Chr. stammende Schriftzug wäre die älteste notierte Form des Wortes. Wenige Monate später öffneten die japanischen Experten einen weiteren Grabhügel in Asuka. Drei Meter Höhe und dreizehn Meter Durchmesser weist er auf. Seine Entstehung wird ebenfalls ins 7. nachchristliche Jahrhundert datiert. Die Sensation lag unter seiner schützenden Oberfläche verborgen, denn die Archäologen stießen auf eine ausgemalte Steinkammer. Mit Verblüffung registrierte man eine phänomenal exakte Sternenkarte, auf der selbst der Äquator eingezeichnet ist. Diese Meisterleistung ist vermutlich die älteste derartige astronomische Karte der Welt. Die *tenno*-Gräber scheinen mit dieser kosmischen Abbildung in engem Zusammenhang zu stehen. Denn »*tenno*« bedeutet wörtlich übersetzt »göttliches Wesen«.

In Gräbern aus Nordkyûshû, die aus der Yayoi-Zeit stammten, fanden die Archäologen Schwerter, Spiegel und Krummjuwelen (*magatama*), die späteren Throninsignien, die schon zu Beginn der japanischen Mythologie auftauchen. Die unglaubliche Kontinuität von den frühen Häuptlingstümern bis zur Thronbesteigung der Kaiser unseres Jahrhunderts, Taishô,

Hirohito und Akihito, die die drei gleichen Symbole überreicht bekamen, zeigt, wie stark Japan selbst noch an der Schwelle zum 3. Jahrtausend in seiner mythologischen Überlieferung und seiner althergebrachten *shintô*-Religion (wörtlich: »Der Weg der Götter«) verwurzelt ist.

Die drei Symbole gehen auf die Götter in frühesten Zeiten zurück, die anfangs die Herrschaft über die Erde ausübten und auf einer Insel herniedergingen, wo ein Götterpaar eine »Himmelssäule« errichtete. Als deren Einfluß nachzulassen drohte, sandten die Götter den »Enkel« der Göttin *Amaterasu*, *Ninigi*, auf die Erde. Er wurde von diesen drei Gegenständen künftig beschützt. Der Legende nach landete er – vom Himmel kommend – auf einem Berg in *Hyûga* (Südostkyûshû), das damals kulturell kaum entwickelt war. Von dort aus sandte er seinen Sohn *Kamu Yamato Iware Hiko*, auch *Jinmu tennô* genannt, ins mittlere Japan, wo dieser im Jahre 660 v. Chr. das Reich *Yamato* gründete. Damit wurde er zum ersten der bis heute 125 *tenno*, die durch weitgehendst innerfamiliäre Heiraten ihre Stammeslinie geradewegs auf die Sonnengöttin *Amaterasu* und ihren himmlischen Enkel *Ninigi* zurückführen.[24]

Noch immer werden die Gegenstände, die *Ninigi* mit zur Erde brachte, als heiligste Reliquien der Japaner aufbewahrt. Der rätselhafte Spiegel lag nach dem göttlich-menschlichen Kontakt zunächst innerhalb des Kaiserpalastes. In der Ära des zehnten japanischen Kaisers, Sujin *tenno* (1. Jahrhundert v. Chr.), wurde der erhabene Spiegel, dieses Symbol göttlicher Autorität, von der kaiserlichen Prinzessin Mikoro nach Kasanuinomura schließlich unter der Regentschaft des Imperators Suinin (4 v. Chr.) zum heutigen Aufbewahrungsort in der Stadt Ise transportiert. Die Tempelanlage von *Naiku* gilt seitdem als höchstes japanisches Heiligtum. Dieses Sanktuarium liegt auf einer Insel im *Isuzu*-Fluß, an der Stelle, wo die Göttin *Amaterasu Omikami* den Menschen erschienen ist. Seit dem 3. Jahrhundert wird der Schrein aus Zypressenholz, der aus einem inneren und äußeren Gebäude besteht, alle zwanzig Jahre in einer exakt festgelegten Zeremonie detailgetreu erneuert. (Die letzte Rekonstruktion fand 1993/94 statt; es war die 61. seit Beginn.) Ursprünglich diente der heilige Schrein nur der Anbetung durch die königliche Familie und ihre Priester.[25] Seit dem 19. Jahrhundert ist der Tempel jedoch auch für die Gläubigen geöffnet worden, und so pilgern jährlich zwischen sieben und acht Millionen Menschen zur Verehrung der Reliquien nach Ise.

Der außerirdische (?) Spiegel wird seit Jahrhunderten wieder und wieder mit Tüchern umhüllt und verdeckt. Niemand darf ihn zu Gesicht bekommen. Nur der neu inthronisierte *tenno* darf sich direkt zu dem geheimnisvollen Kristallspiegel begeben, um das Signum seiner Göttlichkeit zu berühren.

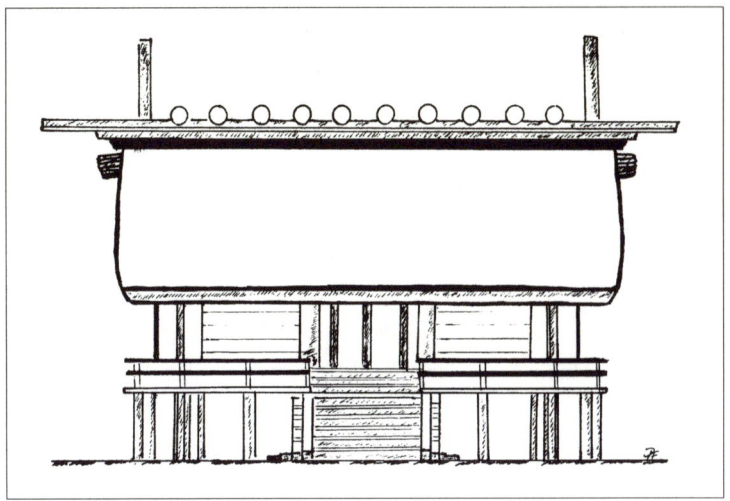

Abb. 11: Der Schrein auf der Ise-Insel beherbergt einen Kristallspiegel, der von den Göttern hergestellt wurde.

Sollte sich der Abstieg der japanischen Gott-Monarchie aus dem »Inneren der neunfachen Wolke« in die moderne Welt des 21. Jahrhunderts unter dem Kronprinzen Naruhito fortsetzen, vielleicht läßt dann »seine Majestät zur Audienz bitten« und öffnet Wissenschaftlern die Tücher des heiligen Spiegels. Diese Art von *kamikaze* wäre wohl nicht die schlechteste. Denn *kamikaze* bedeutet »Götterwind«. Und der mag dann zum Nutzen der ganzen Menschheit durch die ehrwürdigen Hallen antiker Tempel ebenso wie durch die Säle der Universitäten wehen.

SETA 4: Der Beweis in Museen

Sulawesi. Kehren wir noch einmal zurück in die Inselwelt Indonesiens. Die Fürsten von Gowa wurden, wie bereits berichtet, an *der* Stelle auf Sulawesi gekrönt, an der ihre Vorfahren direkt aus dem Weltraum kommend auf der Erde gelandet waren. Sie selbst sahen sich als direkte Nachfahren der himmlischen Besucher. Nach der ältesten bekannten Handschrift des Reiches von Gowa, die auf das Jahr 1565 datiert wird, müßte die Regentschaft des Herrschergeschlechtes um das Jahr 1300 begonnen haben.[26] Die »Lontara Gowa« berichtet in Sanskrit-Schrift davon, wie aus dem »Götterhimmel« eine Frau zur Erde kam. Ihr Name war *Tumanurung*, »die Herabgestiegene«. Sie heiratete den sterblichen Karaeng Bayo, vereinigte einige Fürstentümer und gründete einen Reichsrat. Nach einer Ära des Friedens und des Wohlstandes stieg sie wieder in den Himmel empor. Ihr Sohn *Massalangga Baraya* aber blieb zurück auf der Erde und wurde der Vorfahre der künftigen Herrscher. Dieser Ursprungsmythos existiert in verschiedenen handschriftlichen und mündlichen Varianten in Süd-Sulawesi.

Rund zehn Kilometer von der Hauptstadt der Insel, Ujung Pandang, entfernt befindet sich in der Mitte der kleinen Ortschaft Sungguminasa der ehemalige fürstliche Palast der Gowa-Regenten. In dem *Boala Lompoa*, wie die Residenz genannt wird, wurde in unseren Tagen ein Museum eingerichtet. 1936 wurde der Palast im traditionellen Makassar-Stil aus Holz und auf Stelzen stehend erbaut. Eine Kanone aus dem 16. Jahrhundert hat hier überdauert, Zierat aus glanzvollen Epochen und Bilder ehemaliger Herrscher. Als Hauptattraktion aber gelten die *pusaka*, die hoheitlichen Insignien. Wenn die Schatzkammer mit Genehmigung des Amtes des *Bupati* geöffnet wird, blickt man mit Verblüffung in einen Raum, in dem Kerzen und Räucherstäbchen stehen und Betelnüsse als Opfergabe niedergelegt wurden. Nach wie vor werden die Symbole der Gowa-Herrscher hoch in Ehren gehalten. Früher wurden sie einmal im Jahr im Pilgermonat am Tage *Hari Raya Haji* von priesterlichen *bissus* gereinigt, einer Art Transvestit aus religiösen Gründen, die über eine eigene esoterische Sprache verfügten. Nunmehr nehmen diese zeremoniellen Reinigungen Beamte des indonesischen Staates vor. Vier goldene Armreife in Gestalt einer eingerollten Schlange mit aufgerissenem Maul und eine 16 kg schwere Goldkrone werden weihevoll vorgezeigt. Ein Gegenstand allerdings fehlt. Dieses Objekt aber wäre das Interessanteste. Es ist das *Tanisamang*, eine goldene Kette, deren Ursprung im Himmel lag und die somit ein weiterer Kandidat für ein extraterrestrisches Artefakt (Kategorie II) ist. Die Göttin *Tumanurung* hatte eine göttliche Kraft auf sie übertragen, weshalb die »Kette« eine rätselhafte Eigenschaft besaß. Jedes Jahr, wenn sie gewogen wurde, nahm sie ein anderes Gewicht an. Der Fürst meinte, daraus eine Vorhersage für die Zukunft erblicken zu können. Nahm das Gewicht zu, war dies ein gutes Omen für den Staat. Trotz der strengen Bewachung war die fürstlich-himmlische »Kette«

eines Tages verschwunden. Natürlich wollte niemand etwas von ihrem Verbleib gewußt haben. Ob ein reicher Sammler einen Auftrag gab, ein Bediensteter sich ein paar Rupien verdienen wollte oder ob die fürstlichen Nachfahren und ihre Priester dafür verantwortlich waren, weiß niemand. So ist zu hoffen, daß dieser geheimnisvolle Gegenstand noch existiert – und vielleicht irgendwann in einer fernen Zukunft wieder auftauchen wird.

Aber auch andere Kleinstreiche verfügen über Kleinodien, die ihnen von ihren göttlichen Vorfahren vererbt wurden, auch wenn sie nach Rang und Macht den Insignien von Gowa unterlegen waren. Birgitt Röttger-Rössler[27], die in Süd-Sulawesi in den 80er Jahren ethnologische Feldstudien durchführte, berichtet:

»Ein wichtiges Element der Religion der *patuntung* besteht, wie in ganz Süd-Sulawesi, in dem Kult um prä-islamische Heiligtümer, die im Mittelpunkt der meisten Verwandtengruppen stehen und im Hochland als *kalomoan* (›Größe‹) bezeichnet werden. Der lokalen Vorstellung zufolge handelt es sich dabei um einen Gegenstand, den die erste, aus dem Götterhimmel herabgestiegene, Fürstin der Gemeinschaft bei ihrem Wiederaufstieg in den Himmel zurückließ, und der seitdem die Institution der Dorfregierung repräsentiert, da der Überzeugung der Dorfbewohner gemäß der Geist eben jener Fürstin darin wohnt. Das Heiligtum von Bontolowe wird in einem Miniaturbett in einem bestimmten Haus aufbewahrt, wo es von einer Frau, der ›weiblichen Adat‹ (...) verwaltet wird. Die Funktion des *kalompoang* hat sowohl einen politischen als auch einen religiösen Aspekt: Es legitimiert nicht nur die politische Macht des Dorfregenten, der ja stets ein direkter Nachkomme der göttlichen Fürstin sein muß, sondern stellt gleichzeitig den wirkungsvollsten Mittler zwischen der von ihm regierten Gruppe und der höchsten Gottheit dar.«

Zu bestimmten Riten wird dieser Gegenstand mit Blutopfern bedacht, denn die Bewohner Süd-Sulawesis glauben trotz Islamisierung an die Mittlerfunktion des Objektes zwischen Menschen und höchster Gottheit. Ob das Ergebnis einer Untersuchung positiv oder negativ ausfallen würde? Eines steht fest: Auch dieses Objekt einer symbolischen Kommunikation mit den Göttern ist greifbar und real vorhanden, und es ist es wert, ernsthaft analysiert zu werden.

Chile. Entlang der Panamericana steuern wir unserem Reiseziel zu. Riesige Geoglyphen, bis zu 120 Meter hoch, auf 50 000 Quadratmetern verstreut, liegen im Norden Chiles am Rande der Atacama-Wüste. Die Datierung gestaltet sich schwierig. Sie scheinen aber aus der archaischen Epoche zu stammen, die weit vor Christi begann. Uralte Sandgemälde erinnern an eigenartige Figuren, die Helme trugen, an ungewöhnliche Geräte und himmlische Ereignisse.
Unser Weg führt weiter durch die Zentralkordilleren nach Süden hinein in eine Landschaft, aus der bis zu 6500 Meter hohe Vulkane emporwachsen und sich tödliche Salzseen erstrecken. Doch selbst in dieser unwirtlichen Gegend lebten Menschen in einer Wüste, in der es, seit die Spanier vor 400 Jahren hierher kamen, nicht einen einzigen Tropfen Regen mehr gegeben hat.
Die *Cunza*, Indianer der *Atacamenos*-Stämme, die als nomadisierende Jäger und Sammler ihr Dasein fristeten, hatten sich vor Jahrtausenden schon in dieser Einöde einen Lebensraum geschaffen. Später hatten sie Kontakt mit der imposanten Tiahuanaco-Kultur vom 600 Kilometer entfernten Titicaca-See. Erst um 1450 dehnte sich dann das Inka-Reich auch bis in dieses Gebiet aus.[28,29,30]
San Pedro de Atacama bildet eine kleine Oase in 2400 Metern Höhe. Das abgelegene, verwinkelte 2500-Seelen-Dorf wäre

nicht der Rede wert, wenn nicht in vorspanischer Zeit hier das kulturelle Zentrum der Wüstenindianer gewesen und wenn nicht 1641 hier eine Kirche aus Kakteenholz und grob gebrochenen Steinen errichtet worden wäre. Diese Kirche war es, die 1955 den belgischen Pater Gustav Le Paige anlockte. Der Padre indes war nicht nur ein Mann Gottes, er war auch Archäologe. So hat er in über 20 Jahren an die 5500 Grabstätten freigelegt, Krüge, Faustkeile, Goldketten und anderes ans Tageslicht zurückgebracht, ein Zeremonialzentrum am Vulkan Licancabur entdeckt und das modernste Museum Chiles in San Pedro aufgebaut. Prunkstück seines Wirkens ist die älteste Mumie Amerikas und mit einer Datierung von 7810 Jahren vermutlich der ganzen Welt: »Miss Chile«. Denn die Mumien halten sich im trockenen Wüstenklima erstaunlich gut, und außerdem war »das Wissen dieses geheimnisvollen Volkes um die Anatomie der Menschen viel höher als dasjenige der vorgefundenen Mumien in Ägypten«.[31] Erstaunlich ist, daß die ältesten Mumien die beste »Mumifizierungstechnologie« aufweisen.[32]

Bevor er jedoch starb, sollte der Missionar der Welt noch ein großes Rätsel hinterlassen. 1975 behauptete Le Paige, daß er auf die Leichen außerirdischer Wesen gestoßen sei. Wörtlich:

»Einige der Mumien, die ich fand, hatten Gesichtsformen, wie wir sie auf der Erde nicht kennen … Man würde mir nicht glauben, wenn ich erzählen würde, was ich sonst noch in den Gräbern gefunden habe.«[33]

Der Schriftsteller Erich von Däniken erhielt im Jahre 1980 einen Brief, den der Pater direkt an ihn adressiert hatte. Bevor v. Däniken jedoch nach Chile reisen konnte, verstarb Le Paige[34]. 1993 besuche ich das Museum von San Pedro. Der freundliche stellvertretende Direktor zeigt mir ein kleines, wenige Zentimeter großes Figürchen mit Helm, das er als den

»Marsianer« offeriert. Ich muß gestehen, für ein außerirdisches Wesen hätte ich das Männchen nicht unbedingt gehalten. Sollte Le Paige, Ehrendoktor und Träger höchster amerikanischer und europäischer Staatsorden, tatsächlich mit dieser Figur seinen Ruf aufs Spiel gesetzt haben?

»Der Padre«, sagt mir der Direktor, »war halt schon etwas senil, bevor er starb.« Das wäre die einfachste Erklärung und würde weitere unerbetene Fragen über »los marcianos«, die »Marsmenschen«, erübrigen. Gewiß. Aber es ist eine schlechte Erklärung. Der 72jährige Padre Le Paige war immerhin noch so rüstig, daß er seine Gemeinde ohne Probleme leiten konnte, ihm das Museum unterstand und er weiterhin umfangreiche Ausgrabungen vornahm, in deren Verlauf er auf »außerirdische Wesen« stieß. Von einem Figürchen sprach er allenfalls als Grabbeigabe. Wo also sind die seltsamen Leichen abgeblieben, die den erfahrenen Archäologen und Ausgräber vieler Mumien dazu veranlaßt haben, das »archäologische Schreckgespenst« Erich von Däniken zu informieren? Was fand der Padre noch so Unglaubliches, daß er nicht wagte, dies schriftlich mitzuteilen, weil man ihm »nicht glauben würde«? Das wird vorläufig ein Geheimnis bleiben. Genauso, wie der Verbleib der Fundstücke. Liegen sie noch im Museumskeller, in dem nur oberflächlich registrierte Funde lagern? Wurden sie zur Katholischen Universität von Antofagasta gebracht, der die Ausgrabungen in San Pedro formal unterstanden? Landeten sie wie einige kleinere Artefakte auch im Nationalmuseum von Santiago de Chile? Nach einer mündlichen Auskunft soll eine Filmaufzeichnung von der Bergung der geheimnisvollen Leichen und Gegenstände existieren. Auch ihr Verbleib ist unklar. Seinen Brief allerdings, den Padre Le Paige mit scharfem Verstand formulierte, den kann man *nicht* wegdiskutieren. Schwarz auf weiß steht es dort zu lesen, was er auch einem Reporter ins Mikrophon diktierte: »Ich glaube, daß in den Gräbern außerirdische Wesen mitbeerdigt wurden. Einige der Mumien, die ich fand, hatten Gesichtsformen, wie wir sie auf der Erde nicht kennen.«[35]

SETA 5: Der Beweis:
Vergraben – verschollen – versteckt

Peru. Was wissen wir eigentlich über die Menschen der antiken Zivilisationen Südamerikas? Was wissen wir über eine ihrer bedeutendsten Hochkulturen, die der Inka? Ein geflügeltes Wort in den Anden lautet: »Die Geschichte des vorspanischen Peru besteht zu 60 Prozent aus Spekulation, zu 30 Prozent aus Wahrscheinlichkeit und zu 10 Prozent aus Tatsachen.« Professor Hanns J. Prem[36] von der Universität Bonn, einer der renommiertesten Altamerikanisten, merkt an: »Forschungsgeschichtlich fällt der schnelle Wechsel von archäologischen Erklärungsansätzen auf, deren Trends durchaus mit zeitgenössischen ideologischen Stimmungen oder politischen Ereignissen korrespondieren.« Der südamerikanische Archäologe Dr. Zuidama[37] ist der Ansicht: »Das einzig Sichere, das wir über die Geschichte dieser Völker wissen, ist das Datum der Eroberung der Inka durch die Spanier.«

Das läßt aufhorchen. Insbesondere, da es an einer kritischen Literatur zur Inka-Geschichte fast gänzlich fehlt. Um so mehr erstaunt es jeden Terra-X-erfahrenen Fernsehzuschauer, daß die Welt der Inka nicht ganz so einfach war, wie auf dem Bildschirm und in Sachbüchern dargeboten. Wer weiß schon davon, daß die große Inka-Forscherin Maria Rostworowski,[38,39] gestützt auf kolonialzeitliche Autoren,[40,41] zwei parallele Herrscherfolgen für die Inka postuliert? Mit dieser Ansicht von den zeitgleich regierenden Königen steht sie übrigens keineswegs allein. Es gibt gute Gründe anzunehmen,

234

daß späte Inka-Herrscher aus aktualpolitischen Überlegungen heraus die historische Tradition auszulöschen versuchten. Demnach gab es fast doppelt so viele Herrscher wie die bislang dreizehn angenommenen von Manco Capac bis Manco Inca. Übrigens sei nur einmal am Rande vermerkt, daß die Inka selbst von 106 regierenden Königen ausgegangen sind. Aber Doppelbesetzungen von Namen strichen die europäischen Forscher einfach. Nun ja. Die Frage sei erlaubt, was wohl passieren würde, wenn sie auch alle deutschen Kaiser mit dem Namen Otto, Heinrich, Friedrich auf einen einzigen Namensträger zusammenkürzten.

Sehen wir uns gemeinsam die Überlieferungen der Inka etwas genauer an. Zur Zeit des achten Inka-Regenten, Viracocha genannt, zogen die feindlichen *Chanca* gegen Cuzco, die Königsstadt. *Inca* Viracocha und der Thronfolger nahmen Reißaus vor dem herannahenden gigantischen Heer. Cuzco schien verloren. Der Geschichtsschreiber Pedro Sarmiento de Gamboa[42] berichtet:

»Als das geschah... und die Chanca sich Cuzco näherten, unterwarf sich Inca *Yupanqui (ein jüngerer Sohn des Königs, Anm. d. Autors) einem strengen Fastengebot und rief (den Gott) Viracocha und die Sonne um Hilfe an, auf daß sie die Stadt erretteten. Und als er sich eines Tages in großer Pein in Susurpuquio aufhielt und überlegte, wie er seinen Feinden begegnen könnte, da erschien ihm am Himmel eine Gestalt wie die Sonne und tröstete ihn und gab ihm Mut zu kämpfen. Und sie zeigte ihm einen (Kristall-)Spiegel, in dem sie ihm die Länder zeigte, die er unterwerfen sollte; und sie sagte ihm, daß er all seine Vorfahren übertreffen werde und daß er nicht zögern, sondern sich an das Volk wenden solle, denn er würde die* Chanca *besiegen, die über Cuzco herfielen. Diese Worte und*

die Erscheinung gaben Inca *Yupanqui Mut, und er nahm den Spiegel, den er fortan stets bei sich trug, im Krieg wie im Frieden, und kehrte in die Stadt zurück...«*

Tatsächlich konnte Yupanqui – wie es prophezeit wurde – das überlegene Heer in einer blutigen Schlacht besiegen und Cuzco und sein Volk vor dem Vergessen retten. Er selbst stieg auf zum neuen Herrscher.[43] Yupanqui war übrigens durchaus klar, daß er nicht mit der Sonne gesprochen hatte. Er zog sogar später den Glauben an die göttliche Sonne vehement in Zweifel. Aber was hatte er da eigentlich gesehen? Das Phantom hatte sich als »Sohn der Sonne« vorgestellt und ihm die Zukunft exakt vorausgesagt. Mehr noch. Die Priester, welche die Worte der Erscheinung analysierten, erfuhren offenbar von einer bevorstehenden Ankunft fremder Männer, »bärtiger Meister des Blitzes«.

Der *Inca* hatte die Erscheinung so plastisch gesehen, daß er in einer Kapelle eine ziemlich große Statue aufstellen ließ. Yupanqui beschreibt die Gestalt so:

»Sein Gesicht war sehr verschieden von dem unsrigen; denn er hatte einen langen Bart. Sein Kleid verhüllte ihn bis zu den Füßen, und er hielt ein unbekanntes Tier an der Leine.«

Aus dem Hinterkopf des Mannes leuchteten drei gleißende Lichtstrahlen wie Sonnenstrahlen.[44] Der König selbst soll in die Gestaltung der Statue eingegriffen haben, weil seine Künstler nicht in der Lage waren, seine Beschreibung umzusetzen. Die Konquistadoren sahen diese Statue noch und glaubten anfangs, den heiligen Bartholomäus vor sich zu sehen.

Derartige Berichte sind in der PaläoSETI- und UFO-Forschung nicht unbekannt. Yupanqui sieht offenbar dreidimensional eine Gestalt vor sich, die aus einem Kristall auf ihn zutritt. J. Fiebag[45] hat in seiner Mimikry-Theorie die Idee dargelegt, in solchen Fällen könnte durch eine weit fortgeschrittene

Intelligenz ein virtuelles Bild erzeugt worden sein, das sowohl eine Vielzahl von UFO-Phänomenen als auch die sogenannten Marienerscheinungen erklären könnte.

Wir wissen, daß die Kristalltafel noch lange Zeit als heiligstes Relikt in den Tempeln der Reichshauptstadt Cuzco aufbewahrt wurde. Wo sie verblieben ist, ob sie zerstört wurde, wissen wir nicht. Aber vielleicht wird uns eines Tages ein Zufallsfund zeigen, was für ein seltsames Gerät Yupanqui besessen hat. Die Berichte von endlos langen Tunnellabyrinthen, die bei den gigantischen Mauerresten von Sacsayhuaman beginnen, könnten uns vielleicht einen Weg andeuten.

Felipe de Pomares, ein spanischer Chronist des 16. Jahrhunderts, hat uns darüber folgenden Bericht hinterlassen:

»Es ist eine gutfundierte und allgemein akzeptierte Kunde, daß es in der Festung von Cuzco (Sacsayhuaman) ein geheimes Gewölbe gibt, wo ein ungeheurer Schatz in Form von Goldstatuen aller Inka-Fürsten liegt. Eine noch lebende Dame namens Doña Maria de Esquivel, Gattin des letzten *Inca*, hat dieses Gewölbe besucht und mir erzählt, wie sie dazu kam, diesen Ort zu besuchen und was sie dort sah. Don Carlos (ein Enkel des letzten rechtmäßigen *Incas* Huascar), der Gemahl der Dame, lebte nicht in dem seiner hohen Abkunft angemessenen Stile. Doña Maria machte ihm deshalb Vorhaltungen darüber, daß sie durch die Vorspielung hoher Titel, wie dem eines Inka-Herrschers, zur Heirat mit einem armen Indio verleitet worden sei.

Sie wiederholte dies so oft, daß Don Carlos eines Nachts ausrief: ›Meine Dame! Willst du wirklich wissen, ob ich arm oder reich bin? Wenn Du es wünschst, so begleite mich, und Du wirst Dich überzeugen, daß ich mehr Reichtümer besitze als irgendein Herr oder König auf der Welt.‹

Neugierig geworden willigte Doña Maria ein, daß man ihr die Augen verband, um ihrem Gatten zu folgen, der, nachdem er mehrere Umwege gegangen war, sie an der Hand zu einem unterirdischen Gewölbe führte, wo er ihr die Binde von den Augen nahm, und wo sie viele Reichtümer sah.

In den Nischen der Wände befanden sich die Statuen der *Incas* in Lebensgröße, aus dem feinsten Golde, sowie eine Vielzahl von Gold- und Silbergefäßen, Stücke aus dem gleichen Metall und insgesamt ein solcher Reichtum, der sie davon überzeugte, wie sie mir später bekannte, daß dort der größte Schatz lag, den es auf der Welt gibt.«

Giorgio Tsoukalos, Journalist in New York, teilte mir in einem persönlichen Gespräch mit, daß er 1996 zusammen mit einem Priester von der Kirche der Jesuiten aus in einen vergessenen Stollen vorgestoßen sei. Die deutsche Fernsehanstalt ARD meldete am 6. Juli 1996: »Lima: Auf der Suche nach dem legendären Schatz der Inka-Fürstin Catalina Huanca sind Forscher unter der peruanischen Hauptstadt auf ein weitverzweigtes Katakombensystem gestoßen. Wohin die Gänge führen, ist noch ungewiß, sie könnten bei einem Schatz enden. Der Legende nach ließ die Fürstin Gold- und Silberschätze in der Gegend vergraben, um sie vor den spanischen Eroberern zu verbergen.«

Der deutsche Schriftsteller Wolfgang Siebenhaar[46] weist in diesem Zusammenhang auf eine Expedition des Engländers Charles W. Baker-Cresswell im Jahre 1962 hin. Er stieß in das noch immer kaum erforschte Gebiet an der Grenze von Peru, Bolivien und Brasilien vor. Sein Ziel war es, die Schätze des *Inca* Huascar zu finden, die dieser 1528 (kurz vor der Eroberung Perus durch die Spanier) vor seinem Bruder und Gegenspieler *Inca* Atahualpa in Sicherheit bringen ließ. Der Schatz wurde zum Staatsgeheimnis erhoben. Nur mit einem Losungswort konnte man sich dem Ort nähern, andernfalls wäre man das Opfer eines treu ergebenen Indianerstammes geworden, dem der *Inca* angedroht hatte, die Rache des Sonnengottes werde ihn treffen, sollte je der Schatz in unrechtmäßige Hände fallen. Daß wir überhaupt über seine Existenz wissen, ist den Protokollen der Folterungen des *Inca* Tupac »zu verdanken«.

W. Siebenhaar ist den Spuren der Baker-Expedition gefolgt. Er konnte ermitteln, daß Baker-Cresswell zusammen mit seinen Begleitern zum letzten Mal lebend im Dezember 1962 gesehen wird, wie er auf dem *Rio Purus* mit einem Boot vom Ufer ablegt. Zwei Jahre später machen Diamantensucher einen grausamen Fund: das Skelett von Charles Baker-Cresswell. Bei ihm liegt sein Tagebuch. Darinnen hat er den Expeditionsverlauf aufgezeichnet. Mehrmals macht er Anmerkungen, die *Inca* Tupacs erpreßte Aussagen bestätigen. Ein etwa 50 Meter breiter Krater, von den Eingeborenen aus Angst gemieden, konnte ausgemacht werden. Für die Indios ist es ein heiliger Berg, denn hier soll ihrer Legende nach ein Gott auf einem feuerspeienden Kanu zur Erde gekommen sein. »Auch Tupac Amaru sprach von einem göttlichen, feuerspeienden Kanu, das noch vor den ersten Inkas eines Nachts im *Territorio de Acre* auf die Erde kam. Es sollte mit Krachen, hundertmal stärker als Donner, geschehen sein, und sein langer Feuerschweif hatte auf seinem Weg das ganze Land verbrannt und alles zu Boden geworfen.«[47]

Baker-Cresswells letzte Eintragung vom 26. Dezember 1962 lautet: »Als wir fast eine halbe Stunde marschiert waren, zeigte der Häuptling nach unten. Etwa hundert Meter tief breitete sich das Plateau aus, und in der Mitte, fast den ganzen Platz füllend, sahen wir die Zeichnung des heiligen Kondors. Ähnlich wie die Zeichnungen einer überdimensionalen Spinne und eines Kolibris, von denen ich in Lima Luftaufnahmen gesehen habe. (Gemeint sind die Linien von Nasca. Anm. d. Autors.) Der Schnabel des Kondors zeigt auf den

Abb. 12: Auch die Azteken bewahrten Gegenstände auf, die sie von himmlischen Wesen erhalten hatten. Als die Spanier Mexiko eroberten, versteckten die Indianer ihre Heiligtümer in Höhlen. Dieses Dokument belegt den geheimen Transport ihrer Idole.

gegenüberliegenden Berghang. Da liegt das Gold Huascars! Wie Tupac Amaru ausgesagt hat, ist zehn Schritte vom Schnabel entfernt im Berg der Höhleneingang, der mit Llanki, dem Zement der Inkas, verschlossen ist. Wir sind dann zum Plateau zurückgekehrt. Unten angekommen, sahen wir, daß eigentlich nichts zu sehen ist, das heißt: Die Zeichnung des Kondors verliert sich vollständig im allgemeinen Muster des rissigen Gesteins.«

Nach diesem Vermerk brechen die Aufzeichnungen ab. Ereilte Charles Baker-Cresswell und seine Leute der alte Fluch der Inka? Wachen noch immer Indios im Auftrag eines vor Jahrhunderten verstorbenen Herrschers über einen geheimnisvollen Schatz? Vor allem: Dieses Versteck wurde von langer Hand vorbereitet. Ein riesiges Scharrbild wurde geplant und angelegt, eine Landschaftsgravur, die nur aus großer Höhe zu erkennen ist. War dies auch ein Zeichen für den Gott, der auf einem donnernden, feuersprühenden »Kanu« an eben dieser

Stelle landete? Brachte Huascar, der sich als den rechtmäßigen Inka-Kaiser betrachtete, an diesen Ort das hohe Heiligtum seines Volkes, den Kristallspiegel seiner Vorfahren, die diesen einst von einem möglicherweise außerirdischen Wesen erhielten? Oder liegt dieser außergewöhnliche Beweis für die Paläo-SETI-Theorie noch in der Nähe der ehemaligen Hauptstadt Cuzco, dort wo die ersten Inka auch ihre rätselhaften Stäbe in die Erde versenkten?

»Suchet und ihr werdet finden«, heißt ein zentraler Ratschlag der Bibel. Die Suche nach dem unerforschten Höhlensystem und dem (extraterrestrischen?) Kristallspiegel hat bereits begonnen. Anderenorts werden Forscher, angetrieben von einer der schöpferischsten Kräfte des Menschen, der Neugier, sich auf die Suche nach weiteren geheimnisumwitterten Relikten, nach Beweisen für das »Unmögliche« machen. Sie werden sich auf die Suche nach der verschollenen Götterlade des aztekischen Idols *Huitzilopochtli* begeben, die den spanischen Chronisten Fray Diego Durán so frappant an die Bundeslade erinnerte und mit der die Azteken 1345 in ihre neue Heimat, das Tal von Mexiko, einzogen. Sie werden nach der »Feuerschlange« dieser Indianer suchen, die ihnen von ihrem »Gott« übergeben wurde, vernichtend wie ein Laserstrahl in die gegnerischen Truppen fuhr und die ihr König Moctezuma noch gegen die Spanier einsetzen wollte. Sie werden nach den drei heiligen Tafeln der nordamerikanischen Hopi-Indianer forschen, die ihnen von Wesen aus dem Weltraum hinterlassen wurden, und die bis Mitte des 20. Jahrhunderts nachweisbar sind.[48] Sie werden ebenso nach dem verborgenen Buch der Mormonen suchen, das der Engel *Moroni* dem Propheten Joseph Smith aushändigte.[49] Und sie werden sich in der Sand- und Steinwüste Ägyptens auf die Spur der legendären neun Gegenstände (*Schem*) begeben, die der Legende zufolge einst im *benben*-Haus von Heliopolis lagen und von Gott *Ré* den Königen des Landes am Nil hinterlassen wurden.

»Der Mensch geht los«, so hatte Prof. Reinhard Furrer unsere eigene Spezies beschrieben, auch wenn sich ihm Hindernisse entgegenstellen. Der Mensch ist wieder einmal aufgebrochen. »Sternengötter«, riefen ihm die etablierten Wissenschaftler zu, »außerirdisches Leben gibt es nicht.« Wieder antwortete er: »Das will ich sehn. – Glaub' ich nicht.« Und dann begannen Menschen in aller Welt damit, ein filigranes Netz zu knüpfen, das stärker und immer tragfähiger wird. Ob es die Raumfahrt-mythologie der Toraja von Sulawesi oder ob es die Botschaft der Raketen-Obelisken aus Ägypten ist, ob die Steingravuren gelandeter Shuttles im Indus-Tal oder das Genom des Menschen selbst – das Phänomen, das hinter all dem steht, tritt immer deutlicher, immer klarer in das Licht unserer Zeit.

Der Mensch hat sich auf die abenteuerlichste Suche seiner Existenz gemacht, auf die Suche nach seinen »Göttern« und sich selbst. Dies ist eine im Grunde genommen Jahrtausende alte Suche. Unsere Generation, die Generation der neuen Sternenkinder, die aufgebrochen ist zur Erforschung des Weltalls wie der Atome, hat vielleicht erstmalig wirklich eine Chance, diese Suche zu einem erfolgreichen Ende zu bringen. Das Schöne daran ist: Jeder von uns, Sie und ich, hat die Möglichkeit, sich an dieser Entdeckung zu beteiligen. Wir müssen einfach nur so verfahren, wie es der Mensch seit seiner Menschwerdung schon immer tat. Wir müssen losgehen und sagen: »Genau das möchte ich sehen.«

Nachwort: Projekt »Homo sapiens«

*»Ein Tag wird kommen, ein Tag in der
unendlichen Reihe von Tagen, da werden Wesen,
Wesen, die jetzt nur in unseren Gedanken versteckt und in unseren Lenden verborgen sind,
auf dieser Erde stehen, so wie auf einem
Schemel, und sie werden lachen und ihre Hände
ausstrecken inmitten der Sterne.«*

H. G. Wells (1866–1946)

Unsere Reise zu abgeschiedenen Kulturen in fernen Ländern,
die Zeiten durchschneidend, begann auf Sulawesi, und hier
soll sie auch enden. 500 000 Jahre liegen mindestens zwischen
uns und dem ersten Auftreten des *Homo erectus* auf Java,
einer der Nachbarinseln. 30 000 Jahre scheiden uns von der
Besiedlung Sulawesis durch den modernen Menschen, den
Homo sapiens, der in den Höhlen des südlichen Sulawesis ein
Zuhause fand und ockerfarbige Zeichnungen in den steilen
Kalkklippen von *Leang Leang* (etwa 40 km von Ujung Pandang entfernt) hinterließ. Deren Nachkommen wurden wahrscheinlich noch 1905 von Forschern lebend in der Nähe des
Bezirks Bone angetroffen. *To-ala*, Waldmenschen, so wurden
sie von der umliegenden Bevölkerung genannt. Vor 3000 Jahren ließen sich dann Auswanderer aus Asien auf der Orchi-
deen-Insel nieder und brachten in ihre neue Heimat domesti-

243

zierte Tiere, Pflanzen und neue Kulturgüter mit. Irgendwann um diese Zeit mögen die ersten Kontakte mit den fremden Intelligenzen stattgefunden haben, die die Toraja und andere Völker auf Sulawesi für Götter von den Plejaden hielten. Diese Besuche scheinen sich fortgesetzt zu haben in die nachchristliche Zeit. Viele Geheimnisse hält die Insel der Palmenstrände, Regenwälder und Sumpflandschaften bis heute bereit. Eines der letzten großen Rätsel bewahrt ein kleiner Stamm im Westen von Süd-Sulawesi.

Hinter uns liegen die Tage in Tana Toraja. Über eine holprige Straße fahren wir vorüber an Kautschuk-Plantagen und Reisfeldern. Unsere Endstation ist das Gebiet südlich von Bone, der alten Fürstenresidenz der Bugis. Denn dort ist das Zentrum der *Konjo* sprechenden Völker, die sich in vier abgelegenen Dörfern die uralte *Tanatowa*-Tradition ihrer Ahnen bewahrt haben. Als prä-islamisch werden die *Kajang* offiziell bezeichnet, weil ihre Religion schon lange vor der Missionierung Sulawesis durch den Islam bestand.

Wir nähern uns bis auf rund einen Kilometer dem Ort Benteng. Dann versperrt uns ein knorriger Schlagbaum den Weg zur Weiterfahrt. Wie alle Besucher, so lassen auch wir den Wagen außerhalb der Ortschaften stehen. Die Kajang wünschen keine Technik in ihren Dörfern. Sie leben in einer bewußt harmonischen Beziehung zu der sie umgebenden Natur. Wir legen schwarze Kleidung an und bedecken unseren Kopf mit einem Tuch, das einem Turban ähnelt. Denn die Kajang tragen nur schwarze Kleider, weil sie glauben, das Leben sei aus der Finsternis entsprungen. Begleitet von Semsia, einer jungen Frau, deren Familie aus diesem Gebiet stammt, betreten wir eine andere Welt.

Die Häuser mit ihren Palmblatt-Dächern, Bambus- und Holzwänden werden noch wie vor Jahrhunderten nur aus Naturstoffen gebaut. Mütter stehen an offenen Feuerstellen und kochen das Mittagessen für die Familie oder rühren in großen Kupferkesseln, die über den Flammen hängen, Zuckerrohr zu einem klebrigen, dunklen, malzartigen Sirup. Aus der Indigo-Pflanze gewinnen andere Frauen die blauschwarzen Farbstoffe für ihre Kleider.

Über eine Holzleiter gelangen wir in den auf Stelzen ruhenden Wohnraum einer der Familien. Der greise Dorfälteste empfängt uns im Schneidersitz in seinem Haus, das nur ein paar luftige Matten als Schlafstatt und weniges Kochgeschirr beinhaltet. Diese Menschen, die zu ihrem Unterhalt nur Landwirtschaft betreiben, benötigen nicht viel, um in ihrer Welt zu leben. Auch wenn heute natürlich ein Kontakt zur Außenwelt besteht und vor allem immer mehr Kinder und Jugendliche die Schule besuchen und damit die Lebensweise der Indonesier kennenlernen, scheinen sie bislang ihre kulturellen Traditionen nicht aufzugeben. Dem Anführer der Kajang, *Amatowa* genannt, ist es bis heute nicht gestattet, das Territorium der vier Kajang-Dörfer zu verlassen.

Was uns zu ihnen geführt hat, ist ihre *Tanatowa*-Mythologie. *Tanatowa* bedeutet wörtlich übersetzt: »Ursprungsland der Menschheit«. Die Kajang glauben bis auf den heutigen Tag daran, daß in einem Wald auf ihrem Land die ersten Menschen erschaffen wurden und vielleicht noch immer dort leben. Das cirka 200 ha große Areal steht unter absolutem Tabu. Niemand, auch nicht sie selbst, darf das heilige Gebiet betreten. Noch nicht einmal den Eingang ihrer Häuser dürfen sie in die Richtung des Waldes anlegen, damit der rätselhafte Wald keine Macht über sie ausüben kann. Was verbirgt sich wirklich in diesem geschützten Hain? Ist dies »nur« eine Legende? Aber wir haben gesehen, daß alte Überlieferungen fast immer einen wahren Kern beinhalten. Fanden hier vielleicht die Gen-Experimente statt, die den Menschen erst zum Menschen machten? Das Leben habe seinen Ursprung in der Finsternis, so glauben die Kajang. Brachten einst ihre Götter die passenden Bausteine des Lebens aus dem unendlichen, schwarzen All mit? Schleusten sie auf Sulawesi die gewünschten Informationen in den menschlichen Genpool ein? Zu spekulativ? Mag sein, aber die Frage bleibt: Wieso kommen die Kajang auf die Idee, in diesem Wald läge das »Ursprungsland der Menschheit«? Was verbergen die Bäume, Lianen und Sträucher vor den Augen der Menschen?

Wie ist der Mensch zum Menschen geworden? Vielleicht liegt die Antwort tatsächlich in uns selbst, in unseren Genen. Tragen wir vielleicht sogar einen an die Menschen selbst gerichteten »Brief« der »Sternengötter« in uns? Der Informationsgehalt eines einzigen menschlichen Chromosoms entspricht umgerechnet etwa fünfhundert Millionen Wörtern. Bereits diese Zahl kann man sich nur unter Mühen vorstellen. Eine durchschnittliche Seite dieses Buches, das Sie gerade lesen, hat etwa 300 Wörter. Bei einer Zahl von 250 Seiten benötigen Sie 8000 Bücher, um den Informationsgehalt *eines* Chromosoms wiedergeben zu können. Sie verfügen also wie jeder Mensch über eine gewaltige innere Bibliothek. Und diese Lebensenzyklopädie mit ihren 5×10^9 Informationseinheiten steht Ihnen in jedem Ihrer hundert Billionen Zellkernen zur Verfügung. Der Unterschied ist lediglich, daß Ihre Gen-Bücherei nicht auf Papier geschrieben, sondern in Kernsäuren verschlüsselt wurde. Doch unsere Gen-Forscher haben mittlerweile gelernt, die DNS-Sprache zu lesen. Die Abfolge der Nukleotide sagt ihnen, welchen »Titel« sie gerade vor sich liegen haben, sie können auch teilweise das Inhaltsverzeichnis »lesen« oder in den einzelnen Seiten »herumblättern«, darinnen ein wenig »schmökern« und einzelne »Buchstaben« oder »Wörter« umschreiben.
Dabei stießen unsere Wissenschaftler bei den höheren Organismen auf einige sonderbare Passagen. Alle Organismen (bis auf die Bakterien) besitzen eine besondere Anordnung von

Nukleotiden, die signalisieren, an welcher Stelle mit der Reproduktion begonnen und wo die Übertragung beendet werden soll.[1] Wir können sie schlicht mit »Hier anfangen« und »Hier aufhören« übersetzen. Doch dann folgen plötzlich Befehle wie »Achtung! Aufpassen! Jetzt kommt völliger Unsinn! Nicht beachten!« Schließlich wird die Sequenz abgebrochen mit dem Signal »Ende des dummen Gefasels!« Das absolut Verblüffende an dieser Geschichte ist, daß diese Unsinnsinformationen 95 bis 97 Prozent sämtlicher Daten ausmachen. Also lediglich drei bis fünf Prozent der genetischen Informationen machen den Menschen zu dem, was er ist.

Der Evolutionsbiologe Robert Shapiro[2] schreibt dazu: »Solche Bereiche werden wenig schmeichelhaft als Schund, Unsinn oder Abfall bezeichnet... Aber wir können uns nicht sicher sein. Möglicherweise stellen sie wichtige Informationen im Strukturcode oder in einer noch nicht erkannten genetischen Sprache dar.«

Was wäre, wenn genau in diesen 95 bis 97 Prozent unserer Gen-Bibliothek das steht, wonach wir suchen? Sollte auf unserer Erde tatsächlich ein Projekt *»Homo sapiens«* von außerirdischen Intelligenzen bei unseren humanoiden Vorfahren oder noch in den langen Zeiträumen zuvor durchgeführt worden sein, dann liegt der Verdacht nahe, daß die Spuren ihrer Manipulationen genau hier zu finden sein werden.[3] Die Mythen und Religionen der Welt berichten uns in verschlüsselter Form davon. Auf Sulawesi genauso wie in Sumer oder Mexiko.

Und wir können sicher sein: Wenn eine Überlieferung von Generation zu Generation weitergereicht wird, dann brauchen wir nur nach ihrem wahren Gehalt zu forschen und werden entdecken, was die alten Völker schon immer wußten. Die Erde hatte Besuch aus dem Kosmos. Das irdische Leben ist nur ein Mosaikstein aus dem riesigen Lebensbild des viel größeren Systems, des uns umgebenden Universums.

Literatur

I Die Sternenmythen der Toraja

[1] van der Veen, H.: »The Merok Feast of the Sa'dan Toradja«. In: »Verhandelingen van het Köninklijk Instituut voor Taal-, Land- en Volkenkunde«. Bd. 45. S-Gravenhage 1965

[2] Meldung der Nachrichtenagentur Antara/AFP. 15. 8. 1995

[3] Muller, K.: »Indonesien. Tropisches Inselreich«. Singapur 1990

[4] Nooy-Palm, H.: »The Sa'dan-Toraja. A study of their social life and religion«. Vol. 1, Teil 1. In: »Verhandelingen van het Köninklijk Instituut voor Taal-, Land- en Volkenkunde«. Bd. 87. Leiden (Niederlande) 1979

[5] Koubi, J.: »Rambu solo', ›la fumée descend‹. Le culte des mortes chez les Toraja du Sud«. Paris 1982

[6] van der Weyden, C.: »Indonesische Reisrituale«. Basel 1981

[7] Blair, L. u. L.: »Im Feuerkranz. Reise zu Indonesiens vergessenen Kulturen«. München 1991

[8] Nooy-Palm, H.: 1979, a. a. O.

[9] Übersetzung nach Nooy-Palm, H.: »The Sa'dan-Toraja. A study of their social life and religion«. Vol. 2. In: »Verhandelingen van het Köninklijk Instituut voor Taal-, Land- en Volkenkunde«. Bd. 118. Dordrecht (Niederlande)/Cinnaminson (USA) 1986

[10] »bild der wissenschaft«: »Vorfahren der Maori kamen aus China«. Redaktionsmeldung vom 13. 8. 1998

[11] Nooy-Palm, H.: »The Sa'dan-Toraja. A study of their social life and religion«. Vol. 1, Teil 2. In: »Verhandelingen van het Köninklijk Instituut voor Taal-, Land- en Volkenkunde«. Bd. 87. Leiden (Niederlande) 1979

[12] Tideman, G. A. und B. J. Stegeman: »Gegevens over Land en Volk van Enrekang'«. In: »Mededeeling no. 6 van het Encyclopaedisch Bureau van de Koninklijke Vereeniging Koloniaal Institut«. Amsterdam 1933

¹³ Kruyt, A. C. und N. Adriani: »De Bare'e sprekende Toradjas van Midden-Celebes«. Teil 1 und 2. In: »Verhandelingen der Koninklijke Nederlandse Akademie van wetenschappen, Afdeling Letterkunde«. Amsterdam 1950/51

¹⁴ Nooy-Palm, H.: 1979, a.a.O.

¹⁵ Barley, N.: »Hallo Mister Puttymann. Bei den Toraja in Indonesien«. Stuttgart 1994

¹⁶ Achsin, A.: »Toraja. Tongkonan and Funeral Ceremony«. Ujung Pandang (Indonesien) 1991

¹⁷ Kruyt, A. C. und N. Adriani: 1950, a.a.O.

¹⁸ Nooy-Palm, H.: 1979, a.a.O.

¹⁹ Achsin, A.: 1991, a.a.O.

²⁰ Nooy-Palm, H.: 1979, a.a.O.

²¹ van der Veen, H.: 1965, a.a.O.

²² Nooy-Palm, H.: »The Sa'dan-Toraja«. 1986, a.a.O.

²³ Tichy, H.: »Tau-Tau. Bei Göttern und Nomaden der Sulu-See«. Wien 1973

²⁴ Fiebag, P.: »Der Götterplan«. München 1995

²⁵ Fiebag, J. u. P.: »Die Ewigkeits-Maschine«. München 1998

²⁶ Fiebag, J. u. P.: »Zeichen am Himmel«. Berlin 1995

²⁷ Steinbauer, F.: »Melanesische Cargo-Kulte. Neureligiöse Heilsbewegungen in der Südsee«. München 1971

²⁸ Hurley, F.: »Perlen und Wilde«. Leipzig 1926

²⁹ Young, S. und M. Down (Hg.): »Erster Kontakt. Bei den Papua in Neuguinea«. D. Smith Adventure 1982/Arte 1998

³⁰ Steinbauer, F.: »Melanesische Cargo-Kulte«. 1971, a.a.O.

³¹ Übersetzung nach Nooy-Palm, H.: 1986, a.a.O.

³² Young, S. und M. Down: 1992, a.a.O.

³³ Blair, L. u. L.: 1991, a.a.O.

³⁴ Tichy, H.: 1973, a.a.O.

³⁵ Barley, N.: 1994, a.a.O.

³⁶ Nooy-Palm, H.: 1979, a.a.O.

³⁷ Vgl. Krassa, P.: »Als die gelben Götter kamen«. München 1973

II Mythen und Menschen

¹ vgl.: Wilson, R. A.: »Die neue Inquisition«. Frankfurt 1992

² Mitchel, T. A.: »The Politics of Experiment in the Eighteenth Century«. In: »Eighteenth Century Studies«. Bd. 31/3, 1998

3 Fichant, M. und M. Pêcheux: »Überlegungen zur Wissenschaftsgeschichte«. Frankfurt/M. 1977
4 vgl.: Rehork, J.: »Sie fanden, was sie kannten«. Mönchengladbach 1989
5 Assmann, J.: »Das kulturelle Gedächtnis. Schrift, Erinnerung und politische Identität in frühen Hochkulturen«. München 1992
6 Geyer, C.-F.: »Mythos. Formen, Beispiele, Deutungen«. München 1996
7 Leach, E. R.: »Ritual«. In: »The International Encyclopedia of the Sciences«. Bd. 13, 1968
8 Skorupski, J.: »Symbol and Theory. A Philosophical Study of Theories of Religion in Social Anthropology«. Cambridge 1976
9 Kippenberg, H. G.: »Zur Kontroverse über das Verstehen fremden Denkens«. In: »Magie«. Frankfurt/M. 1987
10 vgl.: Casper, B. (Hg.): »Phänomenologie des Idols«. Freiburg 1981
11 Assmann, J.: »Das kulturelle Gedächtnis«. München 1992
12 van der Veen, H.: »Ossoran Tempon Daomai Rangi«. In: »Bijdragen van het Koninklijk Instituut voor Taal-, Land- en Volkenkunde«. Den Haag: Martinus Nijhoff. No. 132, 1976
13 Wassmann, J.: »Lisi-nyo-mbu-ndemi verweist auf die Entstehung der Erde«. In: »FAZ«, 20. 1. 1998
14 Assmann, J.: 1992, a.a.O.
15 vgl. Yates, F.: »Gedächtnis und Erinnerung«. Weinheim 1990
16 vgl. Blum, H.: »Die antike Mnemotechnik«. Dissertation, 1969
17 vgl. Eickelmann, F.: »The Art of Memory: Islamic Education and its Social Reproduction«. In: »Comparative Studies in Society and History«. 1978/20
18 Wassmann, J.: 1998, a.a.O.
19 vgl. van der Weijden, G.: »Indonesische Reisrituale«. Dissertation. Philosophisch-Historische Fakultät der Universität Basel. Basel 1981
20 Nooy-Palm, H.: »The Sa'dan-Toraja. A Study of their Social Life and Religion«. Vol. 1, Teil 1. In: »Verhandelingen van het Köninklijk Instituut voor Taal-, Land- en Volkenkunde«. Bd. 87. Leiden (Niederlande) 1979
21 van der Veen, H.: »Overleveringen en zangen der Zuid-Toradja's«. In: »Verhandelingen van het Koninklijk Instituut voor Taal-, Land- en Volkenkunde«. Den Haag 1979
22 Yates, F.: »Gedächtnis und Erinnerung«. Weinheim 1990
23 Strehlow, T. G. H.: »Totemic Landscapes«. London 1970

[24] Assmann, J. und T. Hölscher (Hg.): »Kultur und Gedächtnis«. Frankfurt 1988

[25] Fiebag, P.: »Die Alten, die vom Himmel kamen. Hopi-Mythologie im Lichte der Paläo-SETI-Theorie«. In: Dopatka, U. (Hg.): »Sind wir allein?« Düsseldorf 1996

[26] Assmann, A.: »Zur Metaphorik der Erinnerung«. In: Assmann, A. u. D. Harth (Hg.): »Mnemosyne. Formen und Funktionen der kulturellen Erinnerung«. Frankfurt/M. 1991

[27] Tichy, H.: »Tau-Tau. Bei Göttern und Nomaden der Sulu-See«. Wien 1973

[28] vgl. Vester, F.: »Denken, Lernen, Vergessen«. Stuttgart 1978

[29] Horton, R.: »A Definition of Religion and its Use«. In: »Journal of the Royal Anthropological Institute« 90, 1960

[30] Brown, D. M. (Hg.): »Die Geheimnisse altindischer Kulturen«. Amsterdam 1995

[31] Kenoyer, J. M.: »Interaction Systems, Specialized Crafts and Culture Change: The Indus Valley Tradition and the Indo-Gangetic Tradition in South Asia«. In: Erdosy, G. (Hg.): »Language Material, Culture, and Ethnicity«. Berlin o. J.

[32] Koselleck, R.: »Moderne Sozialgeschichte und historische Zeiten«. In: Rossi, P. (Hg.): »Theorie der modernen Geschichtsschreibung«. Frankfurt/M. 1987

[33] Laufer, B.: »The Prehistory of Aviation«. Field Museum of Natural History. Anthropological Series, Vol. XVIII, No. 1. Chicago 1928

[34] Zimmer, D. E.: »So kommt der Mensch zur Sprache. Über Spracherwerb, Sprachentstehung, Sprache & Denken«. Zürich 1986

[35] Scribner, S.: »Modes of thinking and ways of speaking – culture and logic reconsidered«. In: P. Johnson-Laird u. P. Wason (Hg.): »Thinking – Readings in Cognitive Science«. Cambridge 1977

III Begegnungen der außerirdischen Art

[1] Tichy, H.: »Tau-Tau«. Wien 1973

[2] Elphinstone, K.: »An Account of the Kingdom of Caubul and its Dependencies in Persia, Tartary and India«. London 1815

[3] Dubeux, L.: »Tartarie, Béloutchistan, Boutan et Népal, Afghanistan. L'Univers Pittoresque«. Bd. 6 Paris 1848

⁴ Buddruss, G.: »Zur Mythologie der Prasun-Kafiren«. In: »Paideuma«, Bd. 7, 1960

⁵ Scheibe, A. (Hg.): »Bericht der Deutschen Hindukusch-Expedition 1935 der Deutschen Forschungsgemeinschaft«. Deutsche Forschung, »Schriften der Deutschen Forschungsgemeinschaft«, NF Bd. 1, 1937

⁶ Jettmar, K.: »Heidnische Religionsreste im Hindukusch und Karakoruz«. In: »Wissenschaft und Weltbild«. Wien 1959

⁷ Tichy, H.: 1973, a. a. O.

⁸ Robertson, G. S.: »The Kafirs of the Hindukush«. London 1896

⁹ Lentz, W.: »Bestattungsformen in Nuristan«. In: »Zeitschrift Forschung und Fortschritte«, Bd. 14, 1938

¹⁰ Snoy, P.: »Die Kafiren. Formen der Wirtschaft und geistiger Kultur«. Dissertation. Johann Wolfgang Goethe-Universität. Frankfurt/M. 1962

¹¹ »Afghan Missionaries in Kafiristan«. In: »Church Missionary Intelligencer«, NS. Bd. 3, 1865/78

¹² Kanjilal, D. K.: »Fliegende Maschinen und Weltraumstädte im antiken Indien«. In: Fiebag, J. u. P. »Aus den Tiefen des Alls«. Tübingen u. a. 1985

¹³ Gessler, W.: »Die geheimnisvolle Lagune der Mumien«. In: »P.M.«, 3/1988

¹⁴ Schlaginhausen, O.: »Muliama. Zwei Jahre unter Südsee-Insulanern«. Zürich 1959

¹⁵ von Heine-Geldern, R.: »Urheimat und früheste Wanderungen der Austronesier«. In: »Anthropos«, Bd. XXVII, Wien 1932

¹⁶ Nooy-Palm, H.: 1979, a. a. O.

¹⁷ Mills, R. F.: »The reconstruction of Proto-South-Sulawesi«. In: »Archipel«, 10/1975

¹⁸ Knaus, K.: »Sulawesi. Indonesien«. Bielefeld 1992

¹⁹ Laufer, B.: 1928, a. a. O.

²⁰ Ermel, G.: »Das Wissen der Tembé. Prä-Astronautische Spuren bei einem Indianerstamm Brasiliens«. In: »Ancient Skies«, Beatenberg (Schweiz) 2/1998

²¹ Nimuenda-Unckel, C.: »Sagen der Tembé-Indianer«. In: »Zeitschrift für Ethnologie«, Bd. 47, Berlin 1915

²² Bandeira, C. M.: »Der kosmische Ursprung altamerikanischer Kulturen«. In: Fiebag, J. u. P. (Hg.): 1985, a. a. O.

²³ von Däniken, E.: »Meine Welt in Bildern«. Düsseldorf 1973

IV Raketen der Steinzeit

1 Vgl. »FAZ«, 15. 3. 1990
2 von Däniken, E.: »Die Augen der Sphinx. Neue Fragen an das alte Land am Nil«. München 1989
3 Kohlenberg, K. F.: »Enträtselte Vorzeit«. München 1974
4 Lang, K.: »Ägyptologische Berichtigungen«. In: »Anthropos«, 60, 1965
5 Erman, A. und H. Grapow: »Wörterbuch der ägyptischen Sprache«. Berlin u. Leipzig 1926–31
6 Spiegelberg, H.: »Zeitschrift für ägyptische Sprache und Altertumskunde«, 25. Leipzig u. Berlin 1908
7 Martin, K.: »Ein Garantsymbol des Lebens«. Hildesheim 1977
8 Nooy-Palm, H.: Vol. I, Teil 2, 1979, a. a. O.
9 Stöhr, W. u. P. Zoetmulder: »Die Religionen der Altvölker Indonesiens und der Philippinen«. In: Stöhr, W. u. P. Zoetmulder (Hg.): »Die Religionen Indonesiens«. Stuttgart 1965
10 vgl. Pyramidentexte 3 1266c.
11 vgl. Dondelinger, E.: »Der Obelisk«. Graz 1971
12 Ermann, A. u. H. Grapow: 1926–31, a. a. O.
13 Brugsch, H.: »Religion und Mythologie der alten Ägypter«. Bd. 1 u. 2. Leipzig 1885–1888
14 Beltz, W.: »Die Mythen der Ägypter«. Düsseldorf 1982
15 Ricke, H.: »Zeitschrift für ägyptische Sprache und Altertumskunde«, Bd. 71. Leipzig, Berlin 1935
16 Ermann, A.: »Ägypten und ägyptisches Leben im Altertum«. Tübingen 1923
17 Sethe, K.: »Die altägyptischen Pyramidentexte«. Bd. 1–4. Leipzig 1908–1922
18 Dodelinger, E.: 1977, a. a. O.
19 von Däniken, E.: »Wir alle sind Kinder der Götter«. München 1987
20 Wainwright. In: »JEA« XVI
21 vgl.: Habeck, R.: »Im Zeichen der Flügelsonne. Fliegende Maschinen im alten Ägypten«. In: von Däniken, E. (Hg.): »Neue kosmische Spuren«. München 1992
22 vgl.: Habeck, R. und P. Krassa: »Das Licht der Pharaonen«. München 1992
23 vgl.: Stöber, H.: »Herr der Götter. Wissen und Weisheit aus dem All«. Düsseldorf 1987

[24] Champdor, A.: »Das Ägyptische Totenbuch«. München 1977
[25] Dondelinger, E.: 1977, a. a. O.
[26] Dondelinger, E.: 1977, a. a. O.
[27] Messiha, K.: »Flugzeugmodelle im alten Ägypten«. In: Fiebag, J. u. P.: »Aus den Tiefen des Alls«. Tübingen u. a. 1985
[28] Fiebag, P.: »Der Obelisk: Symbol für ein Raumfahrzeug«. In: von Däniken, E. (Hg.): »Neue kosmische Spuren«. München 1992
[29] Fuss, T.: »Antike Raumfahrttechnologie I«. In: »Ancient Skies«. Beatenberg 5/1997
[30] Smiljanic, R. u. a.: »Delta Clipper: Design for supportability«. In: »Aerospace America«. 7/1993
[31] Smiljanic, R. u. a.: »You don't have to be a rocket scientist to understand the DC-X2«. In: »Aerospace America«. 7/1993
[32] Georgios Tsoukalos: »Die DC-X und das Rätsel der indischen Tempel-Vimanas«. In: »Ancient Skies«, 21. Jg. Beatenberg (Schweiz) 5/1997
[33] Keilhauer, A. u. P.: »Die Bildersprache des Hinduismus«. Köln 1990
[34] Jagannathan, Sh.: »Hinduism. An Introduction«. Bombay 1995
[35] vgl. Sitchin, S.: »Stufen zum Kosmos«. Unterägeri 1982
[36] Kurth, D.: »Den Himmel stützen«. Brüssel 1975
[37] Brown, D. M.: »Die blühenden Städte der Sumerer«. Amsterdam 1993
[38] Falkenstein, A.: »Archaische Texte aus Uruk«. Leipzig 1936
[39] vgl. Uhlig, H.: »Die Sumerer. Volk am Anfang der Geschichte«. München o. J.
[40] Burgard, H.: »Uruk: ›... wo vom Himmel herabgestiegen wird.‹ Die älteste Schlachtengeschichte der Welt als Quelle«. In: »Ancient Skies«, 22. Jg. Beatenberg (Schweiz) 3/1998
[41] Römer, W. H.: »Das sumerische Kurzepos Bilgamesch und Akka«. Neukirchen-Vluyn 1980
[42] vgl. Gurney, R.: »Journal of the Royal Asiatic Society«, Jg. 1935, S. 259–466
[43] Cavigneaux, Al Rawi: »Textes magiques de Tell Haddad«. In: »Zeitschrift für Assyrologie«, Bd. 83, S. 178
[44] Burgard, H.: 1998, a. a. O.
[45] Gentes, L.: »Die Wirklichkeit der Götter«. München 1996
[46] zitiert nach: Tagare, G. V.: »The Bhâgavata-Purâna«. Bd. 1–11. Delhi 1976–78. In der Übersetzung von Gentes, L.: 1996, a. a. O.
[47] van Buitenen, J. A. B.: »The Mahâbhârata«. Bd. 1–3. Chicago u.

London 1973–78. In der Übersetzung von Gentes, L.: 1996, a.a.O.

[48] Dunkel, H. u. A.: »Indien: ›Geflügelte Wagen‹ und ›kosmisches Feuer‹«. In: »Ancient Skies«, 20. Jg. Beatenberg (Schweiz) 4/1996

[49] Bemmann, M. u. D. König: »Die Felsbildstation Oshibat«. Mainz 1994

[50] Jettmar, K. u. V. Thewalt: »Between Gandhara and the Silk Roads. Rock carvings along the Karakorum Highway«. Mainz 1987

[51] Fiebag, J.: »Die Bilder der ›Anderen‹«. In: »Ancient Skies«, 19. Jg. Beatenberg (Schweiz) 4/1995

[52] von Däniken, E.: »Habe ich mich geirrt?« München 1985

[53] Sperlich, W.: »Die Bilderrätsel des Himalaya«. In: »bild der wissenschaft«, 5/1995

[54] Kanjilal, D. K.: »Fliegende Maschinen und Weltraumstädte im antiken Indien«. In: Fiebag, J. u. P. (Hg), 1985, a.a.O.

V   Die Söhne der Sonne

[1] Heyerdahl, T.: »Kon-Tiki. Ein Floß treibt über den Pazifik«. Berlin 1980

[2] Heyerdahl, T.: »Expedition Ra. Mit dem Sonnenboot in die Vergangenheit«. München 1970

[3] vgl.: Colas, J.: »Erlebte Steinzeit. Experimentelle Archäologie«. München 1973

[4] Benesch, K.: »Archäologie«. München 1990

[5] Willey, G. R.: »Das alte Amerika«. Berlin o. J.

[6] Scott, D. A.: »El deterioro de aleaciones de oro y algunos aspectos sobre su conservación«. In: »Museo del Oro«. Boletin No. 28/1990. Bogota (Kolumbien)

[7] Haberland, W.: »Amerikanische Archäologie«. Darmstadt 1991

[8] Reichel-Dolmatoff, G.: »Goldwork and Shamanism: An Iconographic Study of the Gold Museum«. Kolumbien 1988

[9] Brown, D. M. (Hg.): »El Dorado: ›Legendäres Land des Goldes‹«. Amsterdam 1995

[10] vgl. hierzu: Dunkel, H.: »Goldflieger, Vogelmenschen, Astronauten«. In: »Ancient Skies«. Feldbrunnen (Schweiz) 4/1998

[11] Knorr-Anders, E.: »Eine Reise um die Erde«. In: »damals«, 10/96

[12] von Däniken, E.: »Aussaat und Kosmos«. Düsseldorf 1973

[13] Eenboom, A., Belting, P. u. C. Lübbers: »Ancient Aeronautic Technology«. Unveröffentlichter Vortrag. 16. Weltkonferenz der Ancient Astronaut Society. Orlando (USA) 1997

[14] Eenboom, A.: »Über den Gipfeln der Anden«. In: »Sagenhafte Zeiten«. Beatenberg (Schweiz) 1/1998

[15] Eenboom, A., 1998, a. a. O.

[16] vgl. z. B.: Watzlawick, Paul u. a.: »Menschliche Kommunikation«. Bern 1982

[17] s. Gentes, L.: »Zur Frage der Tatsächlichkeit von Kontakten zu Außerirdischen in Altertum und Vorzeit«. MUFON-CES-Ergänzungsband. Feldkirchen-Westham 1978

[18] Fiebag, Peter: »Der Götterplan«. München 1995

[19] Bueno, C.: »Descripción del reyno del Perú«. Lima 1763

[20] Kehse, U.: »Sonnenwend-Ritual der Inkas aufgeklärt«. »bild der wissenschaft«: Redaktionsmeldung vom 28. 9. 1998

[21] Francisco de Xerez: »Geschichte der Entdeckung und Eroberung Perus«. Nachdruck. Chur (Schweiz) 1974

[22] Cieza de Leon: »La Crónica del Perú«. Nachdruck. Madrid 1946/47

[23] Fiebag, J., Fiebag, P. und H. W. Sachmann: »Gesandte des Alls«. Essen 1993

[24] Fiebag, P.: »Zeitreise zur Apokalypse. Der Untergang rätselhafter Kulturen und die Zukunft unserer Zivilisation«. Düsseldorf 1997

[25] Brown, D. (Hg.): »Rom. Das unvergängliche Erbe der Cäsaren«. Amsterdam 1994

[26] Young, G.: »Scientists study mystery map in Roman ruine«. »CNN«, 27. 5. 1998

[27] Arff, B.: »Fenster in die Antike: Rom gestattet Blick auf Sensationsfund«. In: »Berliner Morgenpost«, 22. 4. 1998

[28] Instituto Nacional de Arqueologia de Bolivia (Hg.): »Archäologische Schriften«. La Paz 1984

[29] »Centro de Investigaciones Antropológicas Tiwanaku. Puma-Punku«. La Paz 4/1993

[30] von Däniken, E.: »Puma Punku – Das wirkliche Rätsel der Anden«. In: von Däniken, E. (Hg.): »Kosmische Spuren«. München 1988

[31] Flornoy, B.: »Rätselhaftes Inka Reich«. Zürich 1956

[32] Stingl, M.: »Die Inkas«. Wien 1978

[33] Stingl, M.: ebd.

[34] Stingl, M.: »Auf den Spuren der ältesten Reiche Perus«. Leipzig u. a. 1981

[35] Ulbrich, R.: »Waren die Götter nur Astronauten?«. In: »Ancient Skies«. Feldbrunnen (Schweiz) 6/1988

VI Der prä-irdische Mensch

[1] Fiebag, J.: »Die Anderen. Begegnung mit einer außerirdischen Intelligenz«. München 1993
Fiebag, J.: »Kontakt. UFO-Entführungen in Deutschland, Österreich und der Schweiz«. München 1994
Fiebag, J.: »Sternentore. Sie sind hier«. München 1996
[2] Hobom, B.: »Immer neue Anwendungen für den Genkopierer«. In: Flöhl, R. und H. Ritter (Hg.): »Wissenschaftsjahrbuch '97«. Frankfurt/M. 1996
[3] Hobom, B.: »Erbanlagen schwer zu verwalten«. In: »FAZ«, 27. 3. 1996
[4] Hobom, B.: »Das Erbgut der Hefe entschlüsselt«. In: »FAZ«, 2. 5. 1996
[5] Fiebag, J.: »Sternentore«. 1996, a. a. O.
[6] Steinhardt, M.: »Autoimmunkrankheiten: Spur prähistorischer Gentechnologie durch Außerirdische?«. In: v. Däniken, E. (Hg.): »Neue kosmische Spuren«. München 1992
[7] Flöhl, R.: »Bald Schweine als Organspender«. In: Flöhl, R. und H. Ritter (Hg.): »Wissenschaftsjahrbuch '97«. Frankfurt/M. 1997
[8] Furrer, R.: »Der Mensch vor der Erde«. Unveröffentlichter Vortrag auf der 15. Weltkonferenz der »Ancient Astronaut Society«, Bern, 18. 8. 1995. Zitiert nach einer Video-Aufzeichnung mit freundlicher Genehmigung der A.A.S.
[9] Hoffmann-La Roche AG (Hg.): »Roche Lexikon Medizin«. München o. J.
[10] Hoyle, F. und N. C. Wickramasinghe: »Leben aus dem All«. In: Fiebag, J. u. P. (Hg.): »Aus den Tiefen des Alls«. Tübingen, Zürich, Paris 1985
[11] ebd.
[12] Crick, F.: »Gelenkte Panspermie«. In: Fiebag, J. u. P. (Hg.): »Aus den Tiefen des Alls«. 1985, a. a. O.
[13] Fiebag, J. und Sasse, T.: »Mars. Planet des Lebens«. Düsseldorf 1996
[14] Hoyle, F. und N. C. Wickramasinghe: »Evolution aus dem All«. Berlin 1983

[15] Hobom, B.: »Kein Platz für ortsfremde Mikoorganismen«. In: »FAZ«, 19. 7. 1995

[16] Sagan, C.: »Unser Kosmos«. München 1989

[17] Fiebag, J.: »Das Genesis-Projekt: Hinweise und Spuren aus erdgeschichtlichen Zeiten?«. Vortrag auf der 15. Weltkonferenz der »Ancient Astronaut Society«, Bern, 18. 8. 1995

[18] »Suche nach dem Erreger der spanischen Grippe auf Spitzbergen«. In: »FAZ«, 21. 8. 1998

[19] »Kein Hinweis auf Virus«. In: »FAZ«, 28. 8. 1998

[20] »Offenbar doch Aufschluß über ›Spanische Grippe‹ möglich«. dpa, 1. 9. 1998

[21] Lehmann, M.: »Forscher sind Erreger der Grippe-Pandemie von 1918 auf der Spur«. In: »Ärzte Zeitung«, 2. 5. 1997

[22] Flöhl, R.: »Das Ebola-Virus – ein geheimnisvoller Killer«. In: Flöhl, R. und H. Ritter (Hg.): »Wissenschaftsjahrbuch '96«. Frankfurt/M. 1996

[23] Wandtner, R.: »Fahndung nach verborgenen Mikroben«. In: »FAZ«, 5. 7. 1995

[24] »Ur-Adam lebte vor 188 000 Jahren in Afrika«. In: »HNA«, 24. 1. 1995

[25] Wandtner, R.: »Eva mit passendem Adam«. In: »FAZ«, 26. 11. 1997

[26] »Verwirrung um das kleine Hirn des Herrn Ples«. In: »bild der wissenschaft«, 16. 6. 1998

[27] Sasse, T.: »Reinhard Furrer. In memoriam«. In: Dopatka, U. (Hg.): »Sind wir allein?« Düsseldorf 1996

VII   Den Sternen nahe. Beweise

[1] Freitas, R. A.: »Die Suche nach außerirdischen Artefakten«. In: Fiebag, J. u. P. (Hg.): »Aus den Tiefen des Alls«. Tübingen, Zürich, Paris 1985

[2] Fiebag, J.: »Spuren der Aktivitäten außerirdischer Intelligenzen auf den Planeten und Monden des Sonnensystems?«. In: Fiebag, J. u. P.: 1985, a. a. O.

[3] Gill, W. W.: »Life in the Southern Isles«. London 1876

[4] Cook, J.: »A Voyage to the Pacific Ocean for making discoveries in the northern hemisphere performed under the direction of the

Captains Cook, Clerke, and Gore in H.M.S. ›Resolution‹ and ›Discovery‹ in the years 1776–1780«. Bd. 1. London 1784

5 Gill, W. W.: »From Darkness to Light in Polynesia«. London 1894

6 Williams, J.: »A Narrative of Missionary Enterprises in the South Sea Islands«. London 1838. Zitiert nach: Galin, D.: »Vaaloa. Die Ankunft der Weißen Geister«. Berlin 1997

7 Plutarch: »Marius«. Übersetzung nach K. Ziegler. In: Wissowa, G. u. a.: »Pauly's Realencyclopädie der classischen Altertumswissenschaften«. 1894. NB München 1979

8 Dendl, J.: »Fliegende Schilde und Schlachten am Himmel«. Berlin 1997

9 Julius Obsequens: »A Book of prodigies after the 505th year of Rome« (lat./engl.). Übersetzt nach A. C. Schlesinger. In: »Titus Livius. Ab Urbe condita«. Bd. 14. London, Cambridge 1959. Ins Deutsche übertragen von Dendl, J.: 1997, a. a. O.

10 C. Plinius Secundus: »Naturalis historiae« (Naturkunde, lat./dt.), 22 Bde. König, R. (Hg.), 1973

11 Dendl, J.: 1997, a. a. O.

12 Ausführlich auf die Weissagungen zum Römischen Imperium gehe ich in dem Buch ein: »Zeitreise zur Apokalypse. Der Untergang rätselhafter Kulturen und die Zukunft unserer Zivilisation«. Düsseldorf, München 1997

13 Grant, M.: »Die Geschichte Roms. Von den Etruskern bis zum Untergang des Römischen Reiches«. Bindlach 1993

14 Brown, D. M. (Hg.): »Rom: Das unvergängliche Erbe der Cäsaren«. Amsterdam 1994

15 Titus Livius: »Römische Geschichte« (lat./dt.). 7 Bde. Hillen, H. J. (Hg.), Darmstadt 1991

16 Fiebag, J.: »Die geheime Botschaft von Fatima«. Tübingen 1988

17 Fiebag, J. u. P.: »Zeichen am Himmel«. Frankfurt/M., Berlin 1995

18 Fiebag, J. u. P.: »Die Ewigkeits-Maschine«. München 1998 sowie Fiebag, J. u. P.: »Die Entdeckung des Heiligen Grals«. Luxemburg 1982/München 1989

19 Fiebag, P.: »Der Götterplan«. München 1995

20 Sachmann, H.-W.: »In Schutt und Asche. Die Arsenale der Unsterblichen«. Baden-Baden 1989

21 Tomas, Andrew: »Dorje – der himmlische Stab«. In: »Ancient Skies«. Chicago 5/1976

22 Knappert, J.: »African Mythology«. London 1990

[23] Pedergnana, C.: »Als der Goldene Stuhl vom Himmel fiel«. In: »HNA-Sonntagszeit«, 29. 1. 1995

[24] Ladstätter, O. u. S. Linhart: »China und Japan. Die Kulturen Ostasiens«. Heidelberg 1983

[25] von Däniken, E.: »Beweise«. Düsseldorf 1977

[26] Mukhlis: »Struktur birokrasi kerajaan Gowa jaman pemerintahan Sultan Hasanuddin«. Examensarbeit. Yogyakarta (Java) 1975

[27] Röttger-Rössler, B.: »Rang und Ansehen bei den Makassar von Gowa. Süd-Sulawesi/Indonesien«. In: »Kölner Ethnologische Studien«. Bd. 15. Berlin 1989

[28] Nùnez Atencio, L.: »Cultura y conflicto en los oasis de San Pedro de Atacama«. Santiago de Chile 1991

[29] Aranda, X.: »San Pedro de Atacama: Elementos diagnósticos para un plan de desarrollo local«. In: »Informaciones Geográficas«, 11/14, Universidad de Chile. Antofagasta 1961–64

[30] Berenguer, J.: »Reflexiones acerca de la Presencia de Tiwnaku en el norte de Chile.« In: »Estudios Arqueológicos«, Nr. 5, Universidad de Chile. Antofagasta 1980

[31] Hatcher Childress, D.: »Lost Cities and Ancient Mysteries of South America«. Illinois 1986

[32] Allision, M. J.: »The Chinchorro Mummies«. In: »Research Reports of the National Geographic Society«, Vol. 21. Washington D.C. 1985

[33] von Däniken, E.: »Reise nach Kiribati«. Düsseldorf 1981

[34] Dünnenberger, W.: »Außerirdische Leichen in Chile gefunden?« In: von Däniken, E. (Hg.): »Fremde aus dem All«. München 1995

[35] »Bild-Zeitung«, 29. 4. 1975

[36] Prem, H.: »Geschichte Altamerikas«. München 1989

[37] Brundage, B. C.: »Empire of the Inca«. Buchrezension zu R. T. Zuidema. In: »American Anthropologist«, 67, 1965

[38] Rostworowski, M. de: »Pachacutec Inca Yupanqui«. Lima 1953

[39] Rostworowski, M. de: »Estructuras andinas del poder: Ideología religiosa y politica«. Lima 1983

[40] Acosta, J. de: »História natural y oral de las Indias«. México 1940

[41] Pedro Cieza de León: »Crónica del Perú – segunda parte«. Reprint. Lima 1985

[42] Pedro Sarmiento de Gamboa: »História indica«. In: »Biblioteca de Autores Españoles«. Bd. 135. Madrid 1960

[43] vgl.: Fiebag, P.: »Zeitreisen zur Apokalypse«. München 1997

[44] Cristobal Molina, de: »Relación de las fábulas y ritos de los Incas«. Lima 1916
[45] Fiebag, J.: »Die Anderen«. München 1993
[46] Siebenhaar, W.: »Verborgene Schätze. Hinweise auf außerirdische Artefakte?« In: »Ancient Skies«. 21. Jg. Beatenberg (Schweiz) 5/1997
[47] Piekalkiewicz, J.: »Da liegt Gold!« München 1971
[48] Fiebag, P.: 1995, a. a. O.
[49] Fiebag, J.: 1993, a. a. O.

Nachwort: Projekt »Homo sapiens«

[1] Sagan, C. u. A. Druyan: »Schöpfung auf Raten. Neue Erkenntnisse zur Entwicklungsgeschichte des Menschen«. München 1993
[2] Shapiro, R.: »Der Bauplan des Menschen«. Bern u. a. 1992
[3] Fiebag, J.: »Das Genesis-Projekt«. In: Dopatka, U. (Hg.) »Sind wir allein?« Düsseldorf 1996

Danksagung

Ich danke allen Freunden, Kollegen und Institutionen, ohne deren Hilfe dieses Buch nicht hätte geschrieben werden können.

Mein besonderer Dank gilt meiner Frau Claudia, die mich auf allen Reisen begleitet und mir stets hilfreich zur Seite gestanden hat, und meinem Bruder Johannes, der wesentlich an Forschung, Planung und Durchführung des Buches beteiligt war. Für Korrekturarbeiten danke ich Walter Förster, der auch mehrere Weltreisen zusammen mit mir unternahm. Ferner danke ich für ihre Unterstützung Gertrud Fiebag, Matthias Fiebag, Wolfgang Siebenhaar, Reinhard Habeck, Willi und Ingrid Grömling, Dr. Algund Eenboom, Peter Belting, Conny Lübbers, Erich v. Däniken, Hans-Werner Sachmann, Peter Krassa, Ulrich Dopatka, Henning Schmiedel, Jörg Dendl, George Sassoon, Michael Haase, Christina Mende, Torsten Sasse, Dr. Martina Steinhardt, Walter Jörg Langbein und Stefan Kant. Ein Dank gilt auch meinen Reisebegleitern durch Westafrika: Anke und Horst Dunkel; durch Ägypten: Annette und Heinrich Willecke, Michael Heinze, Faruk und Nadir Badr; durch Peru, Bolivien und Chile: Christiane Schürmann, Andreas Blöcher sowie Jimmy Rodriguez (Arequipa); durch Mexiko und Guatemala: Dieter Holthaus; und durch Sulawesi: Soba (Rantepao).

Ein herzlicher Dank sei am Ende auch dem »Weltenbummler« Hardy Krüger gesagt, dessen Reise nach Sulawesi am Anfang dieses Buches stand.

Peter Fiebag

Forschungsgesellschaft für Archäologie, Astronautik und SETI (A.A.S.)

Seit 30 Jahren forschen Wissenschaftler und Laien nach möglichen Eingriffen außerirdischer Intelligenzen in der historischen und prähistorischen Vergangenheit unserer Welt. Die geheimnisvollen Pyramiden in Gizeh, die Linien auf der Ebene von Nazca, die offenbar mit modernster Technik bearbeiteten Steingiganten von Tiahuanaco und Puma Punku, mysteriöse alte Überlieferungen, seltsame Artefakte – all dies gehört zu den Rätseln, die nun in einem neuen Licht erscheinen.

Wenn Sie über die aktuellen Ergebnisse und Fortschritte auf diesem interessanten Sektor der Geschichtsforschung informiert sein wollen, wenn Sie die Gelegenheit nutzen möchten, an Konferenzen im deutschsprachigen und internationalen Rahmen teilzunehmen, wenn Sie Seminare mit Johannes und Peter Fiebag besuchen möchten, wenn Sie bekannte Forscher der PaläoSETI-Hypothese auf Reisen zu den geheimnisvollsten Orten unserer Erde begleiten möchten, dann schreiben Sie an:

A.A.S.
Postfach
CH-3801 Beatenberg

Zu erreichen ist die A.A.S. auch über Internet: E-Mail: admin@aas-fg.org; Homepage: http://www.aas-fg.org.
Die A.A.S. ist eine Gesellschaft nach Schweizer Recht, die sich das Ziel gesetzt hat, den definitiven Beweis für die Richtigkeit der Paläo-SETI-Hypothese zu erbringen. Sie erhalten die Zeitschrift der Gesellschaft (*Sagenhafte Zeiten*; Chefredaktion Dr. Johannes Fiebag) und weitere Informationen. Die A.A.S. freut sich auf Ihre Mitgliedschaft!

Register

Nachtrag I

»Decode Genetics«. Während der Drucklegung dieses Buches entschied das Isländische Parlament in Reykjavik, privaten »Gen-Jägern« die Erlaubnis zu erteilen, die genetischen Daten der gesamten Inselbevölkerung in einer Datenbank zu sammeln. Somit wird erstmals das Genprofil eines ganzen Volkes aus Blut- und Gewebsproben bestimmt werden. Der Mediziner und Unternehmensgründer von »Decode Genetics«, Karl Stefansson, will auf diese Weise neue Produkte für Pharmakonzerne entwickeln. Islands Bevölkerung, die seit 1000 Jahren, seit der Besiedelung durch Wikinger, relativ homogen geblieben ist, gilt als »genetische Goldgrube« (z. B. für Erbkrankheiten). Nun, da die Genjagd kommerziellen Gewinn verspricht, dürften auch andere Völker auf der Wunschliste dieser Wachstumsbranche auftauchen. Wie immer man auch diesen Vorgang ethisch bewerten mag, vielleicht ergibt sich dadurch auch ein »Seitenblick« auf die Frage der PaläoSETI-Forschung, ob genetische Eingriffe in bestimmten Ethnien oder Familien in der Vergangenheit stattgefunden haben.

Nachtrag II

Das in Rom entdeckte Perspektiv-Fresko wird neuerdings von dem französischen Bürgermeister von Arles für seine eigene Stadt deklariert. Hier scheint eher der Wunsch der Vater des (touristischen?) Gedankens zu sein. Die Archäologen rätseln derweil noch immer, ob das antike Fresko (100 v. Chr.–200 n. Chr.) Rom, London oder die „Ideale Stadt" der Antike abbildet.

Die »Anderen«
sind mitten
unter uns

JOHANNES FIEBAG
STERNEN
TORE
Sie sind hier

Außerirdische Präsenz
auf der Erde und
im Sonnensystem

Langen Müller

LANGEN MÜLLER

Mehr und mehr Menschen berichten von Konfrontationen mit fremdartigen Wesen, fühlen sich im Zentrum von Ereignissen, für die es keine Erklärung zu geben scheint. Der Autor zeigt, daß diese Wesen seit Urzeiten unsere Mythen und Träume kontrollieren, sie sind jetzt und hier gegenwärtig.